U0135300

抱

朴

叉手图

（唐赵逸公墓壁画，洛阳古墓博物馆藏）

合掌图

（南宋梁楷《八高僧故事图》，上海博物馆藏）

厌手图

（南唐顾闳中《韩熙载夜宴图》，

故宫博物院藏）

雉鸡图

（出自《各样雀图册》，清末广州画坊绘制）

家鸭图

（出自《各样雀图册》，清末广州画坊绘制）

舒雁图

（出自《各样雀图册》，清末广州画坊绘制）

鸿雁图

（出自冈元凤《毛诗品物图考》，清光绪时期彩绘本）

圭图

（山东龙山文化晚期玉圭，台北故宫博物院藏）

璧图

（新石器时代良渚文化玉璧，故宫博物院藏）

冠者加缁布冠图（作者绘制）

冠者加皮弁图（作者绘制）

冠者加爵弁图（作者绘制）

序 言

　　古人对"礼"的理解，大不同于今人。对古人来说，礼不仅是调节人伦关系的准则，而且是安排万物秩序的"理"，在天地未分以前就已经存在。后世儒家虽然主张圣人"缘情制礼"，而以"仁"为礼之本，然而，就礼的本身来说，却是以"敬"为本，也即强调其中包含的尊卑等级观念的重要性。礼中所包含的尊卑关系，体现了所谓"尊尊"之义，儒家认为出于天理，换言之，即便在自然界，这种道理也是普遍存在的。对此，唐代学者孔颖达就认为，犹如羊羔之跪乳、鸿雁之飞有行列，这表明尊卑等级观念并非人伦教化的结果，而是天道之自然。可以说，礼并非小康时代的产物，而可以追溯到人类诞生之初。

　　《礼记·曲礼》中说道："礼从宜，使从俗。"纵观中国古代两千多年，礼虽然有不变之道，但同时又强调与时俱进。尤其是孔子身处周秦巨变之际，对周礼过度强调的"尊尊"之义有所减损，而另外强调人类社会与生俱来的另一种精神，即缘于血缘的"亲亲"之情，从而"亲亲"与"尊尊"相并列，成了后世礼制的两大基本原则。可以说，秦汉以后的中国社会，男女、夫妇之间，不独以情相感，而且以礼相别；至于父子、兄弟之间，以及整个社会、政治等诸多方面，莫不兼取情与义，而不偏重其中一端。

然而，学界素来有一种相反意见，认为中国自秦汉实行郡县制以后，君权不断伸张，故尤其重视"尊尊"之义，至宋明以后更是如此，古代社会的各个方面，无论婚姻、家庭，还是政治、法律等，莫不受其影响。按照这种说法，则后世中国不属于"质家"（重视实质），而是"文家"（重视仪节），从而导致亲亲之情愈加缺失，成为今人眼中的"病态的家庭"。然而，这种说法并不符合传统经学的基本立场。自经学而言，在周人那里，"尊尊"之义发展到了顶点，而到了春秋中晚期，随着宗法制度的崩溃，"尊尊"之义被削弱了。于是孔子顺应时势，通过作《春秋》，稍损周文，而益以殷质。可以说，自秦汉以后，"尊尊"之义实际上被淡化了，相反，家庭中的"亲亲"之情则被强化了，乃至君臣之义也被视为源于父子之情。

我们依据《公羊传》及《礼记》《论语》中的相关记载，足见孔子吸纳殷人的质法，实在于其亲亲之情。不过，孔子亦未尽用殷法，而是采取"文质彬彬"的中道立场，换言之，儒家于亲亲之情以外尚且重视尊尊之义，于是文质并重，情义兼尽，如此方为孔子之道。

那么，儒家制礼，为什么兼取亲亲与尊尊呢？其缘由大致有这样三个方面：

其一，孔子改制，损文而用质，正是有鉴于周人尚文的流弊，而兼取殷人的质法，作为补弊的措施。

其二，文质各有所施，而不得不有所取舍。对此，《礼记·丧服四制》说道："门内之治恩掩义，门外之治义断恩。"这是因为恩、义各有所施，恩体现于家庭之内，义则体现于朝廷之上。这里所说的"掩"和"断"，固然是由于家庭内本自有义，而朝廷上亦自有恩，只是场合不同，故不得不有所取舍。古人通常认为，忠、孝之间不能两全，然而正因如此，而要求尽量兼取两者，而不能偏废其一。

其三，至于一事之间，常有两义并存，不可偏废。对此，清代学者皮锡瑞论情义偏废之弊，认为"圣人制礼，情义兼尽。专主情则亲而不尊，必将流于亵慢；专主义则尊而不亲，必至失于疏阔"。就是说，人们偏重于亲亲，则有亵慢的流弊；偏重于尊尊，则有疏阔的后果。

古人以亲亲、尊尊二义并重，亲亲之情出于自然，至于尊尊之义起自何处，历来聚讼不一。近代学者多归因于政治领域中的君臣关系，然考诸古人言论，实未必尽然。譬如，孟子讨论尊尊之义，多以敬兄敬长为言，而未限于君臣关系，可见，先秦时固有尊尊之义，而与政治关系中的君臣之义没有必然联系。简言之，早在君臣关系出现之前，人们已经知道在家庭中敬兄敬长了。

此外，尚有一大原因，即近代学者多不能理解古礼中的繁文缛节。《礼记·檀弓》中记载了一段孔门弟子子游与有子关于礼、情关系的讨论，在子游看来，人的情感很复杂，表达方式也极其曲折，古人正有鉴于此，故相应制订出种种繁琐的礼文。可以说，古礼的深密、宏阔，实在不是今人所能想象的。

古人不独表达情感的方式极尽曲折，而且认为，情感本身即是如此，而且多有委曲、隐微之处，这也是周礼尚文的重要原因。譬如，古礼尤其重视避嫌，正出于对人情之曲折细腻的体察，尤其在男女关系上，更是如此。凡人之思慕少艾，属于常情，然而，礼依然规定有不当思慕的情况，譬如，使君有妻，或罗敷有夫，皆不当相慕。至于乱伦更可谓阖家的灾难，故古人对此更是加倍小心。古礼中相关的规定非常多，譬如，《礼记》中提到"嫂叔之无服""诸母不漱裳"，无论嫂叔或诸母，都属于同居之亲，较大功以下的亲属，情感更为亲厚，古礼所以对此严加分别，就是嫌其近而有乱伦的危险；至于出嫁的姑姊妹，虽属骨肉之亲，然而，古礼依然规定"兄弟弗与同席而坐，弗与同器而食"，大概是因为此时已通男女之事，则彼此接触时不可能没有他念，其心已曲，故须避嫌。

可见，孔子制礼，以仁为本，而务与人情相协调。至于后世礼制多有变迁，而其所以变者，也常出于人情。因此，礼愈近于上古，疑礼者少，愈下于今世，疑礼者多，这都是出于古今人情的变化所致。

古今人情相异，古人制礼，亦未必完全曲从人情，而是取情义兼尽的立场。譬如，清代学者皮锡瑞论父子关系，认为人子"冬温而夏清，昏定而晨省"，可见人子爱父母之深，此为情之自然；至于人子成年行冠礼，其中却有母子相拜之礼，则体现了父子、母子之间，不独有情，也当有义。古人彼此行礼，相敬则拜，故父子间的尊卑，乃义之常；至于人子成人以后，也有可敬之道，故母亦拜子，此为义之变。

因此，关于传统礼制的基本精神，我们应该考虑到如下几点：

首先，古人重人情，尤其是孔子损周文而益殷质，即是强调人情的重要性。然而，古人所讲的人情，首先不是夫妇之情，而是父子（包括母子）、兄弟之情，也就是孝悌。基于这样一种重情重质的取向，体现在丧服制度的历史演变中，便是子为母服丧的不断重视，以及母系亲属在服制上的上升，至于妻及妻亲的丧服，却基本上没有什么变化。

其次，古人即便讲夫妇之情，也不能还原为男女之情，尤其不能还原为未成夫妇前的男欢女爱之情。今人尤其尚质，不尚尊尊而尚自由婚配。

再次，古人重亲亲之情，又兼取尊尊之义，追求文质彬彬、情义兼尽。古人视夫妇为至亲，依然主张其中有礼以别之；至于君臣之间，虽有尊卑上下之严，却也讲究有恩义以相结。因此，某人过继给他人为后，虽无父子之血亲，古礼依然主张服斩衰三年，不独尊之，且又亲之也。

最后，古代讨论尊尊之义，绝不限于君臣之间，至于门内的各种亲属，既有父尊、母尊，又有夫尊，乃至兄尊，而各有其渊源，未必都出于君臣之义。凡人对于其所尊敬，乃至视为上天，因此，妇以夫为天，子以父为天，臣以君为天。并且，妇人不二尊，在家天父，出嫁则天夫；至于男子，虽兼有天父、天君之义，然忠孝则常常不能两全。

本书于古人"礼"的理解，或有不当，敬祈方家正之。

目　录

第二章　拜与古代礼仪的基础

第三章　古代日常基本礼仪

第四章　中西冲突下的传统礼仪变迁

第一章　古礼通论

一　什么是礼？

1. 礼的定义

礼是什么？这个问题素来有种种不同的回答。礼的本字作"豊"，在甲骨文中，象征着人们击鼓献玉以敬奉神灵。（图1）

图1　"礼"的字源演变图[1]

按照《论语·阳货篇》的记载，孔子曾经如此说道："礼云礼云，玉帛云乎哉！乐云乐云，钟鼓云乎哉！"这段话体现了古礼与玉帛、钟鼓的密切关系。东汉许慎所撰《说文解字》这样解释道："礼，履也。所以事神致福也。

1　熊国英：《图释古汉字》，济南：齐鲁书社，2006年版，第129页。

从示从豊。"可见，礼是古人祭祀神灵而祈求福祉的仪式，是人神关系的某种体现，这大概是"礼"一词最为古老的内涵。

到了春秋时期，孔子通过反思和总结夏、商、周三代的礼文化，赋予礼新的思想内涵，建立了一套儒家思想体系。在儒家那里，礼除了始终保持有祭祀神灵的古义外，还衍生出其他的内涵。譬如，《礼记·曲礼》中有这样一句话：

夫礼者，所以定亲疏，决嫌疑，别同异，明是非。

显然，这里说的礼不涉及人神之间的关系，而是概括了礼在古人日常生活中的基本功能。下面我们就具体讨论一下礼的这些功能。

① 定亲疏

传统中国是一个熟人社会，也就是由远近亲疏的不同关系所构成的伦理社会。那么，如何确定人与人之间的远近亲疏呢？

我们今天讲远近亲疏，通常是基于彼此的利害关系，或者依据个人的好恶。而在古人那里，则主要依据血缘来确定人与人之间的远近亲疏关系。

古礼中有一项非常重要的内容，就是丧服。所谓丧服，不像我们今天所理解的，似乎只是一套守丧时所穿戴的服饰而已，对于古人来说，不同的丧服是有等级差异的，这种差异反映了服丧者与死者的远近亲疏关系。（图2）

不仅如此，基于这种差异，丧服进而规定了古代日常生活乃至政治、法律和社会中的人伦关系。

按照《仪礼·丧服》中的规定，父子、君臣、夫妻作为古代最重要的伦理关系，要求子女为父亲、臣子为君王、妻子为丈夫都应该服最重一等的丧服，

				高祖 齐衰三月				
			祖曾祖姑 缌麻	曾祖 齐衰三月	族曾祖 缌麻			
		祖祖姑 缌麻	从祖祖姑 小功	祖 齐衰期	从祖 小功	族祖 缌麻		
	族姑 缌麻	从祖姑 小功	姑 大功	父 斩衰	世叔父 期	从祖父 小功	族父母 缌麻	
族姊妹 缌麻	从祖姊妹 小功	从父姊妹 大功	姊妹 期	己	昆弟 期	从父昆弟 大功	从祖昆弟 小功	族昆弟 缌麻
	从祖昆弟 之女 缌麻	从父昆弟 之女 小功	昆弟 之女 大功	长子斩期 庶子	昆弟 之子 大功	从父昆弟 之子 小功	从祖昆弟 之子 缌麻	
		从父昆弟 之孙女 缌麻	昆弟之 孙女 小功	孙 大功	昆弟之 孙 小功	从父昆弟 之孙 缌麻		
			昆弟之 曾孙女 缌麻	曾孙 缌麻	昆弟之 曾孙 缌麻			
				玄孙 缌麻				

图 2　本宗九族五服图 [1]

即"斩衰",并且服丧的时间也最长,达到三年之久。至于次一等的丧服,则称为"齐衰",如丈夫为妻子、兄弟姊妹之间、叔伯与侄子之间,服丧时只能穿着齐衰服,这意味着彼此之间的关系要疏远一些,不如父子关系这么亲近,丧期也只有一年的时间。再次一等的丧服,称为"大功",如堂兄弟之间的关系显然更疏远一些,就只能穿大功之服,丧期只有九个月。更次一等的丧服,则称为"小功",如外孙为外祖父母、外甥为姨母等,就只能穿这一等的丧服,丧期只有五个月。至于最轻等级的丧服,则称为"缌麻",如女婿为岳父母,其关系远不如今天这般受到重视,属于最疏远的亲属关系,丧期也最短,只有三个月。与之相对,媳妇为丈夫的父母,也就是舅姑,俗称公婆,则服第二等

1　秦鹏飞:《传统父系宗族中"族"的意义:以九族亲属制度的建构为例》,《社会》2023年第1期。

的齐衰服，从中也可见夫妻双方的不平等。（图3）

斩衰	齐衰			大功		小功	缌麻
三年	三年	期年	三月	九月	七月	五月	三月

图 3　五服丧期简图 [1]

可见，古人讲的远近亲疏关系，通常基于血缘，此外，某些宗法因素的影响，也在古礼中得到了体现，这种理解甚至还成为历朝制订法律的伦理依据。

② 决嫌疑

我们今天通常把"嫌疑"当成一个词来使用，但在古代，"嫌"与"疑"常常是两个词，其内涵是有区别的。所谓决嫌，指古人借助礼来避嫌；至于决疑，则是借助礼来解答各种疑问。

关于避嫌的问题，即便是今天的中国人，都并不陌生，尤其对于男女之间的交往，常常要注意避嫌。譬如，孟子讲"男女授受不亲"，这就是古礼中的一条有关避嫌的规定。这里提到的"授受"，是指男女之间不直接用手将东西递交给对方。可见，授受尚且不亲，至于男女之间的肌肤相亲，更是不为古礼所容许。那么，男女之间如果有东西要交付，应该怎么办呢？按照《礼记·内则》中的说法，异性应该先将东西放在竹篮里，然后交给对方；如果当时没有竹篮，则将东西置于地上，然后通知对方自己去取。那么，这种规定的道理在哪里呢？这大概是因为异性之间亲手授受物件时，心中常常不免

1　作者绘制。以下未单独标注出处者，均为作者绘制，不另出注。

产生微妙或异样的情愫，而这种情愫是非常危险的，很容易导致男女之间进一步的遐想或期待。因此，儒家出于防微杜渐的考虑，就规定异性在授受之际要在空间上拉开距离，从而使彼此在心理上保持一定的距离，防止任何可能的亲近感。

不过，《礼记·内则》又主张，在祭祀和守丧之时，男女之间是可以亲相授受的。这又是什么道理呢？因为祭祀是人类最为庄重的场合，而守丧则是最为悲痛的场合，通常人们身处于这两种场合，即便异性之间有一些必要的接触，也不容易产生邪念或非分之想。

孟子还设想了这样一个场景：当自己的嫂子掉进水里，此时是否应该伸手援救呢？显然，在这种场合，嫂叔之间的接触远远超出了亲相授受的范围，而达到了肌肤相亲的程度。当然，孟子这里举的例子是一个比较极端的场合，现实中不大容易碰到这种情形。大概在所有的亲属关系中，嫂叔之间最为微妙，也是最容易乱伦的，正因如此，儒家尤其注意防范嫂叔之间的亲近，强调彼此之间应时刻注意避嫌。

出于这个理由，《仪礼·丧服》中就没有关于嫂叔相互服丧的规定。对此，《礼记·檀弓》这样解释道：

> 嫂叔之无服也，盖推而远之也。

在古人看来，正是因为嫂叔之间太容易产生亲近感了，所以必须在礼制上把嫂叔的关系推得远远的，即便碰到嫂叔去世这种特殊场合，彼此也要克制自己的哀痛之情，而不能相互服丧。

关于其中的道理，有的学者借助人类学作出了比较合理的解释。譬如，恩格斯在其《家庭、私有制和国家的起源》一书中描述了美洲的"普那路亚家庭"，这种家庭通常由一群兄弟与一群姐妹组成，众兄弟与众姐妹之间互为夫妻关系。换言之，在这种家庭中，一个男子并不只有一个妻子，而是有一群妻子；同样，一个女子也不只有一个丈夫，而是有一群丈夫。就此而言，后世的嫂叔在"普那路亚家庭"中，原本就是夫妻关系。正因如此，古人为了消除积淀在文化心理中的这种历史记忆，于是通过礼制来拉开嫂叔之间的距离，防止激活彼此曾经有过的那种亲密感。可见，在一个家庭中，最应该避嫌的首先就是嫂叔。

至于孟子在此设计了"嫂溺援之以手"的场景，目的是阐明这样两点：其一，人命至重。"男女授受不亲"的规定，虽属于礼经，但若碰到危及生命的紧急关头，礼却是可以暂时搁置起来的，就是说，儒家在这种生死攸关的场合是主张"权变"的，而赞同"嫂溺援之以手"。其二，孟子还有一个没有明说的理由，即当人们身处某种特殊情境，尤其是祭祀或守丧的时候，是不大容易产生邪念的，所以才可以"行权"。换言之，假如需要采取更进一步非礼的办法，譬如，小说中经常有这样的场景，即通过行淫以拯救对方的生命，我想这时孟子就不会赞同了，而必定要求人们舍生取义，毕竟鱼与熊掌不可兼得。《春秋公羊传》主张"行权有道"，这表明在儒家看来，行权是有限度的，毕竟生命并非最高的价值。

可以说，孟子关于"男女授受不亲"的说法，反映了古代礼制中"男女有别"的礼法要求，并在后世不断得到强化。只是到了"五四"以后，随着西方新型人伦关系的冲击和妇女解放的要求，以及社会生活中男女同工和男女交往的普遍化，古礼中关于防隔男女的种种规定才逐渐瓦解了。

那么，决疑是什么意思呢？《礼记·檀弓》中记载了一个孔子弟子子游决疑的故事：按照当时鲁国的习俗，人死以后，常常是将尸体置于地上进行小敛，也就是给死者沐浴、穿衣等，然而这种做法是非礼的。某次有人向子游询问在床上小敛如何，子游作为孔子门下最精于礼的弟子，就答以“诺”，肯定了这种做法。但是，子游的这种回答却受到了当时贤者的批评，认为子游妄自尊大，“专以礼许人”。（图 4）

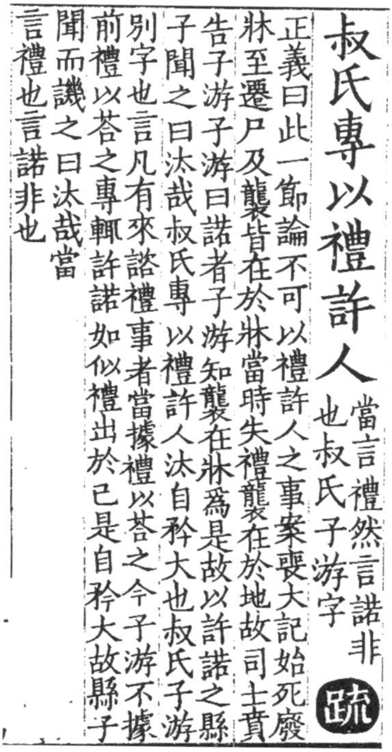
叔氏專以禮許人當言禮然言諾非也叔氏子游字
疏
正義曰此一節論不可以禮許人之事案喪大記始死廢
牀至遷尸及襲皆在於牀當時失禮襲在於地故司士賁
告子游子游曰諾者子游知襲在牀爲是故以許諾之縣
子聞之曰汰哉叔氏專以禮許人汰自矜大也叔氏子游
別字也言凡有來諮禮事者當據禮以荅之今子游不據
前禮以荅之專輒許諾如似禮出於已是自矜大故縣子
聞而譏之曰汰哉當
言禮也言諾非也

图 4　原文图《礼记·檀弓》“叔氏专以礼许人”[1]

那么，子游应该怎么回答呢？子游虽然精于礼，却不能凭借自己的权威地位，以个人意见的方式来回答他人的疑问，而应该引经据典来决疑，譬如，子游可以这样回答：“按照礼，应该在床上小敛。”

中国自古就有尊师的传统，但是，这种精神最初在《丧服》中却没有得到体现，就是说，当老师去世时，学生应该为老师穿着哪种丧服，古礼没有作出规定。《礼记·檀弓》中提到了这样一件事：孔子去世以后，由于没有经典的依据，其弟子们就有如何为老师服丧的疑问。对此，一个叫子贡的弟子就说道：“当初颜回、子路去世时，老师就如同失去亲生儿子那样悲痛，却没有穿相应的丧服。那么，现在老师去世了，弟子就应该像失去父亲那样悲痛，也不必穿相应的丧服。”（图 5）

可见，当人们面对古礼没有涉及的新问题时，可以根据礼意进行类比推

1《礼记正义》，景宋本。

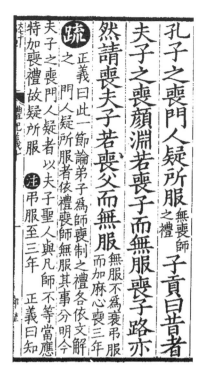

图5　原文图《礼记·檀弓》"昔者夫子之丧颜渊"[1]

理，从而形成新的礼制，这也算是另一种形式的决疑。

③ 别同异

《礼记·曲礼》认为，人与禽兽最根本的区别在于，人有礼，而禽兽无礼，所以才有乱伦的现象。因此，古人制礼有一个非常重要的考虑，就是防止亲属之间的乱伦，这就涉及如何处理与家庭成员中两类女子的关系。

其中一类女子，称为"本同今异"，这指的是姑、姊妹和女儿。这些女子曾经跟自己是一家人，可视为"本同"；出嫁后成为另一家人的媳妇，故可视为"今异"。当这些女子回娘家时，或者因为别的情况而与家中的男性血亲有接触时，就应该讲究"男女有别"，注意保持一定的距离。对此，《礼记·曲礼》中有这样的规定：

> 姑、姊妹、女子子已嫁而反，兄弟弗与同席而坐，弗与同器而食。

意思是说，这些女子嫁人之后，就已经知道男女之事了，所以，当她们回娘家

---

1 《礼记正义》，景宋本。

时，即便是自己的兄弟，也不能同坐在一张席子上，不能共用一个器皿吃饭。

此外，《礼记·内则》中还有"七年，男女不同席，不共食"的说法，其用意在于从小培养"男女有别"的意识。不仅如此，亲如父女、母子，古人也有"儿大避母，女大避父"的说法，目的都是出于某种乱伦禁忌的需要。

另一类女子，称为"本异今同"，包括三类异姓女子，即：伯叔父的妻子，也就是俗称的婶婶；兄弟的妻子，也就是嫂嫂和弟妹；还有儿子的妻子，也就是媳妇。这些女子与自己本来没有血亲关系，可视为"本异"；后来嫁进来就成了一家人，而具有姻亲关系，这就是"今同"。那么，这些女性亲属跟自己作为同一个家庭的成员，平时来往较多，又没有血缘关系，所以更容易乱伦，而礼法的约束也就更为广泛。

古人认为，跟这两类女子交往，尤其要避免乱伦。这是因为其后果极其严重，对家庭的破坏是毁灭性的，而不只是违背某种公序良俗。正因如此，古礼中有许多严格的防范措施，譬如，《礼记·曲礼》中就这样规定，男女亲属不能共用毛巾和梳子，不能将衣服挂晒在一起，而且，除了自己的生母，即便是父亲的小妾，也就是自己的庶母，也只能给自己洗上身衣服，不能洗下身裤裳。显然，这些规定都是为了将任何可能乱伦的苗头扼杀在萌芽之中。

④ 明是非

任何时代都有一定的是非观念，体现了那个时代的特殊价值准则。关键在于，是非的标准到底在哪里？我们现在许多人虽有着强烈的是非观念，却缺乏判定是非的客观标准，常常依据个人的利害关系或感情需要。但在古人那里，通常是将礼当成判定是非的客观标准，简言之，凡是合乎礼的就是正确的，违背礼的就是错误的。

《礼记·檀弓》中记载了这样一件事情：曾子是孔子晚年的重要弟子，以孝亲而闻名于世；而子思是孔子的孙子，据说以曾子为师。某次曾子对子思自夸道："我为父母守丧，可以做到七天七夜不吃不喝。"对此，子思没有盲从老师的意见，却对这种做法提出了批评："先王制礼，遵循中道的准则。因此，君子为父母守丧，只要求三日三夜不吃不喝就够了，而且借助杖还能起身行走。"

曾子这种做法，固然出于对父母的哀痛之情，而超出了一般人孝亲的标准，可以称得上孝道的极致了。然而，子思站在礼的角度对老师的行为提出了批评，认为这种过犹不及的做法，不符合先王制礼的精神。不难看到，子思对曾子的批评，完全以礼作为判断是非的标准，而没有因为曾子是自己的老师，就一味逢迎盲从。

当然，古人有时也会为一己之好恶所左右。《檀弓》中记载了鲁穆公与子思的一段对话：

> 穆公问于子思曰："为旧君反服，古与？"子思曰："古之君子，进人以礼，退人以礼，故有旧君反服之礼也。今之君子，进人若将加诸膝，退人若将队诸渊，毋为戎首，不亦善乎？又何反服之礼之有？"

子思这里讲的"君子"，指的是国君。按照《丧服》的规定，国君去世，其臣应该服最重的丧服，即斩衰三年之服。那么，是否应该为"旧君"服丧呢？

关于"旧君"的问题，《丧服》中提到了三种情况：

其一，臣致仕以后，时君被视为旧君。

其二，臣已到外国，而依然留在国内的妻、长子将时君视为旧君。

其三，臣虽去职，但还留在国内，也视时君为旧君。

这三种情况都有一个共同特点：某臣食某君之禄，应该服斩衰；而一旦离开朝堂，不再食君禄以后，则仅视其为旧君，只需服齐衰三月之丧。显然，对旧君的伦理责任大大降低了。可见，当时还没有形成那种"普天之下，莫非王土；率土之滨，莫非王臣"的观念，臣子对君王的责任是有限的。

然而，到了春秋中晚期，随着封建制的崩溃，君臣之间的古礼也随之破坏了。《论语·八佾》中记载了这样一段对话：

> 定公问："君使臣，臣事君，如之何？"孔子对曰："君使臣以礼，臣事君以忠。"

我们推测孔子背后的潜台词，就是要求"君使臣以礼"，否则，臣就不必忠于自己的国君。这番对话，无疑反映了当时国君对臣往往不能以礼相待的现实。上面子思的回答，与孔子的君臣观念是一脉相承的。子思批评说当时国君对待大臣完全是一种非常功利的态度：如果大臣有利用价值，国君就像对待自己喜爱的孩子一样，抱在自己的膝盖上，百般恩宠；一旦大臣失去了利用价值，国君就弃之若敝屣，甚至恨不得将之踹入深渊。在子思看来，即便国君不再用我了，也应该对我保持体面的礼遇，否则，我若不起兵造反，都算不错的了。既然国君如此无礼待我，我又怎能事君以礼，甚至为昔日的"旧君"服丧呢？

那么，大臣离开朝堂后，国君怎么做才算合乎礼呢？后来孟子与齐宣王有一段著名的对话，其中就谈到了这个问题：

> 孟子告齐宣王曰："君之视臣如手足，则臣视君如腹心；君之视

臣如犬马，则臣视君如国人；君之视臣如土芥，则臣视君如寇仇。"

王曰："礼，为旧君有服，何如斯可为服矣？"曰："谏行言听，膏泽
下于民；有故而去，则君使人导之出疆，又先于其所往；去三年不反，
然后收其田里。此之谓三有礼焉。如此，则为之服矣。今也为臣，谏
则不行，言则不听，膏泽不下于民；有故而去，则君搏执之，又极之
于其所往；去之日，遂收其田里。此之谓寇仇。寇仇何服之有？"

在孟子看来，为旧君服丧要满足三个条件：

其一，大臣在朝时，国君能够接受劝告、听从建议，且对百姓有恩泽。

其二，大臣若离开故国，国君应该派人一路护送出境，又到其将要出仕的
国家称扬其美名。

其三，大臣离开三年以后，不再回国，国君才能将以前赐予的田地和住宅
收回。

在孟子看来，国君对于旧臣必须做到这三项，才算是"君使臣以礼"。那
么，旧臣虽然离开了朝堂，依然会记念昔日国君对自己的恩德，才会视之为
"旧君"，当其薨逝以后，才会为其服齐衰三月的丧服。否则，旧臣则视昔日国
君为"寇仇"，怎么还会为他服丧呢？显然，在孟子那里，对"旧君"的要求
较子思要高得多，从而极大丰富了孔子"君使臣以礼"的内涵。

可见，君臣之间的是非，也应该以礼为准绳，而不为个人的好恶或利害所
左右。

2. 礼的起源

关于礼的起源，古今学者已有种种不同的说法。儒家通常认为，圣人本乎

人情而制礼，而人情在此前的各种习俗中早已得到体现，然后圣人在此基础上进行改造，形成了后世的礼制。这样说来，礼的起源与上古时的民俗有着密切的关系。下面我们通过《礼记·礼运》一篇，来了解这一观点。

按照《礼运》中的说法，在大同时代，人们一切顺乎自然，以“直心”为德，这与后来崇尚施报的德是不一样的。到小康时代，随着个体家庭的形成，私有观念也出现了，这时的人们“各亲其亲，各子其子”。面对这种情况，圣人制订了种种礼制，以协调由于私有观念而产生的种种纷争，从而实现“以正君臣，以笃父子，以睦兄弟，以和夫妇，以设制度，以立田里，以贤勇知，以功为己”的目的。这一时期出现的圣人，如禹、汤、文、武、成王、周公等，都非常重视礼，并以礼来教化民众。（图 6）

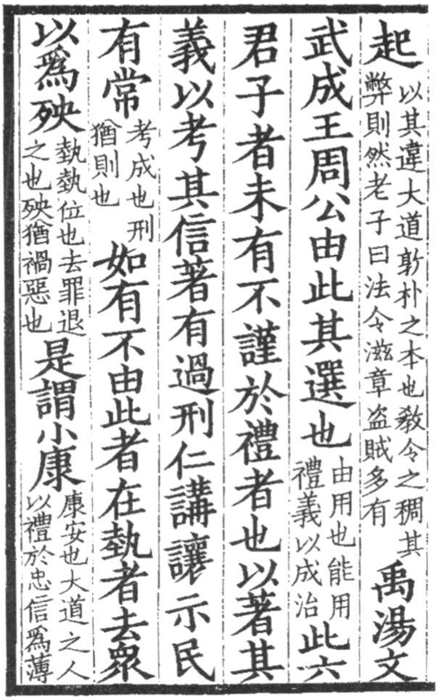
起（以其違大道𣪘朴之本也教令之稠其弊則然老子曰法令滋章盜賊多有）禹湯文武成王周公由此其選也（由用也能用禮義以成治）此六君子者未有不謹於禮者也以著其義以考其信著有過刑仁講讓示民有常（考成也刑猶則也）如有不由此者在埶者去衆以爲殃（埶埶位也去罪退之也殃猶禍惡也）是謂小康（康安也大道之人以禮於忠信爲薄）

图 6　原文图《礼记·礼运》“是谓小康”[1]

从《礼运》中的说法来看，有两点值得我们注意：

其一，礼与私有观念的出现有关。如果人类社会没有形成私有观念，以及派生出来的种种奸诈之谋和争夺工具，就没有必要借助礼来协调人们之间的矛盾和冲突。

其二，礼不同于习俗。习俗是民众在其日常生活中自然形成的；而礼则

1《礼记正义》，景宋本。

具有权威性，这种权威是圣人赋予的，是治国理政的有效工具。因此，《礼运》说道："圣人以礼示之，故天下国家可得而正也。"

《礼运》进而从早期人类的日常生活追溯了各种礼制的起源。在《礼运》看来，早期人类的饮食习俗不同程度地保留在后世的礼制之中。譬如，当死者刚刚去世不久，就有所谓"饭含"之礼，也就是往死者口中塞满淘洗过的生米，直到今天，许多地方还保留了这种做法。对此，我们不禁要问，为什么不用煮熟了的米呢？《礼运》认为，这是因为上古时人们不知道用火，只能吃生的食物，所以，饭含礼就是上古习俗的遗存，当时人们就是这样对待死者的。到了后来，人类已经知道用火了，于是下葬时将熟肉包裹起来作为"遣奠"送给死者。

虽然上古时的饮食非常简单，但并不妨碍人类借此表达自己对神灵的敬意。到了五帝时代，人们学会铸造金属器物和土陶容器，并能修筑越来越精美的宫室，烹饪方法也更加多样，还知道酿制甜酒和奶酪，并用麻丝来制作布帛，这些丰富多样的文明成果，都在古礼中得到了充分体现，都用来致敬于神灵。

因此，《礼运》认为，古礼与日常生活息息相关的这些内容，无论是养生送死，还是事奉神灵，都是对人类最早习俗的反映。

按照《礼运》中的说法，人们将食物正式进献给神灵时，包括了这样几个步骤：

首先，用血毛、生肉供奉神灵，这是取法于上古人类尚未懂得利用火时的习俗。

然后，将生肉浸在热水中，使之成为半生不熟的肉，并进献给神灵，这是取法于中古时的习俗。

最后，将上述生肉、半生肉放在一起煮熟，并切割成小块，盛放在各种盘子中，以进献给神灵。这样的做法，体现人类充分掌握了火的运用之后的习俗。

世界各个民族在祭祀神灵时，除了用到食物外，还不同程度地用到了酒。在中国古代，主要是用泛齐、醴齐、盎齐、醍齐和沉齐这五种米酒来致敬于神灵，此外，还会用到玄酒。人们祭祀的时候，通常将玄酒摆放在离神灵最近的地方，泛齐次之，而沉齐离神灵最远。

那么，这些祭酒有什么区别吗？这种摆放顺序是否也是古代文明发展不同阶段的体现呢？

玄酒实际上是清水，可以说是最原始、质朴的东西，这是人类最早用来祭祀神灵的。在后世的礼中，玄酒表达了人类最原始、最纯粹的敬意。至于泛齐，则是最浑浊的、上面还泛有酒糟的米酒，其摆放的位置仅次于玄酒，同样也是因为这种酒的原始、质朴。至于沉酒，则是已经滤掉酒糟、最为清澈的酒，从日常饮用的角度来看，当然最好，但从敬神的角度来说，却是最末，故摆放在离神灵最远的地方。古人摆放酒的这种讲究，体现了古礼"从其朔"的精神，即回归到早期人类面对神灵时那种真诚而质朴的态度。

由此可见，人类在远古时代，就已经懂得用各种简单、原始的东西来表达对神灵的敬意了，由此形成了人类最原始的习俗。此后，随着人类文明的不断进步，自然尝试着借助新的生活条件来表达对神灵的敬意。诸如此类习俗，都被历代圣人重新加以改造，从而形成具有普遍权威性的礼仪制度。

当然，权威并不意味着一成不变。古人认为礼是与时俱进的，即便没有圣人，也允许人们在实际生活中进行创制，儒家称这种做法为"礼以义起"。譬如，《礼记·檀弓》中就记载了不少这方面的例子：

有一个叫敬姜的女子，嫁给鲁国贵族穆伯为妻。不久，穆伯去世了，敬姜就只能年轻守寡了，当时自然是哀痛万分。按照古礼，死者入棺以后，就一直停放在堂上，并用帐幕遮蔽起来，只有在每天朝夕一起哭灵时，才能将帐幕撤下。敬姜作为丈夫的至亲，除了朝夕时的集体哭灵外，还可以在自己的居所独自哭泣，以尽自己的哀痛之情。然而，敬姜为了避嫌，并没有按照礼的要求去做，不仅朝夕哭灵时不撤下帐幕，而且，平日哭泣也只限于白天。那么，敬姜为什么这样做呢？对于现代人来说，新婚妻子的哀痛，通常要比别人来得更强烈，这是完全可以理解的。但对于古代贵族来说，新婚妻子哭丧若过于哀痛，不免显得丈夫生前沉溺于女色，反而有失德之嫌。因此，敬姜的行为虽然违背了礼制，却符合礼的内在精神，于是得到了《檀弓》编纂者的称许。

可见，在儒家看来，不仅圣人本乎人情以制礼，而且，在某些特殊情况下，即便是普通人也可以对礼进行损益，只要能符合礼的内在精神，也就是"礼意"。

3. 礼尚往来

中国作为礼仪之邦，素来讲究"礼尚往来"，这在我们今天的日常生活中还很常见，譬如，你向我鞠躬，我也回报以鞠躬；我结婚时别人送了多少礼金，那我一定会记下来，等到将来别人结婚时再回报以相当的礼金。

其实，这种做法在孔子生活的时代就已经很普遍了。《论语》中就记载了一个孔子和阳虎互相送礼的故事：当时鲁国季孙氏的家臣阳虎一度掌握了国政，大概出于收揽人才的用心，所以希望孔子出来做官。但是孔子一直避而不见，于是阳虎趁孔子不在家的时候，送了一只乳猪给孔子。按照"礼尚往来"

的要求，孔子当时没有在家，收了礼却没有表示谢意，因此，就必须另找机会亲自前往答谢，否则就是失礼了。于是孔子同样找了一个阳虎不在家的时候，登门答谢，这样就可以不用跟阳虎见面，而避免阳虎的当面招揽了。可见，在孔子那个时代，大家都遵循"礼尚往来"的准则，无论是阳虎，还是孔子，都觉得不这样做是很失礼的行为。

我们会觉得"礼尚往来"是天经地义的，其实不然，《礼记·曲礼》就这样说道：

> 太上贵德，其次务施报。礼尚往来，往而不来，非礼也；来而
> 不往，亦非礼也。

按照后来儒家的解释，"太上贵德"指三皇、五帝的时代，这个时代的人们非常淳朴，故以德为贵；"其次务施报"则指夏、殷、周这三王时代，这一时期人们之间的交往是讲究施报的，即你施我报，或我施你报。可以说，中国自夏、殷、周以来直到今天，人们同样也有一套关于德的标准，只不过这种德是建立在礼的基础之上，是一种基于"礼尚往来"的德。

那么，这两种德有什么不同呢？"德"的古字作"悳"，即直心为德，这是"太上"之德的特点。这是什么意思呢？譬如，我只是一心对你好，而不企盼你的回报；反过来也一样，你对我好，我也只是简单地接受，而没有挂念着另找机会去报恩，这就是上古人们基于"直心"的德。这时候的人们只是随顺自己的本心行事，质朴而率真，孔子的弟子子游提到的"直情而径行"的"戎狄之道"，大概就接近这种状态。到了三王时代，这时人们就不像上古时那么淳朴了，而崇尚"施报"之德，也就是讲究"礼尚往来"。譬如，我对你好，

通常预期对方能有所回报，即便不求回报，但如果对方没有丝毫表示，多少也会觉得此人不讲究；反过来，如果别人对我好，我也一定要找机会回报。俗语说"滴水之恩，当涌泉相报"，正是"礼尚往来"的体现。相对于"直心"之德，如此有来有往，显然是一种"曲心"之德。

《老子》中有这样一句话，"失道而后德，失德而后仁，失仁而后义，失义而后礼"，可见，崇尚礼的时代要晚于崇尚德的时代，而且境界上也要低一些。圣人倡导礼治，只是一种救弊的办法，代表了后世对德的某种要求，或者说，只有合乎礼的要求才是德。即便如此，"太上"之德未必就是人类已经永远消逝的理想，我们不难看到，在某些特定的情形下，今人依然还会有类似的经验。譬如，父母与子女、丈夫与妻子，尤其是恋人之间，彼此给对方好时，通常不期待对方的回报，似乎只要看到对方的欢喜，就已经心满意足了。此外，兄弟之间，后世因为分家，我们有时会说"亲兄弟，明算账"，但在中国古代，却通常视为"一体"之亲，犹如手足一样不可分，所以通常也不会有彼此报恩的想法。正因如此，《诗经》里面才会有"宴尔新昏，如兄如弟"的说法，就是说，新婚夫妻好得像兄弟一样。

可以说，自三代以后，"礼尚往来"成为通行的伦理准则。孔子不仅倡导礼治，而且，孔子本人经常也是这么做的，前面我们提到孔子和阳虎彼此送礼和还礼的故事，就是很好的例子。

《论语·宪问》中还记载了这样一番对话：有人问孔子如何看待"以德报怨"这种做法，孔子却颇不以为然，主张应该"以直报怨，以德报德"。

我们现在或许认为，"以德报怨"体现了一种更高的道德境界。但是，孔子为什么不赞同这样做呢？按照孔子自己的回答，如果"以德报怨"的话，那么，当别人对你有恩德时，又该怎么回报才行呢？可以说，"以德报怨"固然是有德的体现，但是，站在"礼尚往来"的角度，这种回报却是不对等的。只有对等的回报，才符合礼的要求。简言之，你对我有怨，我就以怨报之；你对我有德，我就以德报之，这才是"礼尚往来"。孔子这种主张，体现了后世以礼为本的道德要求。

4. 称情立文：古人如何送礼？

中国素有"礼仪之邦"的美誉，这体现在人际交往过程中，有着一套非常繁琐的礼仪规范，不仅如此，通常还伴随着钱财的馈送和交换，这就是"送礼"。古人将礼物称为"挚"，认为有"执以至者"的意思，即亲自带着礼物到主人家，通过这种方式来表达自己的真情厚意。《仪礼·士相见礼》就记载了人们初次相见时送礼的场景。

先秦时的贵族有公、卿、大夫、士这几个阶层，士属于其中最低等级的贵族。当新晋升为士的贵族去拜访其他士时，必须准备礼物，冬天用死的野鸡，夏天则用风干的野鸡，双手捧着礼物，鸡头朝左，亲自登门拜访。客人进门以后，主客行见面礼，客人将礼物送给主人。等到他日主人回礼时，也是捧着先前客人带来的那份礼物，登门拜访。如果是士初次拜会大夫，虽然也是以野鸡为礼物，但主人不接受礼物，也不必登门回拜。如果是下大夫相见，则以大雁为礼物；上大夫相见，则以羔羊为礼物，其余礼仪都跟士相见一样。人们初次相见时尚且送礼，至于结婚、成年、燕饮、吊丧等场合，更是无不送礼。不过，所送的礼物及其数量，礼制都有严格规定，不得逾越，这样既能达到表达人情的目的，也不至于经济负担过重。

《礼记·檀弓》中记载了一则孔子送礼的故事：据说孔子有一次来到卫国，恰巧碰到孔子曾经下榻的某旅店老板去世了。大概因为之前的这份交情，孔子

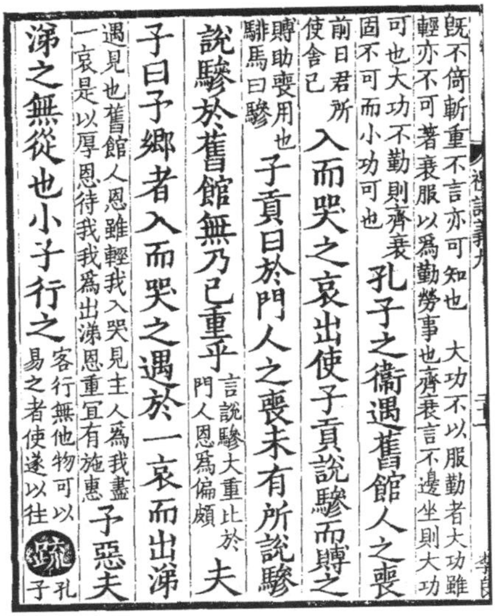

说骖於旧馆者入而哭之哀出使子贡说骖而賻焉子贡曰於门人之丧未有所说骖说骖於旧馆无乃已重乎子曰予乡者入而哭之遇於一哀而出涕予恶夫涕之无从也小子行之

图7　原文图《礼记·檀弓》"孔子之卫，遇旧馆人之丧"[1]

图8　骖马图[2]

就进去吊唁了一番。吊唁完毕后，孔子出来让其弟子子贡解下所乘马车中的骖马，作为助丧的礼物送给主人。（图7）

古人吊丧时一般会送什么礼物呢？一般来说，主要有赗、賻、禭这三种东西。其中，赗是车马，賻是钱财，禭则指衣被。大概孔子此次吊丧纯属偶然，临时也没有准备礼物，所以就将其所乘马车上的一匹骖马送给了主人。（图8）

对此，子贡很不理解，说道："当初您自己的弟子过世时，并未送马助丧，而现在这个死者不过曾经安排过您的住宿而已，您却解下骖马相送，这份礼物是不是太重了呢？"孔子回答道："我刚才进去吊唁时，主人因为我的到来而哭泣尽哀，我也因此痛哭流涕。既然如此伤心，我怎能没有与之相称的表示呢？"关于孔子这种做法，后世许

1　《礼记正义》，景宋本。
2　两侧的马为骖马。刘永华：《中国古代车舆马具》，北京：清华大学出版社，2013年版，第59页。

多儒家学者不能理解，认为孔子的哭泣是"过情之痛"，送的重礼则是"过情之赙"。因为中国作为一个人情社会，孔子对于只有一面之缘的人是不应该有这份深情厚意的，更遑论因此送了厚礼呢！

我们今天送礼，一般会觉得礼物越贵重越好，那么，古人会认同这个观点吗？荀子认为，圣人制礼，是"称情而立文"，即称量情感的轻重不同而相应制订不同的礼仪。按照这种说法，体现在送礼问题上，同样要求情感与礼物的相称。换言之，我与受礼者的关系越是亲近，情感越是强烈，礼物就应该越是隆重。若我的情感如果没有与之相匹配的礼物，则不免有"惠而不费"之嫌，甚至显得廉价和虚伪。

据《论语》记载，孔子最得意的弟子颜回去世时，孔子"哭之恸"，较之为旅店老板"出涕"，显得更为哀痛。然而，孔子却没有送马，甚至当颜回的父亲颜路请求孔子卖掉马车而为颜回置办外棺时，孔子还断然拒绝了。现在孔子却为了关系疏远的旅店老板，而以重礼相送，似乎不符合人情，也不符合圣人制礼的"礼意"或精神，这也难怪子贡对此不理解了。不过，按照当时哭丧的情形，我们并不难推测，孔子送马的这番举动，其实是有些被动的。最初孔子进去吊丧时并没有准备礼物，因为孔子与旅店老板毕竟只有一面之缘，礼节性的吊唁就足够了，却没想到主人非常看重孔子的到来，就哭得很伤心，面对这种情形，孔子出于"礼尚往来"的要求，也就尽哀而"出涕"了。既然双方如此尽哀相哭，感情的表达如此强烈，意味着两人的关系就不一样了。于是孔子出门后，就吩咐子贡解下一匹骖马，临时作为礼物送给主人，以表达自己的哀情，否则，孔子吊唁时流露出来的那番哀情，就显得虚伪了。可见，孔子的做法完全符合"称情而立文"的礼意，换言之，强烈的情感必须有相应的重礼来匹配。

正因如此，我们就不难理解《檀弓》所提到的另一则孔子送礼故事：

有一个叫伯高的人，通过子贡而结识了孔子，不过似乎够不上朋友关系。后来伯高在卫国去世了，孔子也派使者带着礼物前去吊丧，而孔子另一个弟子冉求在使者未到之前，却预先准备了五匹帛、四匹马作为礼物，送给了伯高的家人。孔子知道这事以后，很不高兴地说："这样就显得我对伯高不诚了。"孔子为什么这样说呢？显然，相对于孔子送给旅店老板的礼，冉求自作主张以孔子名义准备的这份礼要重得多。问题在于，孔子与伯高的关系够不上朋友，又没有强烈的情感表现，按照"称情而立文"的精神，这份厚礼与孔子对伯高的情感是不相称的，这就显得孔子"不诚"了。后来，孔子在异地为伯高设了灵堂，而让子贡担任丧主，并吩咐子贡说："如果前来吊丧的人是子贡的朋友，则可以答拜；如果只是伯高的朋友，则不用答拜。"孔子这番说法，足以表明他与伯高的关系还是比较疏远的。

通过孔子两次送礼的事件，我们可以领会到儒家"称情而立文"的制礼精神。礼物作为人情的表达，应该恰到好处地表达送礼者与受礼者之间的真实关系和情感状态，否则就会流于虚伪。

二 礼的基本精神

1. 敬与仁

关于古礼的基本精神，历来有种种不同的观点，我们在此借助"敬"和"仁"两个概念，来讨论这个问题。

前面我们讨论礼的定义时，明白了古礼首先是人类与神灵相沟通的一套仪式或规范。毫无疑问，人类在神灵面前，应该保持一种虔诚乃至卑微的姿态，这就是"敬"。那么，人类怎样才能做到"敬"呢？《礼记·曲礼》这样说道：

> 毋不敬，俨若思，安定辞。

这是整部《礼记》开篇的第一句话，算是对"敬"之内涵的最好概括。这句话包括了这样两层意思：

其一，敬作为礼的基本精神，要求人们在任何时候都不能不敬，即"毋不敬"。

其二，敬不只是一种人的内在态度，而且需要通过言语和行为体现出来，即行为上保持矜庄，这是一种若有所思的样子，也就是"俨若思"；而言语上则要非常审慎，也就是"安定辞"。

关于"敬"在行为上的表现，《曲礼》中还有另一句话：

坐如尸，立如斋。

这意思是说人们坐着的时候应该像"尸"一样，站立的时候应该像人们参与祭祀时一样。

可能有人会误解，人死之后留下的尸体不都是躺着的吗？怎么可能做到"坐如尸"呢？其实，这都是汉字简化后才出现的问题。因为人死后留下的那具日渐腐烂并最终消亡的肉体，繁体字写作"屍"；至于"坐如尸"的"尸"，不同于"屍"，指先秦时用来代替受祭神灵的大活人。因为神灵是坐着受祭的，所以《曲礼》才会说"坐如尸"，也就是要求人们平日坐着的时候应该像神灵受祭一样。这里所说的"斋"，也不同于我们通常所理解的屋舍或者素食，而是指人们对神灵的祭祀，此时人们通常是站立着，所以《曲礼》才会说"立如斋"。可见，"敬"对人的要求是非常高的，或者像神灵一样坐着，或者像面对神灵一样站着。

关于"敬"的内涵，《曲礼》中还有一句话：

夫礼者，自卑而尊人。虽负贩者，必有尊也，而况富贵乎？

我们通常讲"尊敬"，可能很少有人深究这个词的意思。按照《曲礼》的说法，只有将对方抬高到尊者的位置上，将自己放低到卑者的位置上，如此才能做到"尊敬"。

而且，《曲礼》还认为，地位高的人，更能尊敬他人；相反，地位低的人，反而不懂得尊敬他人，甚至常常肆无忌惮，无法无天。正因如此，古人主张"礼不下庶人"，就是认为那些地位卑贱的人不容易保持一种敬意，遑论遵守礼的种种繁琐规矩呢？可以说，"敬"的精神反映了古代社会背后所蕴涵的等级尊卑，而周礼更是将"尊尊"发挥到极致，体现了周代社会等级森严的状况。

关于周人对"敬"的重视，《左传》中曾经记载了这样一个故事：春秋时，晋国一个叫郤芮的大夫因谋反而被晋文公诛杀，其子郤缺虽然没有被株连，但也只能回家务农。后来晋文公的一个重臣臼季路过郤缺家，看到郤缺在田间锄草，其妻子给他送饭食，恭恭敬敬地端给郤缺，彼此就像对待宾客一样。于是臼季就把郤缺带了回来，并对文公说道："敬，德之聚也。能敬必有德，德以治民，君请用之！"文公接受了臼季的建议，任命郤缺做了下军大夫。到晋成公时，郤缺更是做到了中军元帅，成为晋国的执政大臣。

通过这个故事，我们不难发现古人非常看重"敬"，甚至视为一切道德的集中体现。《诗经》中有一篇《兔罝》，就阐明了类似的道理，认为一个人做细小卑贱的事情时，如果依然能够保持敬意，这种人是非常了不起的，甚至可以成为国君的"干城"或"腹心"。

我们今天或许在某些公开或庄重的场合，还能保持些许敬意，但是，当独处和闲暇的时候，可能就比较放松，甚至非常随便和放纵。这才是我们远不及古人的地方。

到了春秋中晚期，周礼的崩坏，不仅意味着那一套繁琐复杂的礼仪规范被破坏了，而且还意味着其内在的精神受了挑战。正因如此，孔子作《春秋》，对周礼进行了改造，即通过削弱周礼中"敬"的方面，而将一种新的精神，也就是"仁"，贯注到周礼之中。就此而言，孔子以后影响中国社会两千多年的礼仪，已经不同于周礼了，不仅仅是礼的外在规范不同，而且，礼的内在精神已不限于"敬"，也包含了"仁"的内涵。

如何理解"仁"呢？《论语》中孔子关于"仁"的定义非常多，不过就其外在表现来说，则不外乎一个"爱"字。"爱"的范围很广，不仅包括父母与子女、丈夫与妻子、兄弟姊妹之间的感情，即一种基于血缘亲情而近于自然情感的"仁"，而且推扩开来，也包括朋友、君臣之间那种带有社会性的情感。到了宋代，儒家非常推崇某种"万物一体"的境界，则属于一种最高层次的"仁"。

那么，儒家如何看待仁与礼的关系呢？对此，早在孔子那里，就有不少相关的表述。《论语·八佾》中记载了孔子这样一句话："人而不仁，如礼何？人而不仁，如乐何？"孔子的意思是说，如果没有"仁"，那么礼乐只不过是虚文，流于形式而已。此外，孔子一个名叫林放的弟子问"礼之本"，孔子回答道："礼，与其奢也，宁俭；丧，与其易也，宁戚。"意思是说，无论是丧礼还是祭礼，外在形式的完备是次要的，内在的哀痛和虔敬之心才是最重要的。换言之，周礼中基于等级关系的"敬"被淡化了，另外强调的则是基于血缘亲情的"仁"。

2. 如何斟酌人情而制礼：孔门弟子之间的争论

到了春秋中晚期，以周礼为代表的旧秩序逐渐崩溃了，孔子有鉴于此，通过作《春秋》，而对周礼进行损益，目的在于建构一套新的制度，以适应新时代社会变迁的要求。那么，孔子是如何改造周礼的呢？孔门两个重要弟子有子与子游之间曾有过一场争论，可以帮助我们很好地理解这个问题。

据《礼记·檀弓》记载，当时有子看到一个小儿号哭着找父母，就对子游说道："我一直不明白丧礼为什么要限定跳踊的次数，我早就想废除这种规定了。人的情感如此悲痛时，为什么就不能像孩子那样恣意号哭呢？"对此，子游说道：

> 礼有微情者，有以故兴物者。有直情而径行者，戎狄之道也。
> 礼道则不然。

在子游看来，圣人制订礼，有多种不同的考虑：有的礼是为了节制人的情感，有的礼是为了引发人的情感。至于那种不加节制而任由情感支配的行为，只是未开化夷狄的做法，也就是"戎狄之道"。

至于儒家，主张的则是"礼道"。那么，什么是"礼道"呢？子游认为，人们遇到喜事时就会心情激动，心情激动就会放声歌唱，歌唱时不免会摇动自己的身体，甚至会手舞足蹈；但若碰到不顺心的事，人们自然会情绪低落，情绪低落就会心中郁闷，心中郁闷则不免长吁短叹，以至于拊心捶胸，甚至还会跺脚跳跃。这些都是人类情感的自然波动，圣人则对此加以调节和疏导，这就是礼的功能。而且，人死以后，尸体腐臭，不免招人厌恶；又不可能再有所作为，则不免为活人所背弃。因此，人们就用衣服把尸体包裹起来，并以布带把衣服束缚住，然后把死者装进棺材里，还在棺材周围设置了种种屏障。这样做的目的是什么呢？就是为了消除人们对死者尸体自然产生的厌恶之情。此外，死者刚去世时，人们用肉酱去祭奠；出葬之前，则用遣奠给死者送行；安葬以后，依然供奉种种食物。古人这么做时，从来没有真的见过死者前来享用，然而自古以来，却没有谁想着废弃这些礼仪。这样做的目的，就是为了让人们不要背弃死者。

早在孔子那里，通过作《春秋》而改造周礼，其实质就在于削弱了周礼中"尚文"的倾向，即删减了礼仪中那些繁文缛节的方面，而增加了殷礼中那些"尚质"的内容，简单来说，就是让礼更多体现人的自然情感，即"称情而立文"。这样一增一减，恰恰形成了孔门弟子内部两派不同的主张：一派以有子、曾子为代表，主张礼应该顺应人的自然情感；另一派则以子游、子思为代表，主张礼对情感的引导和节制。

那么，孔门弟子关于礼的不同观点，哪种更符合儒家的立场呢？

显然，《檀弓》的编纂者认为，子游的说法要更深入、更全面。在子游看来，人类有喜怒哀乐各种情感，且时常有起伏波动，因此，圣人制礼，就要注重对情感的引导和节制。不仅如此，人不只有积极或正面的情感，而且还有消极或负面的情感。譬如曾子的"水浆不入于口者七日"，是因为哀痛父母去世所致，这无疑是一种正面的情感，符合传统社会主流价值的要求，虽然有些过度，但是对于整个社会还是有积极意义的。子游还提到了另外两种情感：一种是对尸体的厌恶之情，一种是对死者的背弃之心。这两种感受虽然都出乎自然，常人难以避免，但对于儒家主张的孝道，却具有负面的价值，甚至是颠覆性的。因此，儒家制订了许多相关礼仪，目的就是为了消除这些负面情感，用现在的话说，就是使人的情感表现具有"正能量"，或者将"负能量"的情感控制在一定限度内。

可以说，圣人制礼，主张"称情而立文"，其中包含了两方面的内容：一方面，礼是出于人情的自然表达；另一方面，礼包含了对人情的约束和调节，尤其是对人心中那些消极和负面情感的淡化和抑制。

3. 礼与中道

前面我们讨论了古礼的基本精神，其中，"敬"是一种自居卑者而对神灵或他人的态度，至于"仁"，则根植于人类的血缘亲情，尤其是家庭中的父子、兄弟之情，并将之扩充为一种普遍的对他人的爱，也就是"博爱"。那么，敬与仁之间是否有张力呢？如果确有张力，那如何才能在两者之间保持一种平衡呢？

《礼记·檀弓》中提到了这么一件事情：孔子晚年的弟子曾参侍奉父母，不仅生前极其孝顺和恭谨，而且死后为父母守丧，竟然能够做到七日七夜不吃不喝。这件事情是曾参对其弟子子思说的，是否真实暂且不论，但从现代医学的角度来看，几乎不大可能做得到。我们普通人好几天不进食，这倒不难，但如果连水都不喝，困难就大多了。关于人不喝水的极限，今天依然说法不一，有的认为最多能坚持七天，有的则认为三天就没法坚持了。无论如何，曾参守丧竟然能七日七夜不吃不喝，已经到了濒死的边缘，称得上尽孝的极致。那么，曾参这样做符合礼制吗？（图9）

按照儒家服丧的理论，父母去世给子女带来的哀痛是最强烈的，

图9　曾子像[1]

1　吴诵芬：《万世师表：书画中的孔子》，台北：台北故宫博物院，2017年版，第12页。

世间没有任何一种哀痛能与之相比，而内心的哀痛必然导致身体的毁伤，这也自在情理之中。正因如此，古人服丧时常常会有一些很极端的做法，而曾参七日七夜不吃不喝的举动，正是这类做法的典型。相反，如果某人说他心里很悲痛，但表面上却没有什么异常的变化，身体不见消瘦，甚至满面红光，行为举止跟平时也没什么区别，那么，人们肯定会认为这人很虚伪，所谓的哀痛也是假的。正常来说，如果某人长时间处于过度哀痛的状态，肯定会造成身体的毁伤。

此外，《檀弓》又记载了另一件相关的事情：孔子弟子子夏的儿子去世了，这种"白发人送黑发人"，给子夏带来了巨大的悲痛，以至于他都哭瞎了眼睛。后来，曾子听说老同学失明了，就去看望他，却批评子夏不孝。为什么曾子这样说呢？因为子夏父母去世时，他没有表现出异乎寻常的孝行，更没有因此失明，然而，现在却因丧子而失明，可见对子夏来说，丧子带来的哀痛超过了丧亲，这多少意味着不孝，所以才会招致曾子的不满。

可以说，儒家这类说法构成了中国人内心深处的潜意识，即父母去世必然给子女带来无与伦比的悲痛，并且，这种悲痛必然表现为身体方面的某些异常状况。譬如，古人描写某人蓬头垢面、面容消瘦，乃至呕血数升、形销骨立等，这通常不是一般的伤害所能造成的，而是因为丧失双亲所致。《礼记·问丧》中就这样说道，伴随丧亲而来的"恻怛之心，痛疾之意"，会造成身体上的内伤，甚至还会损及肾、肝、肺。

除此以外，古人守丧时还有一件重要道具，那就是"杖"，俗称"哭丧棒"。这在守丧时起到什么作用呢？按照《礼记》的说法，由于守丧时难免造成身体毁伤，甚至无法站立和行走，因此，礼制允许子女、夫妻和父母用杖，以便身体即便有所毁伤，还能借此支撑和依靠。至于其他的亲属，跟死者的关系没有那么亲近，不至于哀痛过度，身体的伤害不会那么严重，所以不必用杖。可见，杖成了一种衡量身体毁伤的工具。如果双亲去世，人子的身体没有毁伤到礼制所要求的某种程度，反而行止如常，这意味着丧亲之痛不够强烈，自然就算不孝了；但是，如果因此毁伤过度，影响了以后的正常生活，甚至对身体造成了永久性的伤害，即便借助杖也不能正常站立和行走，这就过度了。在儒家看来，人子的身体是父母遗留在这个世界上的"分身"，古人称为"遗体"，如果对这具"遗体"保护不当，以至于人子因哀毁过度而早夭，乃至无后，这同样属于不孝的行为。

基于以上的讨论，可见儒家在这个问题上持一种"中道"的立场，简言之，哀痛不及固然是不孝，但若因哀痛而致毁伤过度，同样也属于不孝。古人讲"过犹不及"，就是这个意思。因此，关键在于确立一个中道的标准。儒家重视礼，其实就是因为礼乃中道之所在。对于个体来说，只有按照礼的要求去做，才不会偏离中道。

当亲人去世以后，子女因为内心的哀痛而无法正常生活，食不甘味，身不安美，这是正常的情绪反应。然而，曾子七日七夜不吃不喝，固然是哀痛至极的表现，但能说这就是中道吗？对此，子思认为，"水浆不入于口者三日"，这才符合中道。当然在我们今人看来，这种做法依然超乎寻常，一般人也不可能做到，不过，其中包含的精神却保留了下来。今天不少地方，当双亲去世以后，最初三天通常是不开火做饭的，这种做法可谓深得古礼的遗意。

《檀弓》中还记载了另一则故事：弁地有一个人死了母亲，像婴儿一般哭泣，非常悲痛。然而，孔子却说："悲哀确实悲哀，但别人很难继续像他这样做。圣人制订礼，目的是让所有人都能遵守。"（图10）

可见，礼不是一种对人最高标准的要求，而是一种"中道"，目的在于让

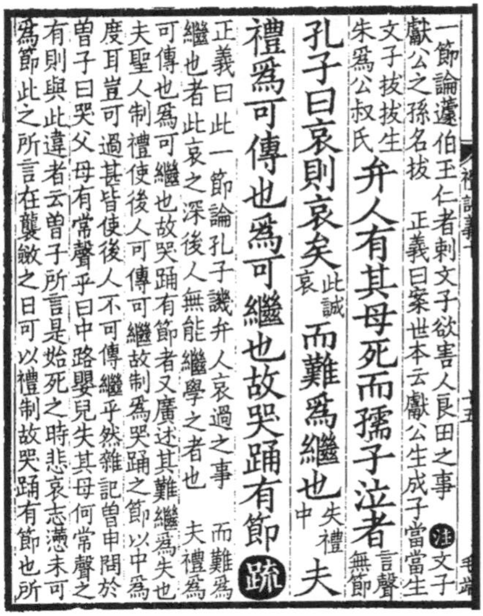
一節論蘧伯玉仁者刺文子欲害人良田之事 注 文子
獻公之孫名拔　正義曰案世本云獻公生成子當當生
文子拔拔生朱爲公叔氏 弁人有其母死而孺子泣者 言聲無節
孔子曰哀則哀矣 此誠哀 而難爲繼也 失禮中 夫
禮爲可傳也爲可繼也故哭踊有節 疏
正義曰此一節論孔子譏弁人哀過之事　而難爲
繼也者此哀之深後人無能繼學之者也　夫禮爲
可傳也爲可繼也故哭踊有節者又廣述其難繼爲失也
夫聖人制禮使後人可傳可繼故制爲哭踊之節以中爲
度耳豈可過甚皆使後人不可傳繼乎然雜記曾申問於
曾子曰哭父母有常聲乎曰中路嬰兒失其母何常聲之
有則與此違者云曾子所言是始死之時悲哀志懣未可
爲節此之所言在襲斂之日可以禮制故哭踊有節也所

图 10　原文图《礼记·檀弓》“弁人有其母死而孺子泣者”[1]

每个人都能做得到。

这是为什么呢？因为现实中的人就其品性来说可分为上、中、下三等，上等人天性淳厚，下等人则禀性凉薄。面对父母的去世，上等人的哀痛和思慕之情，可谓“绵绵无绝期”；而对于下等人来说，其对父母的感情，则是“朝死而夕忘之”，就是说，父母早上死了，由此而来的哀痛到晚上就淡忘了。当然，这两种人毕竟还是少数，大多数人都是介乎其间的中等人，而礼主要是为这部分人制订的。如此制订出来的礼，不仅能够使上等人俯身而迁就之，而且下等人也能踮脚而够得着。因此，荀子认为，礼是圣人“立中制节”的结果。

曾子显然是一个上等品性的人，他的七日七夜不吃不喝体现了孝行的最高标准。但是，大多数人不可能做得到，因此，圣人如果将这个做法定为标准，那还有多少人能跟得上呢？儒家主张礼治，是让每个人都能够去遵守和实践。如果圣人将标准定得太高，大多数人都不能遵守，就只有理想的意义，而没有现实的意义了。儒家主张“中道”，其精神正在于此。

1《礼记正义》，景宋本。

三　作为日常行为准则的礼

1. 父慈子孝

　　自人类进入父系社会以来，父子关系就成为最重要的伦理关系。《诗经》毛传中有这样一句话："夫妇有别则父子亲，父子亲则君臣敬。"这句话描述了人类进入父系时代以后各种伦理之间的逻辑关系。在母系时代，男女之间常常不过宵聚而昼分，并没有形成稳定的夫妇关系，更谈不上夫妇有别。至于子女，通常跟随母亲生活，这时"知母而不知其父"，也就谈不上"父子有亲"了。只有当人类进入父系时代以后，形成了所谓个体家庭，此时女子从夫而居，其活动范围大多局限于家庭，从而形成了一种稳定的夫妇关系，才能谈得上"夫妇有别"；至于母亲所生的子女，此时才知道自己的父亲，从而使父子之间真正建立起一种基于血缘的亲近关系，才能谈得上"父子有亲"。换言之，如果父子之间不能明确这种血缘关系，是不可能相亲近的。其中的道理，至今犹然。

正因如此，我们在日常生活中也不难发现，继父与继子之间很难建立一种类似亲生父子的亲近关系。古代圣人基于对人情的理解，对继父与继子的关系作出如下规定：母亲改嫁，子女若不跟随母亲，就不必把母亲再嫁的丈夫视为继父。换言之，只有当子女跟随改嫁母亲一起生活，才谈得上有所谓的继父。按照《仪礼·丧服》中的说法，继子与继父的关系可以分为三个层次：

其一，如果继子（除生母）与继父（除妻子）双方都没有大功以上的亲属，也就是没有同祖父的亲属，并且，继父还为继子立庙祭祀其生父，则可称为"同居继父"，如此继子才应该为继父服齐衰不杖期的丧服。

其二，如果继父与自己的生母后来另外生有子女，则彼此关系自然更疏远了，就称为"异居继父"，如此继子只需要为继父服齐衰三月之服。

其三，如果自母亲改嫁伊始，继父或继子都有大功以上亲属，譬如，继父已另有子女，或兄弟、侄儿，则只能称为"未同居继父"，那么，继子与继父虽然共同生活在一起，也不必为继父服丧。

可以说，中国古代丧服中的这些规定，不仅体现了圣人对人情的深刻洞察，而且也反映了人类自古以来的家庭现实，即"父子有亲"必须建立在血缘的基础之上，而没有血缘关系的继父和继子是很难亲近的。

不过，不同于父子关系，母子关系似乎不完全基于血缘。在中国古代，除了生母以外，子女无论对于嫡母，还是奉父命抚养自己的慈母，都可以最高服到跟生母一样的丧服。可见，俗语"长嫂如母"之类的说法是有根据的。这些说法表明，妇人通过抚养之恩，只要付出足够的爱心，是可以被继子真正视为母亲的。

到了后世，无论父或母，基于共同的血缘关系和抚养关系，都可被子女视为"至亲"。按照《仪礼·丧服传》的说法，古代家庭中有三种关系可视为

"至亲",即夫妻一体、父子一体和兄弟一体。其中,父子一体中的"父"不限于指父亲,也指母亲,就是说,父母对于子女来说都是"至亲",其中,父亲是"至尊",而母亲则是"私尊",对于子女来说,都是最亲密的存在。

因此,古人讲"父慈子孝",不仅指父子关系,也包括母子关系。《礼记·礼运》以"父慈,子孝,兄良,弟悌,夫义,妇听,长惠,幼顺,君仁,臣忠"为"人义",《左传》则以"君义,臣行,父慈,子孝,兄爱,弟敬"为"六顺",除此之外,类似的说法还有很多。可见,用"父慈子孝"来规定父母与子女之间的关系,得到了古人的普遍认可。父母对待子女的"慈",与子女对待父母的"孝",虽然都基于血缘亲情,但性质完全不一样。一般来说,父母对子女的"慈",纯粹出于自然之情,虽有严父与慈母的分别,但大都出于对子女的爱。而对子女来说,幼时对父母的依恋,固然是出于自然之情,然而随着年龄的增长,子女对父母的"孝",就越来越多出于道德层面的要求了。

正因如此,父母对子女的慈爱,很容易流于溺爱。电视剧《大明王朝1566》在刻画嘉靖年间的奸臣严嵩时,特别强调其对于儿子严世蕃的纵容,以至于对儿子各种欺君罔上、残害百姓的行为,常常也是睁一只眼闭一只眼,最终导致了严党的覆灭。古人讲的慈爱,包括了教与养两个部分,即不仅尽量让子女衣食无忧,而且还要时刻教导子女,使之成材。因此,《左传》中有"父慈而教"的说法,就是强调父母对子女的教育,本身就构成了"慈"的内涵。

至于子女对父母的孝,古代文献的相关说法是非常多的。《论语》中记载了很多孔子与弟子关于孝的讨论,譬如,某次孔子弟子子游问什么是孝,孔子这样回答道:

> 今之孝者,是谓能养。至于犬马,皆能有养;不敬,何以别乎?

直到今天，许多人对父母尽孝都只限于"养"的层面，以为只要赡养父母就足够了。但是，在孔子看来，这与养犬马又有什么区别呢？因此，孝的关键，在于对父母能保持一种"敬"的态度。

后来孟子把这个问题讲得更明白，进一步区别了"豕交"与"兽畜"两种态度：

孟子曰："食而弗爱，豕交之也；爱而不敬，兽畜之也。"

孟子的意思是说，养猪和养犬马都可以称为养，区别在于，养犬马可以出于爱，而养猪则纯粹出于功利的目的，且常常对猪怀有厌憎之心。孔子还只是认为，如果仅仅出于养的态度，不过把父母当成犬马而已。孟子说得更透彻，有些人可能出于爱心而养父母，也不过是"兽畜"；而有些人则是像养猪一样对待自己的父母，那就只是"豕交"了。

《左传》中还有"子孝而箴"的说法，这就进一步扩充了孝的内涵。在古人看来，当父母有过错时，子女应该进行劝谏，这也是孝的体现。到了东汉的《白虎通》，则从教的角度来理解父子之间的关系，其中这样说道：

父子者，何谓也？父者，矩也，以法度教子；子者，孳孳无已也。

按照《白虎通》中的说法，父是规矩的意思，指用法度来教育儿子；至于子，则有孳的意思，即当父母有过错时，儿子要孳孳不已进行劝谏。《孝经》也说道："父有争子，则身不陷于不义。"就是说，父亲有敢于谏诤的儿子，自己就不会陷于不义的境地。可见，不仅父母应当以法度教导子女，而且，当父母有过错时，子女也应该坚持不懈地进行劝谏，以免父母"陷于不义"。

当然，劝谏应该讲究方法。《论语》中说道："事父母，几谏。"因为父子关系毕竟是"天伦"，是与生俱来的伦常关系，不能伤了父子间的感情。所以，古人要求以委婉和曲折的方式来劝谏，这就是"几谏"。当然，如果父母实在不听从劝谏，子女也没有办法，《论语》此时主张"又敬不违"，就是要求子女依然像从前一样尊敬自己的父母，甚至不要违逆父母那些不正确的意愿。

不过，儒家主张，不同社会地位的人，对父母的孝是有区别的。按照《礼记·祭义》中的记载，曾子将孝区分为大孝、中孝与小孝三个层次。什么是小孝呢？指对庶人而言，只能靠自己的辛劳来奉养父母。至于中孝，则是对于诸侯以下的各级贵族而言，因为对这一层次的人来说，衣食奉养已经不成问题了，应该做的是尽心竭力于自己的本职工作，不要因此辱及自己的父母和先人。那什么是大孝呢？曾子认为，只有天子才能做到大孝，因为天子乃万乘之尊，富有四海；而且，当父母去世以后，天子能让父母在宗庙中得到供奉，并世世代代享受后人的祭祀，这才称得上大孝。《孝经》甚至声称"严父莫大于配天"，就是说，天子对父母最大的敬意，莫过于当自己祭天的时候，也能够让父母跟天神一道享用自己供奉的各种丰厚祭品。

2. 夫和妇听

关于夫妻之间的行为准则，早在先秦儒家经典中就有了明确规定，譬如，《左传》认为是"夫和妇听"，而《礼记》称作"夫义妇听"。那么，什么是妇听呢？其实就是要求妻子听从丈夫的话，古人概括为"既嫁从夫"。至于"夫义"或"夫和"，两者其实是相关的。按照《左传》中的解释，"夫和而义，妻柔而正"，这是什么意思呢？在《左传》看来，无论丈夫对妻子和颜悦色，还是妻子对丈夫温柔顺从，都是有原则的，就是说，丈夫的"和"不能违背"义"，而妻子的"听"也要出于"正"。因此，我们应该结合《左传》和《礼记》两者的说法，来看待夫妻之间相处的基本原则。

按照古礼，男子二十岁就可以娶妻了，而国君出于繁衍子嗣的考虑，可以提早到十五岁；至于女子，则没有这种分别，通常在十五岁到二十岁之间，就必须嫁人了，如果因为父母去世而服丧，最迟也不能超过二十三岁。《春秋》中记载了一则鲁庄公晚婚的故事：鲁庄公十三岁即位，直到庄公二十四年，才娶了齐国的哀姜为夫人，这时庄公已经三十七岁了。这种情况在古代是非常罕见的，到底是出于什么原因呢？其实，庄公即位不久，其母亲文姜就给他订了一门亲事，把她哥哥齐襄公刚出生的女儿许配给了庄公。这样一来，庄公就得等着哀姜长大，加上庄公碰到母丧又耽搁了三年，这样，哀姜直到庄公三十七岁才正式嫁到鲁国。不过，庄公作为堂堂国君，在这期间也没闲着，而是另外宠幸一个叫孟任的女子，生有一子，名叫般，并且答应立般为太子。大概庄公与孟任的事情后来也被哀姜知道了，因此，当庄公亲自迎娶哀姜回到鲁国时，哀姜却拒绝进入国门，于是庄公被迫向哀姜作出了约定。按照汉末学者何休的说法，约定的具体内容主要是哀姜要求庄公承诺"远媵妾"，其实就是要庄公疏远以前宠爱的孟任。显然，新娘还没进门就如此"不听"，甚至还要挟丈夫，更何况丈夫还是堂堂国君，这事搁在君主制时代，似乎是一种颠覆尊卑上下的逆天行为，绝对不能为主流价值所容忍。

对此，何休虽然批评了哀姜这种"胁君"的行为，却又表示，这还算不上"大恶"。何休为什么这样说呢？

其实，这种事情放在今天，还是比较普遍的。譬如，我们经常在各种媒体上看到类似的场面：本来双方已经商定好了结婚的聘礼和仪式，然而，等到新

　　　　　　　||||||||||||||||| 古人的日常礼仪

郎上门迎亲时，新娘一方却临时增加了一些条件。对于新郎来说，这种做法显然具有刁难和胁迫的性质，通常新郎是万分不情愿的，不过，有的选择忍耐而接受下来，有的却愤然反抗而当场撕毁婚约。显然，哀姜进门前逼迫庄公作出承诺，也属于同样的性质。哀姜的做法固然不对，但对于庄公来说，当时就只好选择忍耐，一则怕在国人面前失了面子，再则怕得罪哀姜背后的齐国，于是就接受了哀姜的要挟。不过，我们不难推测，夫妻不和的种子肯定在此时就已经埋下了。

虽然古人普遍主张"既嫁从夫"，夫妻之间应当有尊卑的差别，类似于君臣之间的等级关系。但是，这并非夫妻关系的全部内容。何休认为，夫妻间应该包含有四重关系：

其一，夫妻之间要遵循君臣间的礼仪。譬如，早晨鸡叫时，妻子应该先自己梳洗干净，穿戴整齐，然后去朝见自己的丈夫，就像臣下早朝时拜见君王一样。

其二，丈夫去世后，妻子出于巨大的哀痛之情，而为其服丧三年，这个做法就像子女为父亲服丧一样。

其三，夫妻共同商量家事，同甘共苦，尤其是面对外敌时，更应该像兄弟一样，平时即便有种种矛盾，此时都该放下，而共同抗御外侮。

其四，闺门之内，夫妻同席而坐，同榻而眠，可谓情深义重，体现了朋友之道。

据此，如果纯粹站在君臣之义的角度，妻子要挟丈夫，显然是大恶。然而，夫妻之道不限于此，彼此之间虽有约定乃至要挟，就不能完全以大逆视之。换言之，在古人看来，君臣之间不是一种契约关系，臣子对君王应该无条件地服从，但是，夫妻则不一样，从开始订立婚约开始，就是某种契约关系，即要求双方各尽义务，不能相互背叛。可以说，夫和与妇听之间，其实是彼此相关的。

而且，庄公与哀姜之间的这种约定，是在婚约之外的，犹如今人临到结婚时女方突然增加条款，不难想象，即便夫妻能继续走完结婚仪程，却不可避免为后来的夫妻关系埋下了阴影，在心中扎下了难以拔除的刺。庄公后来如何对待孟任不得而知，不过，他确实遵守了当初与孟任的约定，立其所生的儿子为太子。至于哀姜，不知出于什么原因，后来与庄公的两个弟弟，即庆父与叔牙，有了私情。后来庄公去世后，孟任所生的太子般虽然得以继位，但不到两个月时间，哀姜竟然伙同庆父弑杀了太子般。由于哀姜本人没有生育，就立一起嫁过来的妹妹所生的儿子继位，也就是闵公。大概哀姜和庆父对这种结果还是不满意，不到两年，又将闵公弑杀了。

我们不难推测，在庄公与哀姜的关系中，庄公年纪太大，且对哀姜似乎有些意乱情迷。在其与哀姜订婚到正式迎娶的两年时间中，庄公曾数次前往齐国与哀姜相会，可见，庄公爱之过深，才会在亲迎时为哀姜所胁迫，这可以说是"夫和而妇不听"。此外，庄公婚后大概难以满足哀姜的欲望，又恪守其与孟任的约定，最终导致了哀姜的出轨。可以说，庄公虽然"和"，但在结婚前后不守礼法，而没有做到"义"；至于哀姜，从一开始就恃宠生骄，并要挟庄公，既谈不上"听"，而终归于不"正"，后来也因此被齐桓公缢杀了。《春秋公羊传》在评论这件事时，就对双方种种不合礼法的行为提出了批评，可见，只有双方遵守礼法，才是"夫和妇听"的前提。

3. 兄友弟悌

按照《仪礼·丧服》中的说法，古代家庭中最亲密的关系有三种，即父子、夫妇、兄弟，三者并视为"一体"之至亲。不过，兄弟之间的"一体"关系，不同于父子与夫妇。兄弟如手足，不可分离，却没有父子或夫妻之间那种尊卑上下的严格分别。

然而，上古的时候，兄弟关系却是最亲密的，甚至较父子、夫妇都更亲。这是为什么呢？

早在母系时代，夫妻尚未构成稳定的家庭，不过宵聚而昼分而已。简言之，此时夫妻虽然一起过夜，但到了白天，还是得各自回到自己的氏族。至于夫妻所生的子女，则跟随母亲生活，因此，子女"知母而不知其父"，其实很正常。可以说，此时夫妻还没有形成后世的"一体"关系，即便亲如父子，也依然分属于两个不同家庭，有时甚至形同陌路。可以说，在母系时代，夫妻、父子、兄弟三种关系中，只有兄弟才是同一个家庭的成员，而夫妻、父子反而不算是"一体"之亲。

随着人类进入父系时代，夫妻与父子构成了新家庭的主要成员，于是取代了兄弟，成为家庭中最亲密的关系，也就形成了夫妻一体与父子一体。至于兄弟，随着各自娶妻生子，而分裂成不同的家庭。此时兄弟之间逐渐变得不那么亲密了，财产的继承也由"兄终弟及"变成了"父死子继"。即便如此，上古时候的兄弟一体观念还残留在后世的中国文化中，不断地影响到人们的日常行为。

据《三国志》记载，刘备与关羽、张飞"寝则同床，恩若兄弟"，就是说，刘、关、张三人虽然不是兄弟，却胜似兄弟，甚至像夫妻那样同床共卧。后来，罗贯中《三国演义》将刘备对兄弟的这种情分加以演绎，让刘备说出了一句千古名言，即"兄弟若手足，妻子若衣服"。此外，史书中记载了不少类似的故事，譬如，《后汉书》记载了光武帝刘秀称帝以后，将老同学严光接到京城，某次两人谈论往事甚欢，就共卧在一起了，严光甚至还把腿架到了光武帝的肚子上，而光武帝也毫不介意。可见，在古人看来，兄弟既然是"一体"，本来就该同床共卧，若朋友好得像兄弟一样，自然也应如此。

可见，古代兄弟间的相处方式，直接影响到了朋友之道。《诗经》中有许多诗篇描写了兄弟关系的重要性，其中最著名的莫过于《棠棣》，其中说道"常棣之华，鄂不韡韡。凡今之人，莫如兄弟"，意思是说，兄弟之间就像花与萼的关系一样，彼此扶持，交相辉映。《棠棣》又进一步说道"兄弟阋于墙，外御其侮"，就是说，兄弟之间即便有矛盾，也只是内部问题，若碰到有外难时，就应该团结起来，一致对外。

不过到了后世，父子、夫妻之亲超过了兄弟，尤其是家庭财产传子不传弟的规定，更是动摇了兄弟一体的经济基础。历史上，因为家产的分割、权位的争夺，发生了无数兄弟间的人伦惨剧，其激烈程度较异姓之间的争斗有过之而无不及。此外，还有一个重要因素，那就是宗法制的破坏。古代宗法制的精神，清代学者概括为"以兄统弟"，即通过确立嫡长子的尊者地位，而将同父、同祖乃至同宗的亲属紧密团结在宗子周围。然而，随着宗法制被破坏，嫡长子的尊崇地位受到了挑战。尤其是兄弟间基于血缘而来的平等关系，反而更容易滋生彼此之间的争斗。

兄弟间的相处之道，后来被儒家概括为弟道，也就是"悌"。按照《白虎通》的解释，"弟者，悌也，心顺行笃也"，这就是要求卑幼顺从兄长。至于兄，《白虎通》认为"兄者，况也，况父法也"，可见，兄对于弟而言，就像父亲一样，也具有法度的内涵，所谓"长兄如父"就是这个意思。兄弟之间的这种关系，《礼记·礼运》称为"兄良弟悌"，而《左传》则表述为"兄爱弟敬"或者"兄友弟恭"，其内涵差不多，都是要求弟对兄服从，而兄对弟则应该友爱。

《春秋》中记载了一则违背"兄友弟悌"的故事：郑武公的夫人武姜，生有庄公和段。大概由于庄公出生时难产，吓到了母亲武姜，于是武姜就偏爱其幼子段，甚至屡屡请求武公立段为太子，但武公没有答允。后来庄公即位后，武姜依然不死心，而与段谋划夺取君位。庄公把一切看在眼里，却没有加以制止，其实，这种姑息纵容的背后，就是想让段多行不义，自取灭亡。最后庄公乘机诛杀了段，还将其母亲幽禁了起来。（图 11）

图 11　郑武公、庄公等关系图

关于这件事情，《春秋》如此记载道："郑伯克段于鄢。"这里涉及《春秋》记事的书法，《左传》认为，段一心要谋夺兄长的君位，其行为显然有失"悌"道，故不书"弟"；至于书"郑伯"，则表明庄公没有尽到兄长管教其弟的责任，反而有意纵容段谋反，甚至有处心积虑置其弟于死地的阴狠内心，自然谈不上"友"或"爱"。通过这个例子，我们可以看到儒家关于兄弟关系所秉持的基本准则。

四　作为国家制度基础的礼

1. 准五服制罪：中国古代法律的儒家化

儒学在中国古代不仅是一种学术或思想，而且在长达两千多年的时间里，作为一种官方意识形态，对现实产生了巨大的影响。在这些影响中，非常重要的一个方面，就是传统法律的儒家化。

据《汉书·隽不疑传》记载，汉昭帝始元五年，有一个男子来到长安，自称是汉武帝的已故太子刘据。当时，朝廷公卿上下都前往辨认真伪，而且围观的群众有数万人之多，情形非常紧张，自丞相以下的朝臣们都不知所措。时任京兆尹的隽不疑后来赶到，当即下令逮捕此人。这时有人对隽不疑说道："此人真伪尚未辨明，稍安勿躁。"对此，隽不疑引《春秋》中的经义说道：

　　昔蒯聩违命出奔，辄距而不纳，《春秋》是之。卫太子得罪先帝，亡不即死，今来自诣，此罪人也。

春秋时，卫国太子蒯聩有罪出奔他国，后来其父卫灵公去世后，由蒯聩的儿子辄即位，也就是出公。此时蒯聩谋求归国，欲夺取他儿子的君位，至于出公，也不愿接纳他的父亲，而发兵拒之。出公这种拒父的做法，却得到了《春秋》的肯定。据此，隽不疑认为，现在太子得罪了武帝，而逃亡在外，即便真的没有死，也应该当成罪人处置。

后来昭帝和大将军霍光听说了此事，对隽不疑的举措大加赞赏，并说道："公卿大臣应当选用像隽不疑这样精通儒家经义的学者。"因为前太子刘据蒙冤而死，朝野上下都非常同情，而昭帝年幼在位，可以说，此事的处置非常棘手，稍有不慎，就会酿成大乱。当时，朝廷上下对此束手无策，然而隽不疑依据《春秋公羊传》中的经义，一语就解决了朝臣们的疑问。

儒家思想为什么会产生这么巨大的影响呢？这自然与汉武帝尊儒有关系，其"罢黜百家，独尊儒术"的举措，不仅确立了儒家经典的权威地位，而且还使儒学上升为一种统治思想，即"儒术"。纵观整个汉代历史，我们不难发现，儒家借助一系列关键事件，积极介入现实的政治运作，体现了儒家的经典解释具有极强的现实效力。

纵观整个两汉，朝臣们引用《春秋》等儒家经义来解决各种现实疑难问题，相关的例子非常多。董仲舒主张"《春秋》决狱"，即用《春秋》中的经义作为判决案件的依据。在这种思潮的影响下，到了晋武帝时，颁布了《泰始律》，其中确定了"准五服以制罪"的立法和司法原则。自此以后，朝廷及儒家都主张"以礼入法"，从而使法律儒家化成了古代法律发展的基本方向。不仅朝廷据此以立法和司法，而且，历代儒家学者都试图将对儒家经义的阐释与法律实践结合起来。

关于"五服"，我们在前面已经谈过了，至少从先秦时候开始，当死者去世后，跟他关系亲近的人都应该穿着丧服。丧服主要分为五等，即斩衰、齐衰、大功、小功与缌麻，体现了与死者不同程度的亲疏远近关系。这种关系的不同，对古人生活产生了巨大的影响，导致中国社会呈现为一个由人情决定的等级社会，并且，这种等级观念进而影响到古代法律的制订和实施过程。其实，早在秦朝时，就已经有了类似的规定，譬如，子女告父母，官府不得受理；若父母告子女，官府即行缉拿。

我们不妨举例来说明"五服"这种规定对法律的影响。据应劭《风俗通义》中的记载，有一位名叫何侍的女子，嫁给许远为妻，而她的父亲经常酗酒，还到女婿家讨要财物，稍有不如意，就责骂女婿。后来许远实在受不了，就对其妻何侍说道："如果你父亲再来胡闹，我就不客气了。"何侍答道："如果你敢动手，我就对你母亲不客气。"后来许远的岳父又来了，还是又打又骂，于是许远就动了手，结果何侍也给了她婆婆几记耳光。后来，这件事情惊动了朝廷，朝廷判处何侍死罪减一等。为什么这样判呢？因为按照五服的原则，媳妇应该为婆婆服第二等的齐衰服，而女婿只需为岳父服第五等的缌麻服，所以，婆婆对于媳妇，较之岳父对于女婿，关系要重得多。可见，尽管许远和何侍这两人都是以下犯上，但按照"准五服以制罪"的精神，媳妇的罪责要重得多。到了唐代法律，更是明确规定，媳妇殴打公婆，当判处绞刑。至于何侍一案，则因女婿殴打岳父，过错在先，才判减死一等。

我们再举一个例子。据《通典》记载，南朝刘宋时，有一位叫薄道举的人犯了抢劫罪，按照法律，他的那些服齐衰的亲属都应该受到牵连，而发配到边疆充军。其中，他的两个堂弟，本为服大功的亲属；而堂弟的母亲，也就是薄道举的婶婶，此时还健在，则属于服齐衰的亲属。因此，堂弟不应该受到牵连，而堂弟的母亲属于服齐衰的亲属，则当充军。这样，两个堂弟因为母亲按律充军，而出于尽孝的考虑，也必须跟随一道去充军，以便就近侍奉母亲。那么，这个判决合理吗？当时有一个叫何承天的大臣，也是著名的天文学家，提出了异议。他认为，女子有"夫死从子"的道理，因此，既然堂弟作为大功亲不受牵连，那么，他们的母亲按照"从子"的道理，也不应该充军。此处颇为吊诡的是，现代启蒙思想批判"三从"是对妇权的压抑，然而，"夫死从子"这条规矩，却在这件事情上很好地保护了妇女的权益。

2. 亲属犯罪，应该大义灭亲还是亲亲相隐？

现代有人会将法律与人情对立起来，主张大义灭亲，并且引用春秋时期"大义灭亲"的故事作为依据，似乎觉得这样做是天经地义的。简言之，个人为了法律或国家利益，应该牺牲自己的亲情乃至亲人的生命。其实，这种见解是出于对"大义灭亲"这个事件的误解。

关于"大义灭亲"的说法，见于《左传》隐公四年的一段记载：卫国的公子州吁杀害了国君桓公，而自立为君。当时卫国有一位老臣叫石碏，他的儿子石厚也参与了州吁弑君之事。后来石碏借助陈国的力量，诛杀了州吁和石厚。对此，《左传》称许了石碏的做法，认为是"大义灭亲"。在这件事情中，我们应该注意这样两点事实：其一，石厚所触犯的不是一般的罪行，而是弑君的大逆之罪，违背了君臣大义。其二，石碏诛杀石厚，是父杀子，即尊长杀卑幼，而不是相反。质言之，只有同时满足上述两个条件，才允许"大义灭亲"，缺一不可。

因此，如果子女没有违背君臣大义这类性质的犯罪，就不能要求其父母为了别的道义去违逆亲情，甚至杀了自己的子女。关于这个问题，《论语·子路》中记载了孔子主张"亲亲相隐"的一段对话。当时有个叫叶公的人对孔子说道："如果某人父亲偷了人家的羊，他的儿子应当向官府告发父亲。"对此，孔子主张："如果碰到这类事情，父亲应该为儿子隐瞒，儿子也应该为父亲隐瞒。"

现在我们将《论语》这段话与《左传》相对比，似乎相矛盾，其实，按照儒家的礼法，偷羊只是一般的罪行，更未违背君臣"大义"，因此，不仅子女不能告发父亲，而且父亲也不能告发子女，更遑论要求子女去"灭亲"了。可见，《论语》中叶公所举的例子，距《左传》中"大义灭亲"的前提是很远的，所以，孔子才主张这件事情上应该"亲亲相隐"。

而且，如果是父母、祖父母一类的尊长，犯了有悖于君臣大义的行为，子孙也不能弑父灭祖，甚至向官府告发也常常不被法律和舆论所允许。东晋时，有一个名叫李忽的女子，发现父亲打算叛国投敌，就把父亲给杀了。然而，官府认为李忽"无人子之道"，而将之处以死刑。可见，即便父母、祖父母犯有弑君叛国的重罪，作为子孙，也是不能大义灭亲的。《春秋》还记载了另一件事情，鲁桓公的夫人文姜有弑君之罪，但其子庄公却不能为了君父而向母亲复仇。在这件事情中，文姜虽然违背了君臣大义，但其儿子也不能搞"大义灭亲"。

此外，《孟子·尽心上》举了一个非常著名的例子：

> 桃应问曰："舜为天子，皋陶为士，瞽瞍杀人，则如之何？"孟子曰："执之而已矣。""然则舜不禁与？"曰："夫舜恶得而禁之？夫有所受之也。""然则舜如之何？"曰："舜视弃天下，犹弃敝蹝也。窃负而逃，遵海滨而处，终身欣然，乐而忘天下。"

孟子在此假设舜的父亲瞽瞍杀了人，那么，作为天子的舜应该如何处理呢？孟子的回答包括了两个要点：

其一，舜帝并不阻碍执法人员将瞽瞍绳之以法，这样就成全了法律应有的"正义"。

其二，然后舜帝放弃他的天子之位，并偷偷背负其父亲逃到法外之地，这样舜既没有枉法的过错，也成全了舜作为人子应有的孝心。

可见，孟子所设计舜帝的做法，体现了"情义兼尽"的精神，而无所偏废。那么，舜帝可否像石碏那样"大义灭亲"呢？

我们将这里的例子与《左传》相比较，不难发现：首先，瞽瞍杀人，但没有弑君，也就没有违背君臣间的"大义"，因此，且不论作为人子的舜帝，即便是其他亲属，此时都不能"灭亲"，甚至也不应该向官府告发。当然，官府可以接受其他人的举报和协助，自行缉拿，却不能要求其亲属举证和告发。其次，即便瞽瞍有弑君这类违背君臣"大义"的罪行，舜帝作为人子，通常也不能告发和举证，更不能自行"灭亲"。

关于《孟子》所举的这个例子，学界前些年曾有过广泛而深入的讨论，可惜都没有弄清楚《左传》关于"大义灭亲"问题的两个前提条件，并且受到了现今法律的误导，认为无论亲属犯了何种罪行，包括其父母或子女在内的所有人，都有主动检举揭发和协助司法机关办案的义务。换言之，当亲属无论犯了何种罪行，个人都必须无条件"灭亲"。

由上面的论述，我们才能理解古代法律中关于"亲亲相隐"的规定。按照唐律中所列的"十恶"，都属于不赦的重罪，尤其是其中的谋反、谋叛、谋大逆这三项罪行，因为违背了君臣大义，是允许亲属举报的。可见，至少在唐以后的中国法律中，明确规定有悖于君臣大义的行为是可以"灭亲"的。至于其他罪行，无论是偷羊这类小罪，还是杀人杀父的重罪，都不允许子女举报。我们不难发现，儒家"亲亲相隐"的伦理原则，深深影响到中国古代法律的制订和实施，尤其是《左传》关于"大义灭亲"的主张，在精通儒家经典的朝廷大臣那里，其实得到了准确的理解和贯彻。

3. 以礼入刑：如何看待古代法律中的不孝罪

儒家素来重视孝道，将孝视为传统社会伦理的根本。《论语·学而》中有这样一段话：

> 其为人也孝弟，而好犯上者鲜矣。不好犯上，而好作乱者，未之有也。

就是说，如果一个人从小在家里孝顺父母，那么长大以后，就不可能做出犯上作乱的事情。因此，自汉以后，历代朝廷都标榜"以孝治天下"，儒家更是主张"求忠臣必于孝子之门"。古人把忠臣和孝子联系起来，其逻辑在于，孝不仅被视为一种家庭伦理或道德行为，而且被看成整个社会或政治伦理的源头。

正因孝道如此重要，因此，汉晋以后，随着法律的儒家化，孝道逐渐成为一种具有道德约束力的礼制要求，而且更与刑罚结合起来，成为一种法律上的强制性规范，即不孝罪。其实，早在儒家以前，古人就已经主张将不孝入罪了，这可以追溯到《尚书》中周公对康叔的告诫："元恶大憝，矧惟不孝不友。"如果有人犯了不孝罪的话，当"刑兹无赦"。可见，周初已将不孝视为不赦的重罪了。后来出现的《周礼》，则将"不孝"当作"乡八刑"之一；至于更晚出现的《孝经》，则宣称"五刑之属三千，而罪莫大于不孝"，视为"大乱之道"。可以说，将"不孝"视为法律上的罪行，实属由来已久。

那么，针对"不孝"的行为，古代法律是如何定罪量刑的呢？在孟子那里，列举了"不孝"的具体表现：

世俗所谓不孝者五：惰其四肢，不顾父母之养，一不孝也；博弈好饮酒，不顾父母之养，二不孝也；好货财，私妻子，不顾父母之养，三不孝也；从耳目之欲，以为父母戮，四不孝也；好勇斗狠，以危父母，五不孝也。

秦汉以后，开始将"不孝"纳入法律惩处的范围。譬如，湖北云梦睡虎地出土的秦简中，就有不少对于"不孝"行为的定罪。到了汉代，据张家山汉简，对于杀伤父母、殴詈长辈（包括父母、祖父母等）以及父母告子不孝，皆罪至弃市；若教唆他人不孝，则黥为城旦舂。所谓黥旦舂，黥，刺面；城旦，男性筑城；舂，女性舂米。到了北魏，定不逊父母以剃发之刑，而孝文帝认为处罚太轻，要求重新议定。至隋唐时的法律，出现了"十恶"之名，其中明确有"不孝罪"的条款。

按照《唐律疏议》的说法，不孝罪包括如下几个方面的内容：

其一，祖父母、父母有罪，子孙向官府告发。

其二，诅咒或詈骂祖父母、父母。

其三，祖父母、父母健在，子孙供养不周，或者析分家产。

其四，为父母守丧期间，或婚嫁，或作乐，或提前除丧。

其五，隐瞒祖父母、父母去世的事实。

其六，祖父母、父母尚健在，却诈称已死。

以上各项行为，都属于"不孝"，尤其是詈骂父母、祖父母这种行为，最重的处罚是可以判处绞刑的。

其实，针对亲属的犯罪，"不孝"还不算性质最严重的，唐律中还有更重的"恶逆"罪，也归入"十恶"的范围。那么，什么样的行为算得上"恶逆"罪呢？唐律中列举了如下几项情况：

其一，殴打祖父母、父母。

其二，谋杀祖父母、父母。

其三，杀伯叔父母、姑、兄、姊、外祖父母、夫、夫之祖父母。

可见，詈骂父母、祖父母以下的行为属于不孝罪，而殴打父母、祖父母以上的行为，则属于更不能容忍的恶逆罪，处罚就更重了。按照汉律，对于恶劣的行为，可处以枭首之刑，而唐、宋律则改为斩决。唐、宋时的死刑只有斩、绞二种，由于殴罪已至斩刑，故罪无可加，仍处以斩刑。至元、明、清时的法律，针对这类行为，制订了凌迟之刑。《大清现行刑律》废除凌迟之刑，将杀死父母改为斩决，则殴、骂父母的行为，也不得不分别减一等，改为绞或绞监候。

可见，古代法律对于詈骂、殴打以及杀害父母、祖父母等尊长的行为，判处的刑罚是极重的，通常是不能赦免的。

即便对不属于"不孝"的行为，譬如，子女误伤父母，法律的惩处也极其严厉。清代《刑案汇览》就记载了这样一个案例：两兄弟发生争斗，并持刀恐吓对方，此时母亲上前夺刀，却不小心误伤了自己。显然，两兄弟的斗殴算不上"不孝"，并且，母亲的受伤也出于自己不小心所致。但是，当时法律却按照"不孝"罪，判处两兄弟斩立决，后来考虑到当时的具体情况，才改判为斩监候，相当于现在的死缓。按照这种法律精神，如果误杀父母，则肯定罪当凌迟了。

《刑案汇览》中还记载了另一个案例：有个叫白鹏鹤的男子向其嫂子借灯油，被拒绝，于是当街叫骂，嫂子出门与他理论，这时白鹏鹤拾起土块掷向嫂子，却刚好击中了出门劝架的母亲，致使母亲死亡。刑部依据法律，判处白鹏鹤凌迟处死。后来皇帝认为这属于误伤，才改判为斩立决。我们甚至在清律还发现了更极端的情形，即便子女纯粹出于救援父母的目的，而误伤父母以致死亡，法律同样会判处凌迟之刑。

通常来说，无论是在古代还是现代，误杀普通人是决不会判处死刑的。那么，为什么误伤或误杀父母、祖父母这类行为，古代法律却判处如此重的刑罚呢？

其实，这与儒家对孝道的理解有关。因为儒家主张人子事奉父母时，应当做到"先意承志"，即《礼记·曲礼》说的"听于无声，视于无形"。这是什么意思呢？古人认为，人子为父母尽孝，不只是有孝心就够了，而且还要非常恭敬、谨慎，使自己的行为没有丝毫的不妥当，方能尽善尽美，这才是"尽孝"。通常人们的行为是否合乎道德，只要看其动机就够了，但事奉父母不一样，孝心只不过是底线的要求，如果行为的效果没有让父母满意，还是不够的，甚至有可能在法律上被视为不孝罪。

不仅如此，如果子孙不听父母、祖父母的教导，而导致父母、祖父母自杀轻生，法律往往会视作子孙的罪责。《刑案汇览》中记载了这样一件案例：有一个叫栗松年的男子因妻子做饭太晚，就对妻子又骂又打，这时母亲出面喝止，而栗松年依然不听劝阻，于是母亲就向官府控告其子忤逆。按照法律，如果子女忤逆，是应该判处充军的。然而，不懂法的母亲没想到事情会到这个地步，就后悔了，担心儿子充军以后，自己无人奉养，于是又急又悔，就投井自杀了。对此，官府认为，母亲自杀虽不是儿子的直接责任，但毕竟是因为儿子不听教诲所致，遂判处栗松年绞刑，秋后执行。可见，即便父母因子孙而自尽，子孙也逃不了逼死父母的责任。

可见，对古人来说，父母身体绝对不可侵犯，法律对客观事实的重视远甚于主观的原因。父母被子孙伤害，或致于死亡，这是客观事实，属于逆伦的行为，必须按律治罪。因此，子孙若有心干犯逞凶，自然是罪有应得；但若只是误伤或误杀，法律视作与故意杀害同罪，甚至父母一时想不开而自寻短见，或自行跌死，只要父母的死伤是因子孙而起，则不问谁是谁非，也不问有心无心，都逃不了杀伤父母的罪名。古代法律如此定罪量刑，就是因为不孝罪关乎中国传统社会的基本伦理。至于《春秋》讲"原心定罪"，虽然在大部分情形下，可以减轻处罚，甚至于脱罪，却不适用于子孙触犯父母、祖父母的行为。

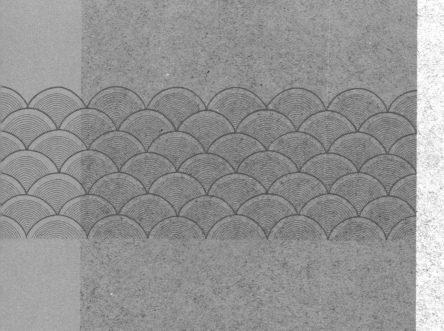

第二章　拜与古代礼仪的基础

拜礼，最初只是古人事奉神灵的仪式。到了后世，无论君臣、上下之间的礼仪，还是平辈之间的相见，都莫不采用拜礼。然而，民国以来，普通人之间的相见，一般不再采用拜礼了。即便如此，当人们敬事鬼神之际，依然多行跪拜。大概在人们看来，非如此不足以表达对鬼神的敬意。

拜礼有跪而拜者，也有立而拜者，这与古人的起居方式有关。魏晋以前，人们平时多并膝席地，这是坐的基本姿势；至于拜，则引身而跪，然后向前俯身弯腰，双手拱合如抱鼓状。可以说，古时人们由坐而跪，还是比较方便的。但若人们本来就站立，某些情形下可能不方便跪坐，于是人们就不必双膝着地而跪坐，而是直接俯身低头，双手拱合向前，这就是揖。

东晋以后，五胡迭据中原，这使得汉人生活深受胡俗的影响，起居方式也发生了重大变化，于是逐渐采取双足下垂的坐姿。这时人们行礼，就不便跪而后拜了，而是采取起身站立的方式行礼。当然，在某些重大的场合，依然还是要再跪而后拜。到了晚清，国人受西方平等观念的影响，将中国施行了数千年之久的拜礼当成不平等的表现，于是彻底废除了跪拜、拱手等古礼，而代之以鞠躬、握手等西式礼仪。

近些年来，随着国学的大热，社会上出现了复兴古礼的种种尝试。然而，今人毕竟浸染西俗已久，距离古礼更是遥远，许多礼仪活动都多有谬误，因此，尤其对于作为古代礼仪基础的拜礼，有必要重新加以探讨。

一　释拜

古人相见，莫不用拜礼。那么，这种礼仪有什么道理呢？按照《白虎通·姓名篇》中的说法：

> 人所以相拜者何？所以表情见意，屈节卑体，尊事人者也。拜之言服也。

我们前面讲过，古礼的精神在于"敬"，也就是《礼记·曲礼》所说的"自卑而尊人"。因此，古人"屈节卑体"以相见，其用意在于"尊事人"，可以说深得"敬"的实质。（图12）

按照许慎《说文解字》所引古文"拜"字，有"从二手"之义，汉代扬雄也认为"拜从两手下"。可见，在上古造字者看来，"拜"指两手上下的动作。从这个角度来看，跪而拱手可以称为"拜"，至于站立而揖，也可以称为"拜"。

不过，按照许慎自己的解释，拜是"首至地"。可见，拜礼又兼有头的动作，即要求头下俯至于地，才算是拜。就此而言，揖只是两手上下的动作，不能视为拜；而只有双膝先跪于地，才可能做到"首至地"，可见，拜必须是在跪的基础上完成的动作。（图13）

图12　两人相拜图[1]

图13　揖、拜比较图[2]

到了清代，段玉裁欲弥缝扬雄、许慎之说，认为许慎"首至地"之说有误，当作"首至手"。那么，按照这种说法，揖的动作也是首至手，似乎也可以视为"拜"了。

可以说，拜礼不仅与首、手相关，而且还兼有足的动作。按照《说文》的说法，"跪，拜也"。据此，似乎凡是两膝至地，双手相拱而首至手，就可称为

―――――――――――――――――――――――――――――――――――――

1　丁观鹏绘《太平春市图卷》，台北故宫博物院藏。
2　陈元靓：《事林广记》，元至顺年间西园精舍刊本，后集卷九。

"拜"。那么，无论汉代的"擪"、后世的"揖"，以及军礼中的"肃"，都不过立而曲身，就不能称为"拜"了。

1. 坐、跪与拜

① 坐与跪

古人的起居方式不同于今人，无论或坐或卧，都在席上。因此，对古人来说，或跪或拜，都是非常方便的。古书中所说的"坐"，其实都是跪坐。不独先秦如此，直到汉代，人们依然习惯于跪坐。对此，宋代朱子说道：

> 古人言人跪坐。"虽有拱璧而先乘马，不如坐进此道"，谓跪而献之也。如"文帝不觉膝之前"，盖亦是跪坐。跪坐，故两手下为拜。

可见，正因为古人席地而跪坐，于是起身跪拜，实在是非常方便的，基本上就只有两手的动作而已。汉代扬雄训释拜为"两手下"，正是概括了当时拜礼的主要特征。

到了后世，人们就不习惯跪坐了。对此，朱子曾这样说道：

> 古人坐于地，未必是盘足，必是跪。以其惯了，故脚不痛，所以拜时易也。

由朱子的说法可知，到了宋代，人们的起居方式已发生了重大变化，于是平时多以盘足为主。关于这点，我们可以参看日本的情况，也是以盘足为多，至于跪坐，则更多带有礼仪的性质，只有在更正式的场合才会要求跪坐。

那么，为什么宋代已经不习惯跪坐了呢？朱子认为，由于起居方式的变化，中国人已经忍受不了跪坐时的脚痛了。或许在汉晋以前，当时人们习惯跪坐，应该是不觉得久坐脚痛的。到了今天，人们由于习惯于垂足坐，就连盘足久坐都觉得脚痛了。不过，对于今天依然流行土炕的北方，还是习惯盘足而坐的。

不过，这种起居习俗的变化，到底发生在什么时候，已经不可考了。清代毛奇龄就认为："此等沿革，古皆无明文，即礼著事始者，亦皆不之及。"

具体来说，跪与坐实有不同。朱子曾经说道：

> 古人席地而坐，有问于人，则略起身时，其膝至地，或谓之跪。
>
> 跪与坐又似有小异处。疑跪有危义，故两膝着地，伸腰及股而势危者为跪；两膝着地，以尻着跖而稍安者为坐也。

案，跖指脚掌，尻即屁股。因为古人席地而坐，其尻不会直接坐在地上，而是坐在跖上。如果要跪时，则略起身，伸腰及股，而尻就离开跖了。（**跪、坐比较图，见彩插**）

清代赵翼发挥朱子的说法，所言更为详细，在《陔余丛考》中指出：一方面，跪与坐都是两膝着地。另一方面，坐是尻着于跖，而跪是尻不着于跖。赵翼还发挥了朱子的意见，认为从跪坐到盘膝再到垂脚的变化，都是生活习惯的变化所致。

赵翼还提到了"箕踞"这种坐姿，应该就是《论语》中孔子故友原壤的"夷俟"，其仪态应该是两股不屈曲，而前伸若箕，故有此名。这种坐姿在古代是非礼的，但在现代则比较多见，尤其当人们斜躺在沙发或椅子上时，便是这

幅形象。（**箕踞图，见彩插**）

其实，朱子和赵翼提到的盘足或盘膝，就是佛徒那里常见的"趺坐"。对此，毛奇龄认为，"趺坐者，谓结趺而坐也。趺者，跗也，跏也。释氏结足跗，故曰结趺。"

② 跪与跽

跪又有长跪与小跪的不同。《诗·小雅·四牡》云："不遑启处。"《毛传》云："启，跪。处，居。"对此，朱子在《跪坐拜说》中解释道：

> 《诗》云"不遑启居"，而其《传》以启为跪；《尔雅》以妥为安，而《疏》以为"安定之坐"。夫以启对居而训启为跪，则居之为坐可见。以妥为安定之坐，则跪之为危坐亦可知。盖两事相似，但一危一安为小不同耳。

可见，跪、坐的不同在于，坐以尻着跖而体安，又名为"处"；跪则伸腰及股而势危，又名为"启"。又据郭璞《尔雅·释言》注，以启为"小跪"，则所谓"危坐"，乃就小跪而言。至于通常尻着于跖，则可名为"安坐"。（**小跪图，见彩插**）

除小跪外，又有长跪。《庄子·人间世》中提到了"跽"，《说文》及后人的疏解认为就是长跪，后来段玉裁严格区分了坐、跪与跽。其《说文》注中说道：

> 系于拜曰跪，不系于拜曰跽。《范雎传》四言"秦王跽"，而后乃云"秦王再拜"是也。长跽乃古语，长，俗作跟。人安坐则形驰，

敬则小跪耸体，若加长焉，故曰长跽。

在段玉裁看来，跽与跪虽然都有耸体加敬的意思，然跽不必拜，乃独立动作；而跪或小跪，则为拜前的过渡动作。因此，所谓长跪，既有跪时之长的意思，也有身形之长的意思；至于小跪，不过稍跪而已，然后就顺势俯身下拜了。

（跽或长跪图，见彩插）

又据《史记·项羽本纪》记载，樊哙入，"项王按剑而跽"。大概当时项羽本来以尻坐于跖，现在见樊哙闯入，于是上身向前耸立，双膝依然着地不变，显然，项羽虽跽，绝不会有继之以拜的动作。

③ 拜与跪

古人平时席地而坐，故先跪而后拜，实属自然。段玉裁认为，《周礼》中所提到的"九拜"，都必须先跪而后成拜，"不跪不为拜"也。不过，徐灏《说文解字注笺》驳斥了段玉裁的这种说法：

> 其云"不跪不为拜"，则尤非。《礼经》言拜者多矣，若每拜必跪，不胜其烦。且主人迎宾于大门外，亦皆跪而再拜，岂复成礼容乎？

显然，徐灏认为拜不限于跪拜，还包括揖，因为《礼经》中提到大量的拜礼，都是先站立而后拜，如果每拜必跪，则不免过于繁琐了。不过，徐灏这种说法，也只是据后世情形而臆测罢了。对此，章太炎就以为，主宾迎送，也是屈膝跪拜，不至于为了方便而只行揖礼。

至于拜礼的头部动作，据许慎《说文》所言，"拜，首至地也"。后人据此认为，凡拜必须首至地。不过，按照这种说法，《周礼》"九拜"中的空首、稽首，区别就不大了。

相反的看法则认为，拜既不必跪，也不必首至地。卢秉钧在《红杏山房闻见随笔》中说道，只要有头俯、膝屈、手动这些动作，都可以称为"拜"，并不一定要求首至地。因此，揖可名为"拜"，甚至后世的请安、抱拳，都可视为"拜"。各种影视作品中，经常有抱拳的礼仪，头不俯，膝不屈，唯以手动为仪而已。

2. 揖与拜

古人席地而坐，自然便于跪而后拜；然而，当行走站立之时，则以俯身而拱手为便，此为"揖"。按照《说文》所引"拜"的各种古字，皆"从手"，因此，跪而两手下者为"拜"，至于立而下两手者，即"揖"，也可名为"拜"。

虽然，不少学者将揖与拜严格区分开来。毛奇龄就认为，揖既不曲膝，首又不至地，故不得名为拜。毛氏又举《晋宋仪注》《东观汉记》中的记载为例，足见揖、拜的不同。

至于军中，则因有介胄在身，不便于跪坐。后世军中常常有马扎、胡床等坐具，正是这种缘故。那么，军中如何行礼呢？通常是立而磬折其身，这就是"肃"，汉人视为《周礼》"九拜"之一，相当于后世的"长揖"。到了后世，人们习惯垂足坐，于是以揖为致敬的常礼，而将古代的跪拜视为加隆之礼。

① 揖与厌

揖，《说文》云："攘也。一曰：手著胸曰揖。"又云："攘，推也。"段注说道：

> 郑《礼》注云："推手曰揖。"凡拱其手使前曰揖。

可见，拱手推而向前，称为"揖"。

不过，揖有时可称为"厌"，即《说文》所说的"手著胸曰揖"。段注解释道：

> 《礼经》有揖有厌。……推手曰揖，引手曰厌。推者，推之远胸；引者，引之着胸。如《乡饮酒》"主人揖先入"，此用推手也；"宾厌众宾"，此用引手也，谦若不敢前也。

据此，古字有揖、厌的不同，其动作也有区别。大概而言，手远于胸为推手，此为揖；而手着于胸为引手，此为厌。无论揖还是厌，都有谦让之意。（图14）

图14 揖、厌比较图

可见，揖与厌，其仪容相近，唯有推手、引手之别而已。至于其上身的仪容，犹如《礼记·曲礼》、贾谊《容经》所说的"磬折"，即身体屈曲，犹如磬折。

② 蓑拜

军中因为身有甲，头有胄，故不便于跪拜，而多以长揖为礼。据《史记·高祖本纪》记载，刘邦引军西向伐秦，郦食其求见，"郦生不拜，长揖"。颜师古注云："长揖者，手自上而极下也。"可见，长揖不同于拜，没有下跪的动作。又据《汉书·周勃传》，"天子至中营，亚夫揖曰：'介胄之士不拜，请以军礼见。'"当时汉文帝到细柳营劳军，周亚夫因介胄在身，同样揖而不拜。（图15）

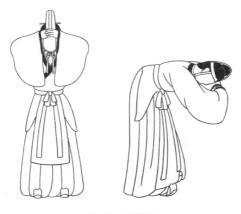

图 15　长揖图

礼书中又提到"蓑拜"之礼。《礼记·曲礼》云："介者不拜，为其拜而蓑拜。"郑注云："蓑则失容节。蓑犹诈也。"对此，孔疏解释道：

蓑，挫也。戎容暨暨，着甲而屈拜，则坐损其戎威之容也。一

云：蓑，诈也。言著铠而拜，形仪不足，似诈也。虚作矫蓑，则失容
节，是蓑犹诈也。

介者，指身穿铠甲的兵将。关于"蓑拜"的具体仪节，郑、孔的解释并
不清楚，只是强调了两点：其一，不席地而坐，以免"损其戎威"。其
二，屈拜，只是身体屈曲，近似鞠躬之容。至于首、足的动作，则未
明言。

这种仪节为什么称"蓑拜"呢？按照孔疏的解释，似乎这种动作"形仪不
足"，而有"似诈"之嫌。为什么这么说呢？

我们认为，所谓蓑拜，乃坐而拜之义。因为膝盖不着地，犹如坐在胡床
上，只是双腿稍稍弯曲，较之跪拜，故有"似诈"之嫌。

另外，考《大明会典》，明代军礼有"屈一膝"的仪节。直至清代，八旗
与绿营依然袭用了这种仪节。此后，"屈一膝"又演变成旗人的日常礼仪，名
为"请安"。据此，我们推测蓑拜的仪容，犹如"请安"之屈一膝，欲跪而不
跪，佯作拜状，诚如郑玄所谓"诈也"。

③ 擅与揖

古书中又提到了"擅"，对此，礼家们的理解各有不同，或以为肃拜，或
以为厌，或以为揖，或以为长揖。这个问题最初源于郑众，《周礼》注中提到
了他的说法：

肃拜，但俯下手，今时擅是也。介者不拜，故曰"为事故，敢
肃使者"。

可见，"擅"本是汉代的礼仪，郑众以此来解释《周礼》中的"肃拜"。关于其具体仪容，《说文》认为，"擅，举手下手也"。不过，段玉裁以为，当作"举首下手"。段玉裁为什么这样改呢？

段玉裁区别肃与肃拜，即以肃为军礼，而以肃拜为妇人礼。那么，军礼与妇人礼的区别，根本在哪里呢？兵将因有甲胄在身，故不便于跪坐；至于妇人，则因有首饰在头，故不便于低头，这就导致了肃与肃拜有着根本的不同。然而，段玉裁以前，因为郑众的说法含混不清，故大多数学者将肃与肃拜混为一谈。

妇人肃拜，因有首饰在头，故只能"举首下手"，这合乎郑众"但俯下手"的解释。至于"举手下手"，从后世的情况来看，只可用于形容长揖的仪容，并不符合妇人之礼。因此，段玉裁从妇人礼的角度，将"举手下手"改作"举首下手"。

可以说，大多数学者都将"擅"当作长揖。如果"擅"就是长揖，那么，擅与揖有什么区别呢？明代方以智认为，"揖为前后手，擅为上下手"。可见，揖是双手自胸向前推，而擅则是双手由上向下，也就是长揖。（图 16）

图 16　揖、擅比较图

④ 诸揖之类

先秦时，古人席地而坐，故常以跪拜而致其敬意。然而，古书中又颇多记载有不跪而立揖者。《周礼·秋官·司仪》提到揖有天揖、土揖、时揖的不同：

> 诏王仪，南乡见诸侯，土揖庶姓，时揖异姓，天揖同姓。

对此，郑玄注描述了三种揖在仪容上的不同："土揖，推手小下之也。时揖，平推手也。天揖，推手小举之。"清代黄以周推衍郑玄之说，讲得更是详细：

> 拱手当心曰时揖，时揖平衡也。拱手少举曰天揖，天揖上衡也。
> 拱手少下曰土揖，土揖下衡也。

此处的"衡"，是双手与心相齐平的意思。可见，《周礼》所说的各种揖法虽有不同，或拱手当心，或拱手稍举，或拱手稍下，但都有推手向前的基本动作，而与长揖的上下其手不同。（图 17）（图 18）（图 19）

图 17　时揖

图 18　天揖

图 19　土揖

此外，揖又有特揖、旅揖、旁三揖的不同。《周礼·夏官·司士》云：

孤、卿特揖，大夫以其等旅揖，士旁三揖。

按照郑玄的解释，这里区分了天子揖不同臣子的礼仪。其中，孤、卿最尊，当其入门时，天子一一揖之，然后就其位；大夫则分中、下大夫二等，天子于诸中大夫总共一揖，而于诸下大夫也是总共一揖，然后就其位；至于士，有上、中、下士三等，天子也各为之一揖。

那么，诸侯如何揖其众臣呢？按照《礼记·礼器》中的说法：

> 诸侯视朝，大夫特，士旅之。此以少为贵也。

因为诸侯的臣下相对较少，所以，国君于每位大夫都单独一揖，士卑，则国君总共为之一揖。

3. 拱手

凡跪拜必拱手，各种揖法都是如此。《尔雅·释诂》注云："两手合持为拱。"可见，所谓拱手，乃两手相合持的动作。

至于两手合持的具体仪容，其中有不少细节还有待推究。《尚书大传》说"拱则抱鼓"，贾谊《容经》在谈及站立的仪容时也说道："固颐正视，平肩正背，臂如抱鼓。"又，《说苑·修文篇》云："立则磬折，拱则抱鼓。"可见，抱鼓是形容两手相合时手臂的形状。

然而，皇侃却提到另一种说法："拱，沓手也。"沓，取重叠之义。据此，所谓沓手，应该是形容两手相交时双掌叠合的形状，而无关乎手臂。

按照《说文》段注的说法，拱手并不都一定如抱鼓形状，只有推手作揖时，两臂向外撑圆，犹如抱着一面鼓的样子；至于拜手、稽首、顿首时，两手虽依旧相沓，而双臂则向内收缩；又有引手之厌，虽然同样两手拱合，却更贴近前胸，双臂相交的形状更显收敛。

可见，无论揖、厌、拜，都是先两手合持，是为拱手；至于不同之处，则以相合时臂环的大小有不同。

段氏似乎又区别两种拱法，即两手相搤之拱，而与拜、揖之两臂为拱不同，可以说，搤拱较沓手之拱为小。（图 20）

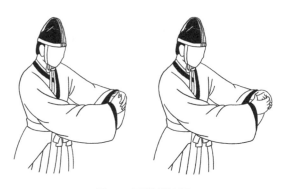

图 20　两种拱法图

两手拱合，其掌则相沓，而两大拇指亦必相交。徐锴《说文解字系传》说道：

> 拱，两手大指头指相拄也。

在徐锴看来，两手拇指相拄，也可名为拱。今考古代文献，"拄"之义大致有两种说法：其一，丧礼有"拄楣"之说，则"拄"似乎有两拇指竖立的意思；其二，《汉书·朱云传》提到朱云"连拄五鹿充宗"，则"拄"有距的意思，据此，似乎两大指相顶为"拄"。今人拱手，两种动作都有。不过，我们结合上面提到的"搤拱"，应该后一种说法较合理。此外，今人拱手又有以两拇指相沓者，则似失"拄"义。

综上所述，所谓拱手，应该兼有两种意思：其一，两臂相合为拱，则"抱鼓"的说法乃就此而言。其二，两掌相合为拱，则拇指相拄，必须拇指指尖相顶乃能成拱。我们或可推测，揖、拜之拱手，不独两臂形如抱鼓，两掌亦环如拱璧。

后世又有"捧手"之说，应该就是拱手。早在《管子·弟子职》，就有"捧手"之名。到了后世，提到"捧手"的就更多了，譬如，北齐颜之推《颜氏家训·风操》云："南人（丧家）宾至不迎，相见捧手而不揖。"明沈德符《野获编补遗》云："末相山阴，捧手受成而已。"梁启超《复刘古愚山长书》自谓："行年十七，始获捧手于南海康先生之门。"都有拱手的意思，相当于古人所说的揖。

4. 尚左尚右

拜、揖两手皆相沓，然有上下、内外之分。《礼记·内则》云："凡男拜，尚左手。""凡女拜，尚右手。"至于其中的道理，按照郑玄注的解释，这是由于左为阳、右为阴。中国古老的阴阳观念体现在拜礼中，男左而女右，体现在具体的沓手动作上，则男尚左者，当以左手在上或在外；妇尚右者，当以右手在上或在外。

左右之异，又因拜有吉凶而不同。男子吉拜尚左手，凶拜则尚右手；若女子，则刚好相反。可见，平时男左女右，丧时则男右女左。（图 21）

5. 拜之仪容

古人关于拜仪的说法，最早当以贾谊《容经》记载得最为详细。其中如此说道：

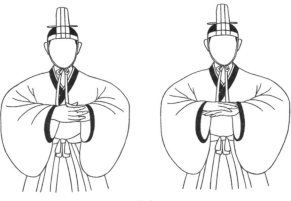

尚右

尚左

图 21　尚左尚右图

拜以磬折之容，吉事上左，凶事上右，随前以举。项衡以下，
宁速无迟，背项之状如屋之氏。

据此，拜时上身屈曲如磬折，双手随身体向前而上举；吉事尚左手，凶事尚右
手；随后身体迅速下俯，背项之容如"屋之氏"，也就是像门廊一样。（图 22）

不过，《容经》关于头、手的仪容，毕竟还是显得疏略。正因如此，随着后世去古渐远，至唐时已有异说。唐贾公彦《周礼》疏在解释"空首"时说道："先以两手拱至地，乃头至手。"然而，段玉裁驳斥这种说法，而将"空首"当作一般意义上的拜法，又称作"拜手"，并且认为，拜时手不至地，而与心齐平，至于其他拜仪，都由此而来。显然，段氏的说法大不同于贾疏。

图22　门廊图[1]

按照《说文》的说法，所谓拜，本作"首至地"，而段注以为当作"首至手"，然清人沈彤以为当作"手至地"。可见，种种关于拜仪的说法，颇有异同，尤其不同于贾谊之说。（图23）

图23　首至地、首至手、手至地三说区别图

两手下，则身体自然也随之弯曲。贾谊《容经》说道：[1]

跪以微磬之容，拜以磬折之容。

1　于倬云：《故宫建筑图典》，北京：紫禁城出版社，2007年版，第83页。

古人的仪容，无论立、坐、跪、行、趋，上身皆前俯，此即贾谊《容经》所说的"微磬之容"。至于拜，则身体更向前俯，即贾谊所说的"磬折之容"。此处所说的微磬、磬折，《容经》解释道：

> 体不摇肘曰经立，因以微磬曰共立，因以磬折曰肃立，因以垂佩曰卑立。

古人站立，有共立、肃立与卑立的不同，而有微磬、磬折与垂佩的不同表现，这是因为身体愈加弯曲，则愈能体现谦退之意。（图24）

图24　微磬、磬折、垂佩三种立姿区别图

二 《周礼》中的九拜

"九拜"的说法，在古代经典中仅见于《周礼·春官·大祝》：

> 辨九拜，一曰稽首，二曰顿首，三曰空首，四曰振动，五曰吉
> 拜，六曰凶拜，七曰奇拜，八曰褒拜，九曰肃拜，以享右祭祀。

《周礼》的说法十分简单，并未涉及九种拜法的具体内涵。后世对"九拜"的
解释，多以郑玄注和贾公彦疏为源头，不过因此也导致了不同的说法和争论。
到了清代，礼学家们更是对此聚讼不一。这些争论异常繁杂，本节略举稽首、
顿首、空首三者，以见大概。

1. 空首

空首，贾公彦最早提出了比较明确的说法：

先以两手拱至地，乃头至手，是为空首也。以其头不至地，故名空首。

图 25　贾公彦空首图

据此，所谓空首，乃拱手先至地，然后头再至手。可见，头、手虽然都下俯至地，而头与地之间，毕竟隔着手掌。（图 25）

到了清代，段玉裁对贾疏的说法提出了挑战，认为：

凡空首，首至手而平衡，手未尝下于心也。

图 26　段玉裁空首图

段玉裁这种说法，显然不同于贾公彦疏，不过，却有更古老的《荀子》为依据，因此得到了后来学者的普遍认可。朱骏声、黄以周、孙诒让都不同程度地继承了他的观点。（图 26）

此后，黄以周关于"九拜"的辨析最为精详，而对"空首"的理解，颇受段玉裁的影响，不过稍有不同。黄氏说道：

空首者，男子之常拜也。拜必跪而拱手，而首俯至手，与心平，乃下两手拱至地。

黄以周以为，空首乃"男子之常拜"，其仪容则以首、手与心平衡，这种说法大概源于段氏；至于认为手随后拱至地，则与段氏绝然不同。（图 27）

图 27　黄以周空首图

这种说法的道理何在呢？在黄以周看来，如果头不俯至手，那么两手就不能下至于地；而如果两手不最终拱至地，那么头虽俯至手，却也做不到与心相平。黄以周认为，只有这样的解释，才既契合《荀子》"平衡曰拜"的说法，又与贾谊《新书》中的"拜以磬折之容"相合，并照顾了汉代扬雄"拜从两手下"的说法。

那么，"空首"通常适用于什么场合呢？

按照贾疏的解释，从空首到顿首、稽首，其对人的尊重程度是依次递增的，因此，稽首是最重的礼，通常适用于臣拜君的场合；而空首则是最轻的礼，譬如，君王答臣子之礼，即用空首。

段玉裁则认为，凡拜都用空首礼。因此，所有地位平等的人之间都行空首礼，即使地位不平等的人之间，在不需要稽首的场合，通常也是行空首礼。

2. 稽首

稽首是吉事中最重的拜礼。《白虎通·姓名篇》中说道：

> 必稽首何？敬之至也，头至地。

头至地，是人类最高敬意的体现。《周礼》郑玄注、《春秋公羊传》何休注、

《尚书》孔安国传、《孟子》赵岐注都认为稽首是"头至地"。《荀子·大略》中说道："平衡曰拜，下衡曰稽首。"可见，稽首时上身的弯曲程度明显超过一般的拜。（图 28）（图 29）

图 28　贾公彦稽首图　　　　图 29　陈祥道等稽首图

关于稽首礼的适用场合，襄公三年《左传》记载了这样一个故事：

> 夏，盟于长樗，孟献子相，公稽首。知武子曰："天子在，而君辱稽首，寡君惧矣。"孟献子曰："以敝邑介在东表，密迩仇雠，寡君将君是望，敢不稽首。"

晋国的大夫知武子看到鲁国国君向晋国国君行稽首礼，感到惶恐而不敢当，因为这本是诸侯向天子行的礼。至于鲁国大夫孟献子的回答，则是由于鲁国有所求于晋国，故行稽首礼。

哀公十七年《左传》也记载了类似的场景：

> 公会齐侯盟于蒙，孟武伯相，齐侯稽首，公拜。齐人怒。武伯曰："非天子，寡君无所稽首。"

这次却是齐侯向鲁侯行稽首礼，而鲁侯仅回以一般性的拜礼。齐国人自然感到非常愤怒，对此，鲁国大夫孟武伯解释道，诸侯只向天子行稽首礼，现在鲁侯向齐侯行拜礼，是合乎周礼的。

据此，按照《左传》的说法，稽首是一种很重的礼，仅仅适用于诸侯见天子的场合。

而《礼记·郊特牲》中如此说道：

> 大夫之臣不稽首，非尊家臣，以辟君也。

这就是说，在诸侯国内部，只有国君才能接受稽首礼；至于大夫，面对自己的家臣，却不能接受对方的稽首礼。

可见，稽首是对至尊者使用的礼。在春秋时代，天子作为普天之下的至尊，而诸侯受天子的分封，世袭为君，在其国内也拥有至尊的地位，故其臣可行稽首之礼。至于大夫，身份虽然尊贵，且对于其家臣来说，常常也是被视为君，但因为不世袭，因此家臣不能对之行稽首礼。

即便如此，春秋时，稽首礼并不限于君臣之间，还包括其他一些场合。段玉裁总结了适用稽首礼的各种场合：

> 凡祭必稽首，诸侯于天子稽首，大夫于国君稽首，于邻国之君稽首，于君夫人、邻国之君夫人稽首。礼有非祭、非君而稽首者。

按照段玉裁的说法，稽首礼首先适用于祭神的场合；然后是臣对君的场合，包括对外国之君，并根据夫妇一体的精神，夫人也和国君同样接受臣子的稽首礼；此外还有其他的场合，譬如，婚礼中男方亲迎时，宾献上雁为礼，这时就要"再拜稽首"。

古人甚至主张，"盖君子行礼于其所敬者，无所不用其至，则君稽首于其臣者，尊德也；大夫、士稽首于非其君者，尊主人也"。可以说，稽首礼成为古人表达其敬意的重要仪式。

稽首虽然是儒家最隆重的拜礼，不过，到了后世，佛、道两教的信众与他人打交道时，有时也会单举一手或双手合掌而口称"稽首"，显然，这种仪式虽然简单，但也有表达敬意的目的。当然，这种礼仪与儒家主张的稽首礼实在相去甚远，南宋时，魏了翁对此提出了批评："今道士羽流无状，相逢合掌辄曰稽首，无礼之至者也。"

3. 顿首

顿首，按照郑玄的说法，就是"拜头叩地"。那么，这与稽首有什么区别呢？贾公彦进一步解释道：

> 顿首者，为空首之时引头至地，首顿地即举，故名顿首。……二种拜俱头至地，但稽首至地多时，顿首至地则举，故以叩地言之，谓若以首叩物然。

按照贾氏的说法，稽首与顿首都要求头与地的接触，只不过稽首时头在地上稽留一些时间，而顿首只需头一顿即起，犹如叩物一样。可见，稽首与顿首的区别，关键在于头在地上停留时间的长短。就此而言，顿首应该轻于稽首，这也得到了清以前学者的普遍认可。

到了清代，段玉裁首先对贾公彦的说法提出了挑战。段氏发现《仪礼》《礼记》和《春秋》《荀子》等经典普遍提到了"稽颡"礼，却不见于《周礼》"九拜"之中，故断言"稽颡"就是《周礼》中的"顿首"。并且，段氏认为，按照《说文》中对"叩"的解释，"头叩地"似乎并非贾公彦所说的点到为止的意思，而应该是比较用力的叩击。这样，顿首与稽颡就可以划上等号了。

至于顿首（稽颡）和稽首的区别，按照段玉裁的说法，前者是头至地，后者则是颡（额头）叩地，类似于后世"磕头"与"磕响头"的区别。这样一来，稽首与顿首的轻重，就完全颠倒过来了，似乎顿首就成了比稽首更重的礼了。

此后，陈立、黄以周、孙诒让等学者的说法，都受到了段玉裁的影响。不过，黄以周虽然大体认可段玉裁的说法，但仍坚持顿首为吉礼、稽颡为凶礼的立场，还保留了顿首乃"至地则举"、稽颡是"至地多时"的说法，体现了黄氏在贾公彦和段玉裁之间的调和态度。

关于顿首礼适用的场合，贾公彦、孔颖达认为，顿首乃"平敌自相拜之拜"，换言之，地位相当的人之间行拜礼，则用顿首。此后，一直到清初，大部分学者都赞同这种说法，并且认为，顿首与稽首一样，都是吉拜。正因如此，稽首、顿首都可用于表文和书信，以表达敬意。

然而，段玉裁批评了这种说法，认为《仪礼》《礼记》《春秋》中都没有平辈之间用顿首礼的说法。并且，段氏将稽颡与顿首等同起来，则顿首并没有致敬的意思，只是用来表达哀痛而已，故为凶拜。到了后世，顿首又常当作请罪之辞，譬如，臣子向皇帝上书时，末尾常有"顿首死罪"之语，可见顿首绝无表敬之意。可见，稽首与顿首、稽颡，实有吉、凶之不同。

不过，后世人的书信，末尾常书"顿首"，至今犹然。对此，段玉裁进行了批评，以为不符合"顿首"一词的本义。

三 拜礼的沿革

　　魏晋以前，古人通常席地而居，故彼此相见之时，自然以跪而拜为方便。然自汉末以降，先是五胡乱华，更继以五季之乱，导致古人的起居方式发生了重大转变，于是卧则高广大床，居则垂足而坐，平时也大多习惯于立揖之礼。虽然揖、拜的礼意都在于致敬，不过，也是出于日常生活的变迁而导致的结果。

　　赵翼认为，后世的垂足高坐，最早可追溯到战国赵武灵王之时。按照赵氏所说，床本为坐具，而非卧具。《礼记·内则》中说道："将衽，长者奉席请何趾，少者执床与坐。"《礼记》诸篇，大都成书于战国末至汉之间，此处明确称床乃坐具，亦可证赵氏之说。

　　据赵翼所言，中原国家有床之始，实因赵武灵王得自胡人，名曰"胡床"。人坐于胡床，必垂足高坐。据《明史纪事本末》，明军攻武昌，"敌将陈同金者，骁捷善槊，驰入中军帐下，太祖方坐胡床，疾呼曰：'郭四为我杀贼。'英

图30 胡床图[1]

持枪奋臂一呼，贼应手殒坠。太祖曰：'尉迟敬德不汝过也。'"足见胡床常用于军中，观日本战国时犹然。（图30）

到了汉末，出现了"木榻"，也可名为床。（图31）

不过，时人多盘足坐于榻，而非垂足而坐。到了唐代，又出现了"绳床"。宋初，开始出现了"椅子"，当时有太师椅、杌子、墩子各种坐具，只便于垂足坐而已。（图32）

图31 木榻图[2]

图32 太师椅图[3]

直到今日，北方依然有不少地方还流行土炕，人们坐于其上，或垂足，或盘足，都非常方便。

---

1 胡床，也叫交床、交杌，现一般称为马扎，可折叠，携带便利。图中为清黄花梨上折式交杌。见王世襄：《明式家具珍赏》，北京：文物出版社，2003年版，第72页。
2 洛阳玻璃厂壁画墓《夫妇宴饮图》（东汉）中的合榻，摹本现藏于河南洛阳博物馆。
3 明黄花梨四出头官帽椅。见王世襄：《明式家具珍赏》，北京：文物出版社，2003年版，第46页。

朱子则说道：

> 古人席地亦只是盘坐，又有跪坐者。君前臣跪，父前子跪，两膝头屈前着地，观画图可见。古人密处未见得，其疏即是如此。管宁坐一木榻，积五十年未尝箕股，其榻上当膝处皆穿。今人有椅子，若对宾客时，合当垂足坐；若独居时，垂足坐难久，盘坐亦何害？

管宁乃汉末三国时人，此时虽有木榻，而管宁依然跪坐其上，故榻上当膝处皆穿。至宋人坐于椅子，唯垂足坐而已。并且，朱子认为，此时虽然已出现了椅子，但宋人依然不习惯久坐于椅，当另有坐具以便盘足坐，我们发现今日北方农家即是如此。

自宋以后，人们既然已习惯垂足坐，那么，当其拜时，自然以起身相揖为便，这与汉魏以前古人席地而坐，故长身而跪拜，都是出于方便。此实在是中古时生活方式的大变，其对于相见礼的影响，不能不说是极为巨大的。即便如此，跪拜继续保留下来，不过作为重礼而施行于少数场合而已。譬如，通常跪拜礼大多施行于官场，如臣子拜皇帝、小官拜大官、奴才拜主子等，甚至还有行三跪九叩的至重之礼。至于民间，如在祭祀、祝寿、婚嫁等特定场合，依然保留了跪拜礼。

1. 男子之揖与拜

据《仪礼》记载，古人相见时，本来就有揖与拜的不同。譬如，主宾在大门外相见时，彼此用拜礼；入门以后，主宾行走之间，则有三揖三让之礼；上堂以后，主宾又相拜。可见，相见时有揖有拜，其分别的关键在于跪与不跪。

关于两者的具体仪容，左、右手四指并拢，左掌抚于右掌之背，掌心俱朝内，左右拇指相扣，两手合抱，拱手为礼，身体向前微俯，此为揖礼。至于拜，则先以双膝跪地，然后两手拱合以至于地，或与心平，而头则在手，或与心平。可见，古时以拜、揖并行，后世亦然。大略言之，"久旷则拜，常见则揖。礼见则拜，燕见则揖。初见则拜，偶见则揖"。可见，拜为礼之加隆，而揖乃礼之减杀也。

而朱子说道：

> 拜亲时须合坐受，叔伯母亦合坐受，兄只立受。嫂叔同一家，不可不拜，亦须对拜。夫妇对拜。

汉魏以前，古人通常席地而坐，故种种礼仪都是在此基础上进行，不仅卑幼拜尊长，平辈间相拜，乃至尊长见卑幼，都用跪拜之礼。可以说，跪拜实属古人相见时的常礼，犹如后世拱手、今日握手一样。不过，按照朱子这里的说法，宋以后，新妇嫁入夫家时，对于不同的亲属，彼此相见的礼仪是不一样的，譬如，对于伯、叔父母，新妇拜，而伯、叔父母不回拜，只是坐受其礼；对于兄长，则站着接受新妇的拜礼，同样不回拜；至于小叔，虽然站着受拜，却当回以拜礼。可见，宋以后古礼发生了重大变化，拜礼不再成为人们相见的常礼，而仅仅限于卑幼对尊长的礼敬而已。

至于汉代的揖，相当于后世的拱手；而汉代的"擪"或长揖，后世则称为揖。宋王虚中《训蒙法》详细记载了长揖的具体动作：

> 衹揖，凡揖人时，则稍阔其足，其立则稳。揖时须是曲其身，以眼看自己鞋头，威仪方美观。揖时亦须直其膝，不得曲了。当低其头，使手至膝畔，又不入膝内。则手随时起，而叉于胸前。揖时须全

出手，不得只出一指，谓之鲜礼。揖尊位则手过膝下，亦以手随身起，又手于胸前也。

祗揖，明屠羲英《童子礼》（又作《弟子礼》）则作"肃揖"，其中记其仪容曰：

> 肃揖，凡揖时，稍阔其足，则立稳。须直其膝，曲其身，低其首，眼看自己鞋头，两手圆拱而下。凡与尊者揖，举手至眼而下；与长者揖，举手至口而下。皆令过膝。与平交者揖，举手当心，下不必过膝，然皆手随身起，又于当胸。

结合王虚中、屠羲英的说法，我们不难描述长揖的具体仪节：两脚稍分开站立，上身微倾，膝不弯，低头，以眼光看到自己的鞋尖为度。双手圆拱，如抱鼓状，若与尊者揖，则双手先举至眼；若与长者揖，则双手先举至口；若与平辈相揖，则双手先举至心。然后，向前俯身向下。如果与尊者、长者揖，则双手向下过膝；如果与平辈相揖，则双手不必过膝。然后起身，双手随之而起，交叉于胸前。（图33）

图33　长揖动作分解图

① 拱手、叉手与抱拳

汉晋以前，古人无论揖、拜，双手皆作拱手，即双臂若抱鼓，而双掌平行相叠，或尚左，或尚右。唐以后，又有"叉手"之名，直至宋、元、明三朝，犹颇见其礼。

图 34　吴道子《孔子行教像》[1]

所谓叉手，或取"两手交叉"之义，据此，则凡拱手，因两手相交，亦可名为叉手。唐柳宗元诗曰："入郡腰恒折，逢人手尽叉。"可见，早在唐代已有"叉手"的名称。稍早，吴道子作《孔子行教像》，即用叉手之礼。（图 34）

不过，其仪容似乎因为两手向上，犹如叉状，故尔得名。

1983 年，江苏江宁县张家山西晋墓出土一青瓷俑，双手交置胸前，似作叉手礼，则叉手礼可上溯至晋元康时。又，三国时，魏文帝谕赦辽东，称孙权"亲叉手北向稽颡"，则叉手礼更可溯至三国时期。又，汉末何进、袁绍谋诛宦官，张让等挟少帝出奔，闵贡手剑斩数人，张让等人"惶怖叉手再拜，叩头向帝辞曰"，则叉手礼甚至可远溯至汉末。

其后，五代以降，直至元、明时，犹颇见此礼。五代时，顾闳中作《韩熙载夜宴图》，其中即有人物作叉手礼。

朱子谓曾巩见蔡京，"京秉笏谢之，子开亦忘笏了，只叉手答之"。又，陈

1　原作已佚，清代石刻现存于山东曲阜孔庙。

才卿见朱子，"急叉手鞠躬"。南宋绍兴时，高宗选择二人留养宫中，欲以为太子，"乃令二人叉手并立"。又据元末《水浒传》，屡有人物作叉手礼。其中，第一回，高俅在端王府看球，端王询问他是何人，高俅"叉手跪覆"。十五回，梁中书命杨志护送生辰纲，杨志"叉手向前禀道"。二十三回，武松初见潘金莲，"那妇人叉手向前道"；潘金莲拿挑门帘子，不想失手打中过路的西门庆，潘金莲"便叉手深深地道个万福"。二十六回，施恩请武松助其夺回酒店，武松乃询问此事来由，"那施恩叉手不离方寸，才说出这件事来"。又据明末《警世通言》，咸安郡王想雕一块美玉孝敬皇帝，询问手下雕什么好，崔宁"当时叉手向前，对着郡王道"。又，《醒世恒言》第三十五回，徐家老仆阿寄为主家做生意，主妇颜氏见他回来，连忙打听赔赚情况，"那阿寄叉手不离方寸，不慌不忙的说道"。此外，古画中也颇见叉手之仪，如东晋顾恺之《斫琴图》、五代《韩熙载夜宴图》、《重屏会棋图》等；至宋以后，叉手仪见于《中兴四将图》、钱选《扶醉图》、任仁发《张果见明皇图》、任伯温《职贡图》等。凡此，可见唐宋以降人们普遍采用叉手行礼，且通行于男女之间。

关于叉手的仪容，元《事林广记》有明确记载：

> 凡叉手之法，以左手紧把右手拇指，其左手小指则向右手腕，右手四指皆直，以左手大指向上。如以右手掩其胸，收不可太着胸，须令稍去二三寸，方为叉手法也。

又，王虚中《训蒙法》云：

> 小儿六岁入学，先教叉手，以左手紧把右手，其左手小指指向

右手腕，右手皆直，其四指以左手大指向上，如以右手掩其胸也。

结合上述说法，所谓叉手，乃左手紧把右手拇指，右手或舒或握，右拇指微翘，如此双手交叉，距胸不过寸余，或两三寸。显然，叉手与古代的拱手不同。**（叉手图，见彩插）**

至于佛门，则以合掌为叉手。《释氏要览》说道："合掌，若此言之叉手也。"《禅林象器笺》中提到："叉手，《洪武正韵》云叉手相错也。今俗呼拱手曰叉手。"又考《五灯会元》，其中常提及僧众"叉手而立"，应该并非俗礼中的叉手，而是合掌。**（合掌图，见彩插）**

拱手又有引手着胸者，即厌手。《礼记·檀弓》中"孔子与门人立拱"、《论语》中"子路拱而立"，皆指厌手。我们推求叉手之礼，应该兼有古代拱手礼中的揖、厌两种礼意，譬如，杨志、潘金莲的"叉手向前"，即是揖；至于引手着胸的动作，如施恩、阿寄的"叉手不离方寸"，以及《韩熙载夜宴图》中的人物手势，则属于厌。**（厌手图，见彩插）**

据元人所言，安南人"平居不冠，立叉手，席坐盘双足，谒尊者跪膝三拜"，彼以叉手为立礼，犹汉人"叉手不离方寸"之仪。又据《东京梦华录》，西夏使者"皆叉手展拜"，而高丽与交州使者"并如汉仪"，则似叉手也行于周边的夷狄。

又有抱拳之礼，大概源于古军礼，也属于拱手礼的范畴。关于其仪容，乃以右手握拳，左手四指并拢，自然覆裹右拳之上，左手拇指扣右手虎口。明、清两代习武盛行，抱拳礼也因此通行民间。这种相对简便的礼仪可施行于各种场合，譬如，抱拳两臂合拢向前，上下移动三次，表示请求或求见；直身俯额，抱拳向上不动，表示恭候迎接；鞠躬三十度，两臂合拢向前，上下移动三次，表示尊敬或求让；直身昂首，直两臂合拢向前，上下移动三次，表示拜别。直到今天，抱拳礼依然流行于武术界，不过稍有不同，其具体动作则以左脚上前一步，右脚跟上并步，同时两手环抱胸前，右手成拳，拳面贴于左掌心；而左手四指并拢伸直成掌，拇指屈拢；两手手心向外前推。（图35）

图35　今日武术界中的抱拳图[1]

汉以后，又有"举手"的说法。《汉乐府·孔雀东南飞》有"举手长劳劳，二情同依依"之语，宋陆游《老学庵笔记》则认为，"古时作揖，但举手而已"，可见，"举手"犹如古代的揖礼。此外，又有"捧手"的说法。北齐《颜氏家训·风操》云："南人宾至不迎，相率捧手而不揖，送客下席而已；北人迎送并至门，相见则揖，皆古之道也。"此处明确指出"捧手"不同于揖礼，其礼较轻，似乎类似后世的抱拳礼，只以手动为仪，而身体并不下俯。

"捧手"的说法，常见于汉以后的诸多著述。譬如，《文选·班固〈东都赋〉》中说道："捧手欲辞。"李善注引《孔子三朝记》云："孔子受业而有疑，捧手问之，不当避席。"唐张继《送张中丞归使幕》诗则提到"满台簪白笔，捧手恋清辉"，而梁启超《复刘古愚山长书》自言"行年十七，始获捧手于南海康先生之门"。我们或许还可推测，两晋以后所言的揖，既然相当于汉代的长揖，则"捧手"之礼较轻，大致相当于汉揖，犹如后世的拱手或叉手。[1]

1　余学农、苏剑明：《武术》，昆明：云南大学出版社，2007年版，第19页。

② 跪法的变迁

古人席地而坐，故其跪不过伸腰长身而已。若跪之久，则为跽，或名长跪。然后拱手，身体随之前曲，头至手，或下至于地，此为拜。可见，古人相见礼虽有种种不同，但其跪法则没有大的分别。

魏晋以后，随着起居方式的转变，席地坐逐渐演变为垂足坐。这种坐姿，一直延续到了今天。因此，当人们行拜礼时，应该先有下跪的动作。元代陈元靓《事林广记》记载了时人相跪的动作：

> 凡相跪，其式用两手相迭按于右膝，左足先跪，次以右足从之，复叉手架于颈下。礼毕，仍旧以两手相迭，齐按右膝而起。凡参见官员及尊长，或平交相敬者，用此礼。

又记载了习跪之法，曰：

> 凡习跪之法，以右手加左手之上，齐按右膝，先屈左足，次屈右足，然后叉手至胸，如相揖。仪毕，先起右足，又以右手迭左手齐按右膝而起。

可见，元代时人们通常的跪法，乃先以两手齐按右膝，先屈左足跪至地，而右足再跪至地；然后叉手于胸前，如彼此相揖之礼，而俯身行拜礼；拜毕起身，则反之，即两手齐按右膝，先起右足，再起左足。（图36）

明屠羲英《童子礼》也记载了拜起之法：

> 先跪左足，次屈右足，顿首至地即起。先起右足，以双手齐按

图 36　跪法分解图

膝上，次起左足，仍一揖而后拜。

屠氏所说的下跪之法，与陈元靓《事林广记》相同。

清汪志伊《节韵幼仪》也记有跪拜之法：

> 先跪右足，次左足。顿首须至地，随起毋急促。先起左足，左
> 手随按膝，次起右足。

这种说法与前人不同，以为跪当先下右足，而后下左足，若起身则反之。直至今人下跪，依然有先跪右足与左足的不同。

近人章太炎则说道：

> 其拜先屈一膝，满洲俗之请安，乃礼失而在夷者。

满族请安之礼，有男女的不同。章氏所言，乃男子打千之礼，即先屈右膝半

跪；至于女子请安，则双手扶左膝，右腿微屈，身体稍下蹲。

古人又有两膝齐屈的跪法。朱子说道：

> 古人之拜，正如今道士拜，二膝齐下。唐人先下一膝，谓之雅
> 拜，似有罪，是不恭也。

朱子以为，《周礼》中的"奇拜"，即是唐人的"雅拜"，其下跪之法，当先屈一膝。至于两膝齐下之跪，朱子以为唯道士行之。不过，我们看今天佛门中的下跪之法，也是两膝齐下。

明人采纳了这种说法。田艺蘅《留青日札》中说道："先下一膝，唐人谓之雅拜，或曰倚拜也。曰之拜者，两膝齐屈而俱下，如今之道士拜，及乡村老妇犹然。"据此，先下一膝的跪法，称为"雅拜"或"倚拜"；至于两膝齐屈的跪法，明人称为"之拜"。

③ 五拜三叩

通常来说，古人行拜礼时，先跪而后俯首至地，最多不过一叩而已。《左传》中提到申包胥"九顿首"，也只是一拜一叩，九拜则九叩而已。到了后世，出现了一拜数叩的动作，究其原因，大概是因为人们平日多垂足而坐，此时下跪则多有不便，遂于一跪间而数叩首，以为礼之隆。

据屠羲英《童子礼》记载：

> 凡下拜之法，一揖少退。再一揖，即俯伏，以两手齐按地。先
> 跪左足，次屈右足，顿首至地即起。先起右足，以双手齐按膝上，次

起左足。仍一揖而后拜。其仪度以详缓为敬，不可急迫。

汪志伊《节韵幼仪》则说道：

> 拜法宜习熟，一揖即俯伏。两手齐按地，先跪右足，次左足。
> 顿首须至地，随起毋急促。先起左足，左手随按膝，次起右足。续拜
> 仍先揖，尊长四拜宜恭，平交两拜毋渎。或有所答谢，再拜不嫌复。

据此，明、清时期的拜礼，通常先一揖或再揖；然后先跪左足，或先右足，另一足随之而跪；上身俯伏，而以两手齐按地；顿首至地，即以手按膝，左、右足先后起。如此而成一拜一叩。如果平敌相见，不过再拜；见尊长，则可至四拜。

不过，详考此处所言，如果再拜，则须重新起身，然后重复作揖、下跪、叩头、起身这一过程。据此，再拜则再叩，四拜则四叩，这个过程还是非常繁复的。

据《明史·礼志》所记庶人相见礼，其中说道：

> （洪武）二十六年定，凡民间子孙弟侄甥婿见尊长，生徒见其
> 师，奴婢见家长，久别行四拜礼，近别行揖礼。其余亲戚长幼悉依等
> 第，久别行两拜礼，近别行揖礼。平交同。

据此，民间卑幼见尊长，久别行四拜礼，近别行揖礼；至于其余亲戚，长幼之间行礼，久别行再拜礼，近别行揖礼；平辈之间行礼，同样久别行再拜礼，近别行揖礼。

关于四拜之礼的具体仪节，杭世骏《订讹类编》中说道：

> 拜则谓屈膝首至地，兴则谓举首而仍旧屈膝，俟再拜再兴，或四拜四兴而后，起膝平身，其礼始毕矣。今人先用一揖，然后屈膝叩首，又平身一揖，乃又屈膝叩首，如此四次，谓之四拜，非古制也。

先秦古礼唯有再拜，其拜、兴之际，皆席于地而为之；至再拜或四拜完成后，才能起身而礼成。可见，这种动作并不算繁复。杭氏据此批评了明、清时的四拜之礼，即前面提到的四拜四叩的做法，主张一跪之间而行四拜之礼。

至于品官相见礼，据《明史·礼志》所载，卑官见尊官皆行两拜礼；若属官见上司，则属官揖，而上司拱手；而于公座时，或相揖，或长官答以拱手。至于君臣之间，其礼尤为隆重。据《皇明典礼志》，洪武二十年，重订官员拜礼：臣下见君上，用五拜之礼，即先稽首顿首四拜，而后一拜叩头成礼；百官见东宫、亲王，则稽首四拜；其见父母，亦行四拜礼。其余官长及亲戚朋友相见，止行两拜礼。

这里提到的五拜，即明代最重的"五拜三叩"之礼，适用于臣下见君王的场合。其具体仪节如下：长跪，先俯首至手五次，再叩头至地三次，然后起身，拱手侍立。据此，此乃一跪之间而分行五拜与三叩之礼。又，刘三吾《礼仪定式》序说道："拜礼，先稽首四拜，后叩首一拜，为见君上之礼。"朱国祯《大政记》亦认为，"明以五拜三叩头为臣下见君上之礼，先拜手稽首四拜，复一拜叩头成礼"。按照上述记载，可见朝廷规定的"五拜三叩"，先稽首四拜，再一拜而连续三叩首，其间无须反复起身下跪，正符合杭世骏的主张。

"五拜三叩"之礼，可用于吉凶等各种场合。据《明史·礼志》，明正德十六年，世宗入承大统，百官郊迎于宣武门外，行四拜礼。明日入大明门，御华盖殿，百官朝服入，行五拜三稽首。这里所说的"三稽首"，其实是三叩首，而非前四拜中的稽首至手。那么，百官前后行礼，为什么会有四拜与五拜的不同呢？这是因为百官初迎于宣武门，当时世宗尚未即位，故百官用朝见东宫礼，而行四拜之礼；至世宗御华盖殿，此时已告天地及诸庙，故百官用朝天子礼，而行"五拜三叩"之礼。

此外，据《明会典》，皇子冠礼时，谒见皇太后、皇上、皇后，俱行五拜三叩头礼；次谒皇妃、东宫及妃，各行四拜礼。此时用于嘉礼。又据《读礼通考》，明成祖薨，遗诏丧服礼仪一遵洪武旧制，亲王以下"闻丧皆哭尽哀，行五拜三叩头礼"。其后祭拜神主，亦用此礼。可见，"五拜三叩"之礼不仅用于丧礼，也用于吉礼。

④ 三跪九叩

"五拜三叩"乃明人之礼，而"三跪九叩"则属清人之礼。明初以来，安南接受了明朝"五拜三叩"之礼，并逐渐形成其国俗，不仅将此礼用于祭天，而且臣拜见君王以及事奉天朝上国，皆用这种礼仪。随着清王朝的建立，康、雍、乾三朝与安南围绕是否接受清人的"三跪九叩"之礼，产生了长达百年的礼仪之争。

对于清人来说，"三跪九叩"礼最为隆重，不仅用于祭天，而且施行于君臣之间，至于释奠先师孔子，亦用此礼。

关于三跪九叩的具体拜法，清昭梿《啸亭杂录·内务府定制》中提到：

> 福晋父率阖族谢恩，行三跪九叩礼。其仪：一跪三叩头，起，

再跪再三叩，又起，三跪又三叩。

可见，明代的"五拜三叩"礼乃先四拜或五拜，中间不起身，再连续三叩头而成礼。清人的"三跪九叩"礼有较大不同，乃一跪之间三叩其首，然后起身再跪而叩，如是三跪而九叩头。显然，从动作的复杂程度来看，"三跪九叩"之礼较"五拜三叩"要更重一些。

田艺蘅《留青日札》中曾记载了这样一件事："余在军门时，又见一奸谄者，每一拜必四叩头，凡四拜共一十六叩头，此又小人中之小人，想是夷狄禽兽之礼也，罪不容诛矣。"可见，"三跪九叩"的这种拜法，以一跪而兼行三叩，则早在明代，似乎已有其滥觞矣，并非纯粹出于满族的旧俗。

2. 女子之拜

女子的拜礼，既有不同于男子的方面，也有某些共同的特点。由于女子天生体质较弱，以及头戴首饰，所以，其拜礼就稍简单一些。就其同者而言，因为行礼者莫不"自卑而尊人"，故常常通过曲身、俯首来表达敬意；而就其异者而言，女子因为体弱，其跪拜就没有那么繁琐，并且，由于首饰的繁盛，故通常不必俯首至地。

汉魏以前，女子尚且屈膝跪地而拜，只是有时虽俯首而未必至地。据《周礼》《礼记》等经典的记载，女子以肃拜为常礼，至于居丧期间，又有手拜、稽颡之礼，由于此时女子已尽除首饰，故其头、手才有可能下至于地。至于女子肃拜时，或跪或不跪，则有不同说法。赵翼以为，女子以肃拜为常礼，其实皆跪，只是不像男子俯伏而已。自唐宋以后，男子或盘足坐于床榻，或垂足坐于椅凳，平时常礼多用揖或拱手，至于重礼则俯伏而拜于地，犹如古代的稽首或顿首之礼。而女子行礼，也因此发生了同样的变化。

关于后世妇人拜礼的变化，赵翼又以为，古时女子席地而坐，自当长身稍俯首而跪，此为肃拜。然而，因为头有首饰，不能像男子一般俯伏在地。至后世垂足而坐，男子多用揖与拱手之礼，亦不以跪拜为常礼；至于女子，则以拳曲虚坐为常仪。因此，赵氏说道："席地而坐时，妇人拜必兼跪。坐用床榻后，妇人有拜无跪。"然而，后代学者往往将这种拜礼的变化，简单归因于武则天尊妇人这种偶然事件，而不了解整个社会生活方式的变化。在赵氏看来，早在北周宣帝时，妇人已久不行拜跪之礼了。

即便如此，妇人初见舅姑，以及命妇、宫人朝见君、后时，依然要求跪拜行礼。清代王棠《家礼妇人拜考证》中说道：

> 今世俗南方妇女皆立，而叉手屈膝以拜。北方妇女见客，辄俯伏地上，谓之磕头，以为重礼。礼之轻者，亦立而拜，但比南方略浅耳。

北方妇女见客，其礼重于南方，应该是实情，这或许与北人性情的朴质有关，而且，我们推测这可能只是庶人之礼，大概因为首饰寡少，故能俯伏以为礼。至于南方妇女，皆立而行礼，而双膝不过稍屈而已。

总体来说，后世女子相见，常以万福为礼，其隆者则至于跪叩。所谓万福，因行礼时多口称"万福"而得名，其仪则以双手交叠置于小腹，目视下，微屈膝。（图37）

图37　万福图

据田艺蘅《留青日札》所记，"古时妇人皆肃拜也。今则但微屈其膝，而躬不曲，其名曰起曰福"。然而，万福本汉人之礼。早在司马光《书仪》中就提到："子能言，教之自名及唱喏、万福、安置。"真德秀《西山读书记》亦引司马光之语："丈夫唱喏，妇人道万福。"南宋时，陆象山一家即用此礼，据罗大经《鹤林玉露》所言，"每晨兴，家长率众子弟致恭于祖祢祠堂，聚揖于厅，妇女道万福于堂。暮安置，亦如之"。可见，宋代已经将妇人礼称为万福了。明以后，万福礼大行于世。据《水浒传》第三十四回："那妇人拭着眼泪，向前来深深的道了三个万福。"又，据冯梦龙《喻世明言》："把伞儿放在楼梯边，走上楼来，万福道：'大娘，前晚失信了。'"

清人沿袭汉人万福礼，然稍不同。其仪乃女子叩首称行"万福"之礼，用手按腿三叩首后，手抚鬓角后起身。后又以平辈人抚鬓点头行礼，称之为抚鬓礼。

3. 军中之礼

军中之礼，不同于常礼。其原因大概有这样两点：其一，将士平常多站立，或据胡床而坐，故拜兴之际，多有不便。其二，将士甲胄在身，不仅不便于下跪，也不便于俯首至地。因此，《春秋》中所载的"肃"礼，正是军中之礼，其仪容也不过正立屈身而稍俯首，并拱手上下以表示敬意而已。

据成十六年《左传》记载，晋国大夫郤至见客，免胄承命，曰："为事之故，敢肃使者。"三肃使者而退。对此，杜预解释道："君辱命来问，以有军事不得答，故肃使者。肃，手至地，若今揖。"可见，军中的肃礼，相当于当时的"揖"，即长揖，其动作主要体现为"俯下手"而已。《史记》中提到郦生"不拜长揖"，《汉书》中提到周亚夫自许"介胄之士不拜"，都是军中之礼。然而，杜预对"肃"的解释不同于汉人，即以"手至地"为"擎"。其中的缘由，我们或可推测，到了魏晋时，将士多着软甲或无甲，与先秦贵族多着重甲不同，故其拜也，使俯身而手下至地成为可能。

据今日所见文献记载，至少到了宋以后，当时军中行礼，手莫不至于地，且常常以跪一膝为礼。譬如，《辽史·礼志》中就记载了"跪左膝"之礼。又据宋洪皓《松漠纪闻》中的记载，"契丹男女拜皆同，其一足跪，一足着地，以手动为节，数止于三"。宋孟元老《东京梦华录》中也提到，辽使"拜则立左足，跪右足，以两手着右肩为一拜"。元叶隆礼《契丹国志》中也提到，"凡男女拜，其一足跪，一足着地，以手动为节，数止于三四。彼言捏骨里者，即跪也"。可见，至迟到了五代时，契丹人已经施行"屈一膝"之礼了。

其后，金人、元人也用"屈一膝"之礼。初修于南宋、元代重刊的《事林广记》，特补入《拜见新礼》一节，图文并茂，教导南人习新式跪礼：

> 凡习跪之法，以右手加左手之上，齐按右膝，先屈左足，次屈右足，然后叉手至胸，如相揖。仪毕，先起右足，又以右手送左手，齐按右膝而起。此礼从古有之，第南方行之者少，今此礼通行，宜习熟之，毋致礼仪乖疏。

此种跪拜之法，应该受到了当时胡俗的影响。因为契丹、女真、蒙古人都有"屈一膝"的礼俗，即跪左膝而蹲右膝，而《事林广记》所载则是全跪之礼，即在"屈一膝"动作的基础上，进一步将所蹲的右膝也顺势下跪至地。具体动作如下：以双手按右膝，屈左足而跪于地，此为"屈一膝"；然后更屈右足而跪于地，则为双足跪拜之礼；至于起身，先起右足，然后双手按右膝，左足顺

图 38　跪拜分解动作图

势而起。（图 38）

　　直至明初，这种"胡式"跪拜礼颇为流行。《明太祖实录》中提到元代官员相见，"辄跪一足以为礼，拜则叩头为致敬。既拜，复跪一足"。民间宴饮亦用此跪拜礼。至洪武元年太祖登极，亦用"跪左膝，三叩首"的礼仪。

　　可见，清朝以前，"跪一膝"之礼已颇流行于辽、金、元等少数民族政权。然而，到了洪武四年，乃诏令革除此礼。按照《明太祖实录》的记载，当时颁布了揖、拜诸礼的具体仪节，以及施行的各种场合，至于"一切胡礼，悉禁勿用"。

　　即便是在明代军中，也不采用"屈一膝"这种简便的礼仪。据戚继光所撰《练兵实纪》记载，"中军、千总见本营主将，两跪一揖，合营主将亦如之。路迎从便。别营主将官衔拜贴角门庭参，一跪两揖，后堂旁坐待茶。"这种礼仪固然不同于胡俗，然实较"屈一膝"繁复。

　　清人承其旧俗，遂以"屈一膝"为常礼。据《钦定大清会典则例》所载的京官相见仪，"屈一膝"乃下官见上官的常礼。又据《钦定盛清通志》记载，"布扬古跪不恭，仅屈一膝，不拜而起。太祖亲以金卮赐之酒，不恭如初，屈一膝，偏向酒不竟饮，沾唇而已，又不拜而起"。既然"屈一膝"只是清人的常礼，而非拜礼之重，尤其对于布扬古这种败将，则有不恭之嫌，遂因此被缢杀。

4. 满族之礼

请安、打千为满族的常礼，最为普遍。此外，又有抱腰、拉手、鞠躬等礼。至于其礼之重，则有一跪一叩、一跪三叩、二跪六叩，乃至三跪九叩等。若是女子行礼，则另加以肃，不过减少叩头之数而已。

"请安"一词，本出于古语。《仪礼·乡饮酒礼》云："主人曰：请安于宾。"清胡培翚《仪礼正义》引用蔡德晋的解释："留宾安坐也。"又，昭二十七年《左传》云："使宰献而请安。"孔疏解释道："谓齐侯请自安于别室，不在坐也。"显然，这些说法与满族的请安礼没有直接联系。在满族那里，请安只是小礼，其仪节不过垂手站立，鞠躬唱喏"请某安"而已。

至于"打千"，则属于请大安，亦名"单腿跪""扛肩膀头"。关于其具体仪节，颇见于时下的清宫戏，大致先撢袖，然后左腿前伸半步稍屈，右腿曳后半步稍蹲，左手则扶左膝，右手下垂，同时唱喏："请某安。"若女子打千，则头微俯，双手相交置于左腰间，双脚平行，膝稍曲若半蹲，同时唱喏："请某安。"因此，女子此礼又名"蹲安"。

打千为卑幼见尊长的通礼，而受礼者通常弯腰，两手前伸，掌心向上，以为还礼。

此外又有"跪安"，其礼更隆。其仪以左腿向前迈步，唯右腿须全跪，然后左腿亦跪；右腿起来，左腿则后起。其余与打千礼同。

然请安、打千，皆满族俗礼。至清人入关，上至朝会，下至官吏日常相见，则用汉人之礼，或揖，或拜，或跪叩，唯军中犹用打千之礼。

满族尚有抱腰接面之礼，不过一般施于至亲好友之间。这种礼仪不分长幼与平辈，甚至也不分男女，都可以采用。关于其具体仪容，譬如长幼之间，幼者以双手抱长者腰，而长者俯身与幼者交颈贴面，然后直身抚摸幼者后背；至于平辈之间，则不分男女，双方抱肩贴面而已。今西人犹多用此礼，然对于中国来说，则可上溯至契丹、女真人的习俗。然而，清中叶以后，大概受到汉文化的影响，这种礼仪逐渐消失，而以跪拜礼取而代之。

又有抚鬓礼。此礼常用于平辈女子平日相见之时，其仪以右手抚眉端三次，并向对方点头，以示问候；对方亦抚鬓回礼。如果对于长者，卑者则加以跪膝而坐。

又有顶头礼。其仪为妇人将头顶至丈夫前胸，丈夫用左手扶妇人，右手抚摸妇人后脑勺。盖妇人以此表示情深入怀，而丈夫则表示爱抚相慰。

又有执手礼。其仪乃双方伸右手相执，虚拢但不握紧，可见，此礼与今天的握手礼没有差别，后者并非纯粹出于西方文明的影响。

又有擦肩礼，俗称"碰肩膀头"，常施于主、客之间。盖满族好客，客人告别时，常与主人用肩互相摩擦数下，以表示客人的感谢之情。此外，朋友之间若久不相见，亦可用此礼。

又有打横礼，同样用于客人告辞时。其仪则为客人回身退后一步，双手贴身横走一二步，然后向主人点头告辞，主人则抱双手点头以示告辞。至于相抱、亲面、执手、鞠躬等，皆可用于告辞时。

不过，满族也有叩头之礼。关于其具体仪容，乃先脱帽，跪左膝，再跪右膝，马蹄袖一弹，双手着地，遂叩地数次。其礼有一跪三叩、二跪六叩、三跪九叩的不同，其中，三跪九叩乃祭祀神灵、臣见君王之礼，最为隆重。

第三章　古代日常基本礼仪

一 相见礼

在中国古代，人们之间相见，必须遵守一定的礼仪，尤其是贵族的初次相见以及不同等级阶层的相见，礼仪更是繁琐和隆重。

1. 士相见

士是西周时期最低等级的贵族阶层，彼此之间的相见礼仪，主要记载于《仪礼·士相见礼》一篇。此外，《礼记·曲礼》中也有部分的记载。

按照《仪礼》中的说法，某人新晋为士，应当以新身份亲自拜会其他的士。通常新士事先通过某个中间人的介绍，表达自己拜会的诚意。到了双方约定的那天，新士就捧着礼物登门拜会。

① 相见礼物

士相见时所持的礼物是雉，也就是野鸡。(**雉鸡图，见彩插**)

如果适逢冬天送礼，就用刚死的雉；如果到了夏天，则用晒干了的雉。

古人送礼，尤其讲究寓意。那么，士相见时，为什么要用雉当作礼物呢？按照《周礼·大宗伯》郑玄注的说法，这是因为雉有耿介的品性，能够伏节死义，唯敌是赴，这与周礼对士的政治品格的要求是一样的，即士应该像雉一样，可以为君王慷慨赴死，见危授命。可见，周代的士不同于秦汉以后的"文士"，而是"武士"。不难看到，这种政治品格在日本武士中体现得尤为明显，而温文尔雅的中国文士则大不一样。（图 39）

图 39　武士、文士图[1]

② 主宾谦让

当新晋之士登门时，以双手捧着雉，而雉头朝向左边，然后奉上礼物说道："某早就想来拜见您，只是无人介绍，现在某子命某登门拜见您。"新士或主人自称"某"，通常是称自己的名氏，以表达自谦之意。至于"某子"，则是

1　左图（西周武士复原图）出自刘永华：《中国古代军戎服饰》，北京：清华大学出版社，2013年版，第14页。右图（文士）出自黄辉：《中国历代服制服式》，南昌：江西美术出版社，2011年版，第372页。

新士对中间人的尊称。

于是门人向主人通报，而主人通过门人向新士表达推辞之意，说道："某子也命某前往拜见您。现在您却屈驾前来，还是请您先回家，某将马上前往拜见您。"此为主宾相见前的第一番谦让。于是新士回答道："您这样说，某实在不敢当，请您一定赐见。"主人又表示谦让，答道："某不是表面说说，而是诚心要去见您，还是请您回家，某将马上前往拜见。"此为主宾间的第二番谦让。宾又回答道："某也不是表面说说，而是诚心来拜见您，还是请您赐见。"主人谦让两番后，看到来宾执意登门，于是就说道："某再三推辞，既然得不到您的允许，某将立即出来见您。不过，某听说您还拿着礼物前来，实在不敢当。"

古人之间谦让的礼数，最多不过推辞三次。对此，《礼记·曲礼》孔颖达疏说道："礼有三辞，初曰礼辞，再曰固辞，三曰终辞。"就此处的情形来说，如果新士上门求见，主人只推辞一次就同意了，这叫"礼辞"；如果新士再次表达求见的愿望，主人推辞后就同意相见，这叫"固辞"。现在新士第三次表达求见的愿望，主人不再推辞，同意相见，这就是"固辞"。但是，如果主人依然拒绝相见，称为"终辞"，而新士也就不再作请求了。

此时主人虽接受了新士求见的要求，却对新士执礼前来表示不敢当。于是宾答道："某没有礼物，就不敢来见您。"主人答道："某实在不敢当此重礼，不敢不再次推辞。"宾答道："某没有礼物，就不敢来见您，还是请您赐见。"主人答道："某再三推辞，既然得不到您的允许，敢不恭敬从命。"最后，主人同样"固辞"而不得，就接受了新士奉上礼物的请求。

③ 宾主见面

于是主人来到大门外，亲自迎接新士。双方行再拜礼以相见，然后主人

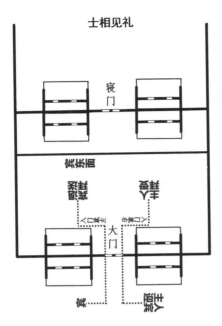

图 40　士相见礼主宾进门路线图[1]

揖请新士进入大门。主人由右侧进入大门，宾捧着礼物从左侧进入。待到双方步行至寝之庭中时，主人行再拜礼，从宾手中接过礼物；宾也再拜还礼，将礼物交给主人，然后出大门离开。（图 40）

此时主人让摈者赶快出门，邀请新士回来叙谈，以结欢心。于是新士又返回与主人再次相见。双方叙谈之后，然后新士再告辞出门。此时主人与新士一道来到大门外，行再拜礼以相告别。

④ **主人回访**

此后，主人还应该择日回礼。主人带着新士原来赠送的礼物，以奉还礼物的名义，亲自来到新士家。整个过程，犹如当初新士登门求见一样。主宾双方同样经过数番谦让客套以后，宾捧着礼物进入大门，将礼物交给新士，然后告辞出门。不过，此次主宾双方不再叙谈，而由新士直接相送于门外。

上面我们介绍了士这一阶层的初次相见之礼，其中提到了拜或再拜之礼，通常有两种说法：其一，主宾双方先席地而坐，跪而行空首之礼。其二，主宾

1　作者绘制，参考张惠言《仪礼图》。

双方始终站立，俯身而行拱手礼。

当然，如果此后两人再次相见，就没有这么多客套了，不仅无须送礼，而且仪式也简单得多。

2. 馈送礼物中的等级差异

古代中国素来是一个等级社会，尤其随着西周宗法制的推行，尊卑上下的观念更是明确，正因如此，后世儒家将周代礼制的特点概括为"尊尊"。《论语》称"郁郁乎文哉，吾从周"，就体现了孔子对周代这种完备等级制度的认可。按照通常的说法，西周贵族区分为天子、诸侯、卿、大夫、士这样几个等级；而就诸侯来说，又有公、侯、伯、子、男的不同。这些不同等级的贵族，平时相见之礼，体现了鲜明的尊卑差异特点。

① 下大夫的礼物

前面提到，士阶层相见时，所用的礼物是雉。那么，其他贵族阶层相见时应该用什么做礼物呢？按照公羊家的说法，春秋时，诸侯国内通常有三卿和五大夫的分别，也就是《仪礼》中提到的上大夫和下大夫。《仪礼·士相见礼》认为，同为下大夫的贵族初次相见时，则以活雁作为礼物。

为什么下大夫的见面礼用雁呢？有的学者认为这里的雁乃舒雁，也就是鹅。不过，清以前的学者普遍认为是鸿雁。**（舒雁、鸿雁图，见彩插）**

对此，《周礼·大宗伯》注认为，下大夫用鸿雁，是"取其候时而行"；而《白虎通》则认为，"取飞则行列也"。就是说，鸿雁具有两方面的特点，即不仅能知时节，追随着太阳而南北飞翔，故秋天叶落时南飞，春天冰融化时北翔；而且，鸿雁飞行时，通常还排成非常整齐的队列。显然，古人对鸿雁的这种取义，体现了周礼对下大夫政治品格的要求，即应该时刻奉顺君王的政教而行事，如同鸿雁追随太阳而飞翔一样，绝不能背道而行。

除此之外，下大夫之间初次相见的礼节，与士之间的相见完全一样。

② 卿或上大夫的礼物

如果是卿或上大夫相见呢？则以羔羊作礼物。为什么卿用羔羊作为见面礼呢？古人关于羔羊的取义很多，主要有这样几种说法：

其一，《诗·召南·羔羊》小序认为，大夫以羔羊皮为裘，具有"节俭正直"的德性。

其二，《公羊传》何休注认为，羔羊"死义生礼"。这是什么意思呢？何休解释道，这是因为羔羊"执之不鸣，杀之不号，乳必跪而受之"，就是说，羔羊被捉时不会鸣叫，将被杀时也不会哀号，而且，幼崽是跪着吮吸母乳，这都体现了羔羊的优秀品质。

其三，按照《周礼·大宗伯》郑玄注的说法，羔羊具有"群而不失其类"的品德，就是说，羔羊成群生活在一起，而不会单独行动。

显然，这种对羔羊品性的理解，体现了中国文化的独特内涵。那么，卿或上大夫以羔羊为见面礼，应该采纳郑玄的说法。羔羊具有成群出入的特点，并紧跟着头羊，而不私下结党，显然，这体现了周礼对卿或上大夫政治品格的要求。

不过，这些不同的取义，有一点却是共同的，即都将羔羊的德性当成卿或上大夫政治品格的基本要求。上大夫的权位仅次于国君，譬如，鲁国世代执政的"三桓"，即孟孙氏、叔孙氏和季孙氏，就是上大夫。上大夫因为地位崇高，不仅容易成为其他大臣攀附的对象，而且也有能力拉拢下属来助长自己的权势，最有可能结党营私，并威胁到君王的地位。因此，君王才要求上大夫应该具备羔羊般的政治品格，既要团结（"群"），却又不能结党，搞自己的小山头（"不失其类"）。

除此之外，卿或上大夫之间的相见礼节，则与士相见完全一样。

③ 其他阶层的见面礼

至于其他贵族阶层的见面礼，《仪礼·士相见礼》中没有提到。而《礼记·曲礼》中对此作出了补充：

> 凡挚，天子鬯，诸侯圭，卿羔，大夫雁，士雉，庶人之挚匹。

按照这里的说法，天子以鬯为礼物。鬯是一种香酒，通常用于祭祀神灵。由于天子至尊无敌，没有待客之礼，因此，天子到诸侯那里去吊丧时，通常临时居住在诸侯的祖庙里，就用鬯作为礼物以告其神灵。

诸侯以圭作为礼物，按照孔颖达疏的说法，这只是就公、侯、伯而言；至于子、男，则用璧作为礼物。**（圭、璧图，见彩插）**

不过，用意都是一样的，即当诸侯朝见天子或者诸侯相互朝聘，初见面时所用的礼物。

这里还提到了庶人的见面礼，汉代有学者认为，"匹"就是鹜，即家鸭。家鸭不同于野鸭，不能远飞迁徙。**（家鸭图，见彩插）**

《曲礼》进一步说道：

> 野外军中无挚，以缨、拾、矢可也。

如果是在野外，或者在军旅之中，无法准备合适的礼物，那该怎么办呢？《曲礼》主张，可以"随时所用"，即用方便得到的缨、拾、矢来作为见面礼。

其中，缨即马鞅，指套在马颈或马腹上的皮带；拾即射韝，指射箭用的皮制臂套；至于矢，也就是箭。按照《曲礼》所说的"礼从宜"精神，我们不难推测，如果在别的一些场合，自然可以用缨、拾、矢之外的"时物"作为礼物。

《曲礼》还提到了妇人用的见面礼：

> 妇人之挚，榛、榛、脯、脩、枣、栗。

按照古礼的规定，妇人没有外事，所以除了刚嫁到夫家拜见公婆时，用这六种物品作为见面礼；其他场合，妇人是无须见面礼的。

那么，妇人为什么用此六物作为见面礼呢？孔颖达疏中对此作出了解释：榛即枳，是一种形似珊瑚的甜美果实，其取义为"法"；榛，形似栗而小，其取义为"至"；脯，即无骨的干肉，其取义为"始"；脩，指加姜桂而经过锻治的干肉，其取义为"治"；枣，其取义为"早"；栗，其取义为"肃"。按照古人的说法，当新妇进门，进献此六物给公婆，表明了对自己德性的一种自觉和要求。

关于妇人的见面礼，其他经典也有类似的说法。譬如，庄二十四年《公羊传》《穀梁传》提到新妇以枣、栗、腶、脩为礼物，《左传》则认为新妇以榛、栗、枣、脩为礼物，所说稍不同。《仪礼·士昏礼》的说法则与《公羊传》相同，且作了区分，即认为新妇见公公（舅）以枣、栗为礼物，见婆婆（姑）则以腶、脩为礼物。《公羊传》何休注则认为，新妇见公婆以枣、栗为礼物，见丈夫的姐妹以腶、脩为礼物，见丈夫的嫡妻则兼用四者为礼物。

3. 不同阶层之间如何相见

以上所说，都是本阶层贵族之间的相见礼。那么，不同阶层之间又当如何相见呢？

① 士见大夫

按照《仪礼·士相见礼》中的说法，如果新士初次登门求见大夫，大夫通常不出迎客人，种种回礼也要轻一些。譬如，士进入大门以后，大夫只是一拜而答谢其来访；而当士奉上礼物时，大夫再三推辞后，依然不接受其礼物，这样大夫就不用亲自登门回礼了；最后当客人告辞出门时，大夫依然亲自送客于门外，并行再拜之礼，表示对客人的尊重。

② 士见旧主

然而，如果新士曾经做过某大夫的家臣，当他新升为士而来拜见该大夫时，大夫的回礼就更轻了。这时，大夫只需推辞一次，就同意收下客人的礼物；客人进门后，只是将礼物放在地上，而不敢把礼物亲手交给主人，然后客人再拜，而主人只答以一拜；当客人告辞出门时，主人也不用亲自送客，并派人将礼物当时还给了客人，这样主人自然就不必登门回拜了。

③ 见国君之礼

至于士、大夫初次见国君，礼仪更是隆重。客人双手捧着礼物，来到国君所在的堂下，仪容举止应局促而恭谨。士、大夫不能亲手把礼物交给国君，而是放在地上，然后再拜稽首，国君仅答以一拜之礼。此外，国君虽然接受了臣子的礼物，却不用送客，更不必登门回礼了。

如果是别国的士、大夫来见国君，相见结束以后，国君就当场让摈者将礼物还给客人，这表明大臣没有和外国国君结交的道理。

至于在官府中任事的庶人见到国君，就不必讲究仪容，更没有上面所说的各种礼数，进和退只管快步走就行了。

④ 宾主见面交谈的内容

见面之后，宾主交谈的具体内容，古礼对此也有明确规定。譬如，如果与君王交谈，臣子主要谈论臣下克尽职责之事；与卿大夫交谈，则彼此谈论如何奉公尽忠之事。

至于见面叙谈时，彼此也有仪容上的要求。譬如，卑幼与尊长交谈时，先要察颜观色，然后将视线移向对方的怀抱处，而不能始终直视尊长，直到一番话说完以后，才能再将视线移回对方的面部；如果人子与父亲交谈，目光则可以四下移动，观察周围与父亲有关的事物，不过，视线向上不能高于父亲的衣领，向下不能低于父亲的衣带；如果人子在父亲身边侍候而不说话，站时其视线就移向父亲的脚，坐时其视线就移向父亲的膝部。对此，《礼记·曲礼》还这样说道：

> 天子视，不上于袷，不下于带。国君绥视，大夫衡视，士视五步。

意思是说，臣见天子时，其视线上不高于衣领，下不低于衣带；而臣见国君时，视线则在面部以下、衣领以上的位置；而家臣见大夫时，则可以平视对方的面部；至于士的属吏见士时，则不必专注一处，而可以将视线旁视周围五步内的范围。可见，对古人来说，即便是个人的视线所在，也包含了礼仪上的要求。

可以说，不同等级贵族之间的相见，无论是具体的礼仪，还是交谈的内容，都体现了明显的尊卑差异。

4. 现代相见礼

到了后世，虽然等级的具体划分不同，但彼此相见时的礼仪差异，却是一以贯之的。即便到了今天这个宣扬平等观念的时代，相见礼中的尊卑等级差异，依然部分保留了下来。

民国年间，在西方平等观念的冲击下，中国社会开始流行握手和鞠躬礼。无论是握手，还是带有敬礼性质的鞠躬，本身并不体现人们之间的尊卑差异。但是，这些西式礼仪传入中国以后，又产生了一些本土化特点。1943 年，当时的国民政府考试院院长戴季陶主持制订了《中华民国礼制》，里面就对相见礼进行了具体规定：

① 政府官员

按照《中华民国礼制》，官员相见，应行敬礼。行礼前先脱帽，然后行礼。譬如，晋见元首行三鞠躬礼，晋见上级行一鞠躬礼，而上级对下级则答以颔首礼；如果平级官员相见，除极亲密者可行握手、脱帽、颔首礼外，通常相互行一鞠躬礼。

② 学校师生

教职员之间初次相见，行一鞠躬礼；平时相见，则行颔首礼。学生之间相见，彼此行举手礼；学生见师长，通常行一鞠躬礼，并脱帽，而师长答以颔首礼；学生在室外碰到师长，则行立正礼；学生如果搬运物品或骑车时碰到老师，行注目礼；如果在教师节典礼时，则全体学生向师长行三鞠躬礼。

③ 社会层面

社会中的人们初次相见，互通姓名，彼此行一鞠躬礼。平时相见，则以脱帽、颔首为礼。客人初次来访，应该回拜；长者对幼者，则可不回拜，或送名片致意即可。

可见，传统礼节中的敬长精神多少在民国礼仪中保留了下来。新中国成立后，大多沿袭了民国时期的新式礼仪，或者在祭祖、婚丧某些特殊场合，依然多少还保留了古代礼仪的某些方面。

二　成年礼

世界上大多数民族都曾经流行过成年礼，其根本意义在于，个体由此被接纳为氏族或部落的正式成员。至于华夏民族，自商、周以后，随着礼乐文明的发展和完备，成年礼更是体现为一套非常复杂甚至繁琐的仪式。

从西周开始，男子的成年礼就称为冠礼，而女子的成年礼则称为笄礼。这是为什么呢？因为男子举行成年礼时，将成年者的头上要戴上黑色布帛做的帽子，也就是冠，故称为冠礼。并且，由于冠礼是加冠于头（元），故又称为"首服"或"元服"。至于女子成年，不同于男子加冠，而是将头发盘在头顶挽作髻，再插上笄加以固定，因此，女子成年又称为"及笄"。笄，到了汉以后又称为"簪"，这是一根细长的钎子，一头锐，一头钝，钝的那头通常还有雕饰。（图 41）

1. 早期人类的成年礼

成年礼，有的民族称为"成丁礼""入社式""图腾式"或"青春礼"。早

图41　冠和笄图[1]

在氏族时代，当男女在生理上发育成熟以后，普遍都要求经历某种成年仪式。在上古人们看来，只有经历过这种仪式，少年男女才能成为所属氏族或部落的正式成员。当然，不同民族的成年仪式有着较大的差异。譬如，中国在大汶口文化早期是通过拔牙的习俗来表示成年，这种习俗一直保留到五千年前的古越人那里。而在澳洲土著那里，一般通过某种献身仪式来实现其成年，其中，少男的献身仪式，主要指拔除头发、打掉牙齿、割破皮肤、火上熏烤这类惩罚肉体的行为。至于其他民族，最流行的成年仪式则是割礼，这种仪式不仅风靡整个非洲，而且在美洲、大洋洲和亚洲都可以看到。

而女子跟男子一样，同样普遍有着成年的仪式要求。譬如，土家族称未成年的姑娘为"毛姑娘""小姑娘"，经过开脸、画眉等成年仪式以后，就标志着该少女成年了，而称为"媳妇家"。至于非洲沙漠中布须曼人的成年礼，则在少女初潮后举行成年仪式，前后持续一个多月的时间。其间，少女不能与家人住在一起，而是单独住在自己的茅屋内，由一个妇女专门负责她每天的生活。在这段时间中，少女要学习成年妇女必须掌握的知识，特别是妇女生理方面的知识。当隔离期结束以后，就告别了少女时代，步入妇女的行列，可以考虑结婚成家了。可以说，世界上大多数民族的女子成年礼，其意义主要在于展示其在性方面的成熟，即意味着可以结婚了。

1　张惠言：《仪礼图》，皇清经解续编本。

当然，女子成年后，还意味着将承担家庭方面的责任，因此，某些地方的成年礼也包括了这方面的考验。譬如，加勒比人的少女到了 14 岁，母亲就要为她搭一座小茅屋，让她在里面独居 8 天，主要从事纺纱、织布等家务活。期满以后，才为少女举行成年礼，其中包含了这样两个仪式：先是某个老人交给少女一团棉花，并点燃，而少女必须双手飞快地交替捧着这团燃烧着的棉花，直到烧完为止。然后，另一位老人端来一碗装着毒蚁的大碗，将少女的双手放在碗中，任由蚂蚁叮咬。这样做有什么意义呢？据说，少女在茅屋中独处 8 天，是为了训练她的修身养性，并学会当家理事；而两手来回轻抛燃烧着的棉花团，则是提醒她纺纱时要眼疾手快，提高工作效率；至于把手放在碗里让毒蚁叮咬，则是告诫她在生活中要做好吃苦的准备。显然，这种成年礼有着确认和提高女子操持家事能力的目的。

可以说，女子成年礼的意义，至少包括两方面的内涵，即性成熟的展示，以及操持家务能力的确认。其实，在中国先秦时的婚礼中，两方面内涵都得到了充分的体现。譬如，亲迎当晚，夫妻就可以圆房了，这意味着女子在生理上已经成熟，古人称为"成婚"；古书中又记载了"三月庙见"之礼，即新妇入门三月以后，才算得上"成妇"，此时女子才作为儿媳而被男方家庭接纳，成为婆婆在家务上的帮手，甚至成为掌管家事的女主人。尤其对于贵族女子来说，出嫁前的三个月，还专门有老师负责教导，至于教导的具体内容，礼书中没有说明，但我们根据其他民族的成年礼来推测，不外乎持家技能和夫妻间的生理知识。

2. 男子冠礼

随着华夏民族进入礼乐文明时代，上古时的男子成年礼逐渐演变为冠礼。

冠礼，属于周代"五礼"中的嘉礼，内容非常复杂，不仅意味着男子生理方面的成熟，即可以结婚了，而且还被赋予了更多的社会内涵。按照《礼记·冠义》中的说法，男子通过冠礼而成人后，"将责为人子、为人弟、为人臣、为人少者之礼行焉"，就是说，此后男子作为人子、人弟、人臣、人少等不同社会角色，将担负由此而来的种种责任和义务。

① 冠的内涵

古代的冠，又称为首服、元服或头衣，相当于今天的帽子。不过，冠与帽还是有着较大的区别，通常冠只有一个冠圈，上面还有一根不大宽的冠梁，只能罩住头顶的发髻，并不能完全封闭头顶；至于今天的帽子，形制虽然简单，却能完全盖住整个头顶。（图42）

图 42 冠、帽区别图

并且，冠的作用主要是束发，而今人莫不剪发，故帽子已并不具备束发的功能。

早在仰韶文化时期，就已出现了冠。在商、周时期，冠就已经非常流行了。在中国古代，冠为贵族身份的重要标志，《释名·释首饰》中就如此说道："二十成人，士冠，庶人巾。"（图43）

可见，庶人成年后戴巾，而士及士以上的贵族才能着冠。

因此，冠就成了古代贵族的常服。我们今天在某些影视作品中经常看到那

图 43　冠、巾区别图 [1]

种"披发"的装扮，貌似放浪不羁，其实是非常失礼的。通常来说，古代不戴冠的只有三种人，即未成年人、罪犯和庶民。据《左传》记载，孔子有个弟子叫子路，因为介入卫国的内乱，而被人砍断了系冠的缨，为了避免"落冠"之耻，子路恪守"君子死，冠不免"的信条，在战斗的关键时刻还去"结缨"，结果被人剁成了肉酱。可见，古人在公开场合非常重视着冠，这也是古人以冠礼作为成年标志的原因。

男女儿童在未行冠礼之前，通常头发任其自然下垂，古代称为"垂髫"。由于古人不剪发，头发长了，就扎成两个髻，盘在头顶左右两边，就像兽的两只角一样，故称为"总角"。《诗经》中有"总角之宴，言笑晏晏"一语，就描述了少男少女在一起欢笑戏乐的场景。

那么，中国的成年礼为什么要通过加冠来体现呢？对此，《礼记·冠义》中说道，礼义始于"正容体，齐颜色，顺辞令"，也就是身体端正、面色整肃、言辞畏顺，只有这三者做到了，才称得上礼义完备。至于容体正、颜色齐、辞令顺这三者，又都始于冠礼。不难想象，如果某人在服饰上还和未成年人没有分别，怎么可能达到容体正、颜色齐、辞令顺呢？自然也谈不上得到成年人应有的尊敬。因此，古人极其重视冠礼，而在正式举行冠礼前，则

1　图42和图43的冠图出自黄以周：《礼书通故》，北京：中华书局，2007年版，第2305页。头巾图左图为河南邓县长冢店汉墓画像石，右图为四川成都天迴山汉墓陶俑。参见孙机：《华夏衣冠：中国古代服饰文化》，上海：上海古籍出版社，2016年版，第87页。

要通过占筮来确定吉日，如果不吉，就选择下一旬的日子来进行占筮；并且，还要通过占筮挑选一位为将冠者加冠的主宾，这些都体现了古人对冠礼的重视。

② 冠礼的时间和地点

按照礼书上的说法，古代男子举行冠礼的时间通常是二十岁。不过，对于天子、诸侯来说，举行冠礼的时间要早得多。唐代学者贾公彦认为，若天子、诸侯幼年即位，则在十二岁时举行冠礼。显然，这种规定与男子生理上的成熟没有关系，而主要出于承担政治责任的需要。

至于举行冠礼的地点，按照《冠义》的说法，"重冠，故行之于庙。行之于庙者，所以尊重事"，故应该在宗庙中举行。至于加冠的具体位置，则是在阼阶上。这是为什么呢？因为阼阶是主人上堂时所走的台阶，也就是东阶，故在阼阶上行礼，按照《冠义》的解释，其意义在于"著代"，这表明成年的嫡子将取代父亲成为新的一家之主。（图44）

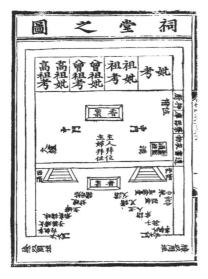

图44　祠堂图[1]

下面，我们主要根据《仪礼·士冠礼》中的说法，简单介绍一下周代冠礼的具体仪式和过程：

1　图中右侧台阶为阼阶。原图出自胡广：《性理大全书》，清文渊阁四库全书本。

③ 冠礼前的准备

冠礼前的准备仪式，主要包括筮日、戒宾、筮宾、宿宾及宿赞冠者、为期这五个环节。

筮日。将冠者的父兄作为主人，穿着玄冠、朝服、缁带、素韠，在庙门外东边就位，面朝西而立；有司们则穿着和主人同样的服饰，在庙门外西边就位，面朝东而立。（图45）

图45　冠弁服图[1]

在庙门外阑西的位置铺设席子，筮人拿着蓍草向主人请命之后，到席上坐下，面朝西进行占卦。占卦结束后，记卦者呈给主人观看，主人看后交还筮者。筮者再根据卦象以占问吉凶，并将结果报告给主人。如果不吉，就另选择下一旬的其他日子进行占问。

戒宾、筮宾、宿宾与宿赞冠者。宾，通常为主人的僚友。确定冠礼的具体日期后，主人亲自上门邀请参与冠礼的众宾，宾来到大门迎接，主人告知众宾："某有子某，将行冠礼，请您前来指导。"并将举行冠礼的日期告诉宾。此处的"某"，都是主人和将冠者的名氏。宾推辞一次，就答应了。此为"戒宾"。

到了冠礼前的第三天，主人通过占筮选择其中一位贵宾为其子弟加冠，其仪式跟筮日一样。此为"筮宾"。

选定某宾以后，主人亲自上门再次邀请这位贵宾。此为"宿宾"。至于其

1　聂崇义：《新定三礼图》，通志堂藏板。

余众宾，则不宿。戒宾、宿宾都是主人上门邀请宾客，性质一样，但宿重而戒轻。

宿宾以后，主人为宾邀请一位地位稍低的人作为赞冠者，以便佐助宾行冠礼。

④ 正礼诸仪式

图46　爵弁、皮弁和缁布冠图[1]

冠礼正式开始后，包括冠日陈设、主人与宾客各就位、迎宾及赞冠者、初加、再加、三加、宾醴冠者、冠者见于母、宾字冠者等九个环节。

陈设。举行冠礼的清晨，陈设将冠者所穿戴的服饰，即爵弁服、皮弁服和缁布冠，以及修饰头发的相关器物，还有敬神用的各种器皿和物品。（图46）

迎宾及赞冠者。主人穿着玄端服，系着赤而微黑的蔽膝，面朝西站立在阼阶下，正当堂上东序的地方。将冠者的兄弟们穿着通体一色的黑衣裳，摈者穿着玄端服，各就其位。将冠者身着未冠时的彩衣，束着发髻，在东房中面朝南而立。宾穿着和主人同样的服装，而赞者穿着玄端服跟随在后，两人来到主人家。

主人出门迎接宾与赞冠者。双方见礼后，主人揖请宾入门，然后自己先入而为宾前导。每至拐弯处，主人与宾都要互行揖礼。行至庙门前，主人与宾互

1　聂崇义：《新定三礼图》，通志堂藏板。

揖而后进入庙门。进庙后，主人与宾又相揖三次，分别来到东、西堂前。将升阶前，主人与宾又谦让三次，然后主人升堂，站立于东序南端，面朝西；宾升堂，站立于西序南端，面朝东。赞者盥后升堂，进入东房，面朝西。（图 47）

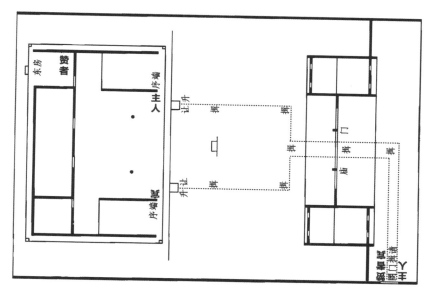

图 47 主宾入门路线及站位图

初加。将冠者由东房出来，面朝南站立。宾揖请将冠者来到东序前的席上就座，宾赞者也坐下，先用一块黑色的布帛，称为"纚"，为将冠者梳头束发。宾下堂，主人也随之下堂，宾盥手后，与主人一揖一让而升堂。主人回到原来位置，宾到将冠者席前坐下，为将冠者扶正束发的帛，然后起身，来到西阶下一级，从有司手中接过缁布冠，再来到将冠者的席前，致以祝辞："在这良月吉日，给您加以元服。希望您从此抛弃童心，养成德性。如此高寿吉祥，大增洪福。"（图 48）

然后宾为将冠者戴上缁布冠。加冠后，宾回到西序南端，最后由宾赞者为

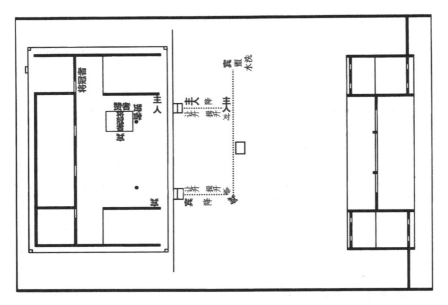

图48　主宾及将冠者站位图

冠者系好冠。然后冠者起身，回到房中，换上玄端服，系上赤而微黑的蔽膝，再出房，南面而立，让众人观瞻。这就是第一次加冠的大概礼仪。（**冠者加缁布冠图，见彩插**）

再加。宾揖请冠者就席，宾赞者去掉冠者的缁布冠，为他重新梳理头发，并在发髻中插上笄。宾为冠者端正束发的帛，然后到西阶下二级台阶，从有司手中接过皮弁，来到冠者席前，致以祝辞："在这吉月良辰，给您再次加以元服。希望您时刻保持威仪，谨慎地修习自己的德行。如此长寿万年，永享洪福。"然后宾为冠者戴上皮弁。宾回到原位，再由宾赞者为冠者系好皮弁。冠者起身，回到东房，换上白色而腰间有褶皱的下裳，然后出房，南面而立。这就是第二次加冠的大概礼仪。（**冠者加皮弁图，见彩插**）

三加。宾从西阶下三级台阶，从有司手中接过爵弁，给冠者戴上。然后冠者回到东房，换上纁裳，系上赤黄色的蔽膝。宾对冠者致以祝辞："在这美好的岁月，给您依次加上三种冠服。兄弟们都来参加您的冠礼，希望您获得成人般的德性。祝您长寿无疆，蒙受上天的赐福。"其他礼仪，都和初加、再加一样。三加结束后，由赞者将皮弁、缁布冠和梳头工具、席子，都撤回东房。

（冠者加爵弁图，见彩插）

前后三次加冠，首先加缁布冠，次加皮弁，最后加爵弁，穿着愈来愈尊贵的服饰，体现了个体成年以后的不断成长，地位也愈益尊贵。对此，《仪礼·士冠礼》解释道："三加弥尊，谕其志也。"那么，为什么先后要三次加冠呢？因为三种冠的内涵不一样：首先是缁布冠，用黑麻布制成，配以玄端服，表示成人后就可以治人了；其次是皮弁服，是用白鹿皮制成的瓜皮帽，表示成人后就可以上战场了；最后是爵弁服，是用赤中带黑的细葛布或丝帛制成的平顶帽，表示成人后就可以参加宗庙祭祀了。可见，冠礼意味着个体被赋予了完全的社会责任，可以参加成人才能从事的各项活动了。

宾醴冠者。主人的赞者在室门西边面南布席，宾揖请冠者就席。宾来到冠者席前，面朝北将盛有醴酒的觯授与冠者。冠者在席西端行拜礼，从宾手中接过觯，而宾则来到西序南端面朝东而答拜。宾赞者为冠者进上脯醢，冠者就席而坐，左手拿着觯，右手取脯醢祭其先人，祭毕起身，来到席末端坐下，尝醴后起身，下席就地而坐，把觯放在地上，并向宾行拜礼，然后拿着觯起身。宾回礼答拜。

冠者见于母。冠者下席，拿着脯从西阶下堂，来到庙西墙出闱门，北面拜见自己的母亲，并将脯作为礼物送给母亲。母亲回拜而后接受脯。冠者送脯后，再向母亲行拜送礼，母亲则回拜。如果母亲因故而不在，则派人代替母亲在西阶下接受冠者馈送的脯。（图49）

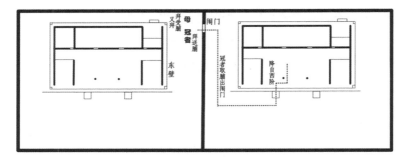

图 49　冠者见母路线图

宾字冠者。宾下堂，面朝东，站在正对西序的地方。主人也下堂，回到当初与宾让升的位置。冠者见母亲以后，回来站在西阶的东边，面朝南。宾为冠者取字，并说出一番祝福的话："三次加冠已经结束了，在这良月吉日，现在明告您的字。这个字非常美好，正是俊士所宜。美好的字就是福，希望您永远受用此福报。您的字就叫作'伯某甫'。"（**图 50**）

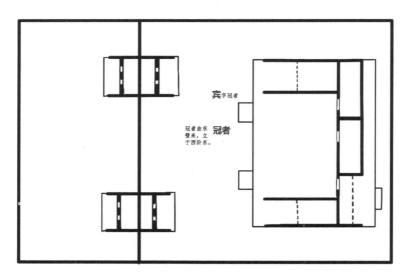

图 50　宾字站位图

⑤ 古人取字的道理

周人不仅有名，还有字。一般来说，新生儿出生三个月以后，要择日剪发，并由父亲取名。《说文解字》中说道："名，自命也，从口，从夕。夕者冥也，冥不相见，故以口自名。"这是什么意思呢？在古人看来，人们在白天交往时，可以通过形体、容貌相互识别，而到了晚上，看不清楚，就只能通过自报名氏来彼此知晓了。并且，这种说法也表明，名是人们对自己的称呼，因此，称呼他人的名是失礼的，而应该称字。

但是，人们只有到了二十岁之后，才能取字。《礼记·曲礼》中说道："男子二十，冠而字。"可见，字是与男子的成年礼联系在一起的。那么，为什么人们到成年以后，还要另外取字呢？《仪礼·士冠礼》这样解释道：

冠而字之，敬其名也。

大概名受于父母，与人的形体外貌有关，属于质；而字受于宾，与人的社会身份有关，属于文。冠礼以后，男子作为成年人进入社会，就不再使用父母取的名，而只以字来彼此称呼，古人认为，这是出于"敬其名"。

郑玄提出了另一种说法，认为成年后用字，是"所以相尊"，即通过称对方的字而表达彼此间的尊敬。正因如此，冠礼之后，已冠者与母亲相见，母亲拜之；与兄弟相见，兄弟拜之。

可见，此时家人都把已冠者当作成年人来对待了，故有相拜之礼。然后，已冠者还要穿着成年人的玄端服饰，去拜见乡大夫、乡先生，甚至拜见君王，这都是作为成年人身份的社会交往。此时彼此打交道，用的都是字，符合彼此相尊敬的礼仪精神。至于名，以后就只是在家庭中及本人自称时使用，具有自卑或相亲的性质。

周代成年时所取的字，通常称为"伯某甫"，或者称为仲、叔、季，视其在兄弟中的排行而定。"甫"是"父"的假借字，表明男子成年以后就可以为人父了。不过，到了五十岁以后，就只用伯、仲等行辈来称呼，而省去"某甫"的称呼。譬如，孔子在史籍记载里有仲尼、尼甫（父）等不同称呼，这有什么区别呢？其实，尼甫是孔子二十岁以后、五十岁以前的称呼，而仲尼则是五十岁以后的称呼。关于这个问题，唐代学者贾公彦和孔颖达的说法不同。贾公彦认为，二十岁成年时取的字虽然是"伯某甫"，但通常称为"某甫"；五十岁以后，则去掉"甫"，而称"伯某"。贾公彦的说法，更接近通常史籍上关于孔子称呼的记载。孔颖达则认为，二十岁时应该称完整的"伯某甫"，到了五十岁，则仅称伯、仲。不少学者认为孔颖达的说法更可信，比如《春秋》里提到的"祭仲"，就是五十以后的称呼。

到了现代中国，个体成为国家的公民，成年的意义被淡化，冠礼也就随之消亡了。尤其是随着传统礼乐文明的崩坏，通过取字以相尊敬的精神彻底丧失了，于是彼此之间就只是以姓名相称呼而已。

⑥ 正礼后诸仪式

正礼之后，还包括冠者见兄弟、赞者、姑姊，冠者见君、乡大夫、乡先生，以及醴宾、送宾归俎等四个环节。

冠者见兄弟、赞者、姑姊。兄弟站立在洗东，向冠者行再拜礼，而冠者回礼答拜。冠者见宾赞者，面朝西行拜礼，礼仪与见兄弟一样。冠者出庙门而入寝门，拜见姑姊，礼仪如同见母亲一样。

冠者见君、乡大夫、乡先生。冠者改换服饰，脱去爵弁服而戴上玄冠，穿上玄端服，系上赤而微黑的蔽膝，拿着礼物去拜见国君。然后又拿着礼物去拜见乡大夫、乡先生。乡大夫即卿大夫，而乡先生指曾为卿大夫而现已退休的老人。

醴宾。主人准备好醴酒，用一献之礼来答谢来宾，并赠予宾以一束帛和两张鹿皮。并且，凡是参加冠礼的赞者都参与饮酒。所谓一献之礼，指主人与宾之间相互敬酒，包括一献、一酢、一酬三个环节。按照古人的说法，主人先敬宾酒，此为"献"；宾又回敬主人酒，称为"酢"；主人先自饮，然后再给宾斟酒以劝宾饮，此为"酬"，不过，宾只是将爵放在一边而不再饮。

送宾归俎。宾出大门，主人亲自送到大门外，向宾行再拜之礼。然后主人又派人将醴宾用的牲俎送到宾家。

上面所说的内容，乃西周时嫡士举行冠礼的基本礼仪流程。如果是庶子冠礼、孤子冠礼等，又有所不同。

到了汉以后，冠礼不断发生变化。譬如，皇帝行冠礼，则加缁布冠、爵弁、武弁和通天冠。至于士庶人，更是大大简化了仪式，只加一冠而已。到了魏晋时期，皇帝冠礼只有一加之礼，而皇太子再加，王公、世子才用三加。到了唐代，皇帝冠礼只加衮冕，而皇太子、亲王等仍用三加，即缁布冠、远游冠、衮冕。明初诏定冠礼，下及庶人，非常详备，不过，真正实行的并不多。而且，此后成人礼逐渐融入婚礼，即一旦人们结婚以后，就被视为成人了，于是冠礼的独立性就丧失了，而逐渐走向衰亡。

据清代地方志记载，陕西泾阳县依然保留有冠礼的习俗，通常在儿子娶妻前一晚，准备好酒食，邀请亲戚前来，而由父亲为其子加冠，称为"冠巾"，可见，此时冠礼已经失去了古代成人的独立意义，而仅仅成为婚礼的附属仪式。不过，这样冠礼或许恢复了其最本质的功能，意味着男子生理上的成熟，就可以结婚了，至于其社会、政治的内涵，则完全丧失了。

3. 女子笄礼

先秦典籍中关于笄礼的记载，较之冠礼要简单得多。按照《礼记·内则》及郑玄注的说法，女子十五岁以后，如果已经许嫁，就算是成年，可以举行笄礼了；不过到了二十岁，如果依然没有许嫁，也要举行笄礼，不过仪式相对简

单一些，譬如，通常不会邀请女宾来主持笄礼，而只是由家中的妇人执礼，并且，所用的笄也不同。

郑玄认为，笄礼与冠礼相似，区别在于，由主妇邀请亲属做女宾，给少女髻上插笄，而且，女宾还要献醴酒给受笄的少女，并为她命字。（图 51）

行过笄礼以后，女子就得系上缨，表示已经许嫁而身有所系属。此后到正式出嫁这段时间，已笄女子都作成人打扮；如果是未许嫁而笄的女子，笄礼以后，还得去掉发笄，恢复未成人时的发式。

关于周代女子的命字，礼书中没有明确说法。据现在所见《春秋》的记载，女子以排行配姓是最普遍的，譬如，鲁国的女子经常称伯姬、叔姬、季姬，而宋国的

图 51　女子著笄服饰图

女子经常称孟子、仲子等。不过，按照现在所见青铜器上的铭文，女子成年后经常称"某母"，犹如男子称"某父"。这是什么原因呢？我们推测这大概是男女成年以后，有为父母之道，故男子以称"父"为美称，而女子以称"母"为美称。此外，当女子嫁人以后，有时还会冠上夫家的国名或丈夫的字、氏，显然，这是古代夫权的体现。正因如此，直到今天很多西方国家，女子结婚后还多冠以夫姓。

至于后世笄礼的仪式，只有《宋史》详细记载了公主的笄礼，即当公主年

满十五岁，则举行笄礼，其中也有三加的仪式，即冠笄、冠朵和九翚四凤冠，而且皇帝、皇后亲临笄礼，非常隆重。后来，司马光《书仪》和朱子《家礼》，都有关于笄礼的记载。按照朱子的说法，女子许嫁，则举行笄礼，以母亲为主人。事先也有戒宾、宿宾等环节，至正式行礼时，则由宾为将笄者加冠笄，最后为其命字。其余仪式大致与男子冠礼相同，只是加冠次数少了两次，也无需与地方长官和乡绅见礼。

跟男子冠礼一样，到了明清以后，笄礼也逐渐废弃了。据康熙时《太平县志》的记载，女儿于将嫁前数日举行笄礼，父母设筵席，邀请诸姑、诸婶，为女儿加笄。可以说，笄礼到了后世，也失去了独立的意义，而与婚礼合而为一了。

三　士婚礼

婚礼在"五礼"中属于嘉礼。纵观现在世界各国的婚姻法，对于嫁娶都有时间上的明确规定，譬如，中国 1980 年以来的婚姻法，规定男子结婚不得早于二十二岁，女子不得早于二十岁；而 1950 年的婚姻法，则规定男子结婚不得早于二十岁，女子不得早于十八岁。大略而言，现代人多主张晚婚，而民国以前，则多实行早婚。

其实，中国先秦时代的经典就已经对嫁娶时间作了明确规定，后世学者对此有许多争论和不同意见，而历代朝廷也针对当时社会现实作了一些变通和调整。经典中关于嫁娶的时间，主要有两种说法：一种是今文学家的观点，主张自天子以下至于庶人，都是男子三十而娶、女子二十而嫁。这样规定的理由是什么呢？按照《白虎通》的说法，男子到了三十岁时，筋骨坚强，可以做父亲了；而女子到了二十岁时，肌肤充盈，可以做母亲了。另一种则是古文学家的观点，认为今文学家所说的只是庶人之礼，并举"文王十三生伯邑考，十五生武王"的例子，认为君王出于继嗣的需要，应当更早娶妻，故后来有学者就主张，天子十二岁就可以娶妻了，诸侯则十五岁娶妻。

然而，到了秦汉以后，大概出于生理成熟的原因，或者实际生活的需要，大多实行早婚，甚至将男子结婚的时间提早到了十六岁，而女子大致以十四岁到二十岁为适婚年龄。如果在婚嫁期间，适逢父母之丧，则不能进行婚礼中的任何程序，按照礼法的规定，得一直等到二十七个月的丧期结束以后，才能正式筹备结婚的相关事宜。

通常女子过了二十岁，择偶条件就放宽了，无须经过父母之命和媒妁之言，而可以自由恋爱了。可见，古人并非严禁自由恋爱，而是允许在特定条件下，扩大择偶对象的范围，不至于"内有怨女"而已。其实，今天亦多有此种状况。

不过，对于男子而言，结婚并没有严格的年龄限制，通常礼书主张有二十岁以上、三十岁以上两种说法，甚至还有认为，上古时候到了五十岁才可以结婚。显然，礼书中的这些说法反映了男子衰老缓慢的生理特点。

通常来说，儒家主张晚婚，至于法家，则出于繁衍人口的功利性考虑，而主张早婚。《韩非子》中说道："下令于民曰：丈夫二十而室，妇人十五而嫁。"据此，似乎男子不当晚于二十而娶，女子不当晚于十五而嫁。墨家的说法也差不多，认为"昔者圣王为法曰：丈夫年二十，毋敢不处家；女子年十五，毋敢不事人。此圣人之法也"。可以说，墨家、法家都是主张男子二十以前娶妇、女子十五以前嫁人，算是中国古代的早婚主张。此外，春秋后期，越国出于向吴国复仇的需要，以法令的形式要求早婚，规定男子二十、女子十七是结婚的最高年龄，如果过期不嫁，则父母有罪。

秦国以法家治国，自然主张早婚。其后，汉承秦制，也实行早婚。据《汉书·惠帝纪》，"女子年十五以上至三十不嫁，五算"，则似乎以女子十五至三十岁，如果尚未出嫁，其口税竟然五倍于凡人。大概受儒家的影响，西晋规定"女年十七，父母不嫁者，使长吏配之"，则将女子结婚的最高年龄推迟到了十七岁。其后，战乱频繁，人口凋落，政府多推行早婚制。譬如，刘宋规定"女子十五不嫁，家人坐之"，北齐规定女子十四岁当嫁，北周竟下令男子十五、女十三作为嫁娶的时间。直至唐代，依然实行早婚制。据《唐会要》，玄宗开元二十二年，"男年十五，女十三以上，听婚嫁"，这规定了结婚最低年龄。至于贞观初规定男二十、女十五以上当婚嫁，这应该是规定男女结婚的最高年龄。其后，宋、明、清时，则规定男十六、女十四以上可以婚嫁，这同样属于早婚的规定。

清朝以降，中国人口阜盛。民国以后，开始倾向于晚婚，即规定男十八、女十六以后才能结婚。到了新中国 1950 年《婚姻法》，则规定男二十、女十八才能结婚。至此，经历两千余年之后，现代法律关于婚龄的规定，又回到了儒家主张的晚婚制。到了 1980 年《婚姻法》，更是规定男二十二、女二十为婚姻的最低年龄，尤其是出于计划生育的考虑，而提倡男二十五、女二十三的晚婚，可以说是亘古未有的政策。

由此可见，自战国以来，历代政府所以主张早婚，虽有法、墨学说作为依据，不过大都出于功利性的考虑。然而，儒家主张晚婚的依据则不同，而是出于对人类生理特点的深刻体察。

按照儒家的观点，所谓男子三十而婚，其实是指男子到了三十岁才能结婚。这是为什么呢？《论语》中记载孔子这样一句话："及其少也，血气未定，戒之在色。"所谓少者，古人指三十岁以下，因为这时筋骨未强，《礼记》称为"二十曰弱"，男子容易贪色而伤身，所以不利于成婚。正因如此，《曲礼》有

"三十曰壮，有室"之语，《内则》也主张"三十而有室"，都主张男子三十以后才能婚媾。对此，《白虎通》说得很清楚，认为"男三十而娶，女二十而嫁，阳数奇，阴数偶。男长女幼者，阳舒，阴促。男三十，筋骨坚强，任为人父；女二十，肌肤充盛，任为人母。合为五十，应大衍之数，生万物也"。按照这种说法，不仅男子三十岁以后才能结婚，女子也要到二十岁以后才能嫁人。显然，这种说法属于地道的晚婚主张了。

关于嫁娶的时间，不仅涉及年龄的问题，而且，古礼对于结婚的季节也有规定。其中一派学者以毛传、王肃为代表，主张季秋到孟春，也就是农历九月至次年元月，前后共五个月，都是结婚的合适时间。另一派学者则以郑玄为代表，依据《周礼》，主张仲春最合适结婚，至于季春到仲夏，亦即农历三月到五月，虽非正时，也可以嫁娶。大概前一种观点的出发点，则有鉴于中国作为农耕民族的特点，因为从深秋开始，大部分人已进入农闲时期，且又适逢丰收的季节，物产丰饶，最适宜结婚。至于后一种主张的理由，大概认为仲春时春暖花开，天气宜人，阴阳交合，万物生长，男女于此时嫁娶，符合天道，所以也是结婚的好时间。

按照《仪礼·士昏礼》的记载，周代士阶层的婚礼包括六个正式环节，即纳采、问名、纳吉、纳征、请期与亲迎，古人称为"六礼"。在"六礼"之前，男方家庭还要通过媒人向女方家庭表达通婚的意向，得到女家的同意，才能依次进行"六礼"环节。并且，"六礼"之后，还须经过"庙见""反马"等仪式，才意味着婚礼的真正完成。

1. 议婚

男婚女嫁，天经地义，自古以来，莫不如此。古人嫁娶，尤其重视父母之命和媒妁之言。然而到了现代，随着个体自由观念的高扬，以及妇女解放风潮的兴起，传统的嫁娶方式受到了冲击，重"自由恋爱"而轻父母之命、媒妁之言。

《诗经》中有《南山》一篇，明确提出了"娶妻如之何？必告父母""娶妻如之何？匪媒不得"。不过，其中的道理，《南山》并没有明言。《诗经》中还有其他篇目也表达了类似的观点。譬如，《野有死麇》描述了一对热恋中的男女，女子虽然很喜欢男子，却拒绝跟男子私奔，而是希望男子派媒人过来提亲。

对于女子这种拒绝男子无礼要求的举动，汉代学者大加赞赏。至于《汉广》这首诗，则描述了一个女子在外出游，虽然美艳，却显得高不可攀，这让爱慕她的男子放弃了接近她的冲动，而是遵循正常的婚礼程序，让父母派媒人上门提亲。

这两首诗都表明，男女之间仅有感情是不够的，还必须得到双方父母的许可，并经过媒人相沟通的正常礼仪，才能结成夫妻。对此，《孟子·滕文公》中说道：

> 丈夫生而愿为之有室，女子生而愿为之有家。父母之心，人皆有之。不待父母之命、媒妁之言，钻穴隙相窥，逾墙相从，则父母国人皆贱之。

在孟子看来，子女结婚，是普天下父母的共同心愿，但是，如果不等父母之命和媒妁之言，少男少女如此急迫地偷窥翻墙，恨不得马上就在一起，这是自轻自贱的行为，举国上下都会瞧不起的。

按照孔子的说法，婚姻是"合二姓之好"，就是说，婚姻首先是两个家庭之间的联姻，而不只是两个年轻个体基于感情的结合。这是因为在古人看来，家庭作为一种血脉延续和财产传承的集体性存在，子女只有依托于这个大家庭，才能得到健康而持续的生存和发展。尤其是对于新媳妇来说，作为大家庭中的新成员，自然要首先得到大家长和全体家庭成员的认可和接纳。倘若男女双方不通过媒人提亲，而是纯粹放任自己的情感，撇开父母的经验和意志，直接私订终身，尤其对于女方来说，其背后就常常会失去自己家庭的支持，而纯粹作为个体性的存在，这种自轻自贱的行为，往往会让男方家庭瞧不起。古人重视父母之命，根本原因正在于此。直到我们今天，男女双方的结合，双方父母的支持和祝福，亦是相当重要的。

这种道理，在另一首诗《氓》那里，就讲得深刻多了。

《氓》描述了一对青梅竹马的男女由相爱到成婚、最终反目而离婚的故事。最初女子本来抱有以礼婚聘的初心，期待着男子上门提亲，然而，后来女子在情浓意热之际，相信了男子的山盟海誓，就毅然跟男子私奔到了夫家。没想到，男子的父母却不待见这个便宜媳妇。几年过去了，丈夫也不像以前那样疼爱她了，反而是各种冷淡，甚至是家暴。后来女子的兄弟也知道了她的这种处境，却并不同情她，反而是各种奚落和嘲笑。这时女子回想起当初两人"言笑晏晏，信誓旦旦"的日子，如今只剩下各种感慨和追悔。对此，汉代学者认为，男女即便最初是出于真爱，但如果在程序上违礼，而得不到双方家庭的祝福，等到将来女子年老色衰时，迟早会相互背弃的。

到了唐代的白居易，就此写了一首诗，叫《井底引银瓶》。其中对男女相背弃的原因进行了更深刻的探讨，里面这样说道："聘则为妻奔是妾，不堪主祀奉蘋蘩。"就是说，年轻男女的相爱是靠不住的，如果没有经过礼聘的程序，就只是妾，而不是妻，自然不免为男方父母所轻贱，而无法担当主持祭祀这种重任。因此，女子即便进了夫家的门，却得不到夫家的善待，这样的婚姻怎么能长久呢？最后，白居易这样告诫世人："为君一日恩，误妾百年身。寄言痴小人家女，慎勿将身轻许人。"就是说，婚礼在程序上必须要经过父母之命和媒妁之言，女子才能得到自己父母的祝福和保障，也才能得到男方父母的尊重，这样的年轻夫妻才会幸福美满。可以说，从《氓》诗到白居易的《井底引银瓶》，都指出了私奔的悲剧后果，提醒年轻男女切莫因为爱情而冲昏了头脑。

除了《诗经》，其他经典中也有一些相关的讨论。譬如，据《春秋公羊传》的记载，鲁国国君的女儿季姬与鄫国国君鄫子在半道相遇，有了私情，于是季姬就让鄫子来鲁国求亲。对于两人这种私订婚约的行为，汉末经学家何休批评道：

> 礼，男不亲求，女不亲许。鲁不防正其女，乃使要遮鄫子淫泆，
> 使来请己，与禽兽无异。

在何休看来，不论鄫子与季姬是否有事实上的男女关系，仅仅就鄫子本人亲自到鲁国来求亲，就属于非礼的行为，与禽兽没有差别。显然，这种观念大异于今人。按照《仪礼·士昏礼》中所说的"六礼"，每一道程序都需要事先秉承父母之命。而且，除了亲迎需要新郎上门外，其余五礼，新郎本人都不用亲自前往女家，而是父母派使者前往。可以说，整个婚礼都是以双方父母的名义进行，而鄫子作为一国之君，却亲自到鲁国提亲，自然不符合周礼的精神。《春秋》中又记载了"宋公使公孙寿来纳币"这样一条，意思是说，宋国国君因为父母都去世了，出于不得已，宋公只得以自己的名义来提亲。

由此可见，男子本人亲自上门提亲尚且违礼，遑论男女之间私定终身呢？后来，《士昏礼》郑玄注对此说道：

> 昏必由媒交接，设绍介，皆所以养廉耻也。

郑玄认为，婚礼所以需要通过媒妁之言，就是为了防止男子出于情感冲动而做出没有廉耻的事情来。因为圣人制礼，固然主张顺乎人情，但是，同时也包含了约束人情的用意，这也是古人重视"媒妁之言"的深层内涵。

2. 纳采、问名与纳吉

采，今作"彩"，是男方家庭表达自己诚意的礼物。在"六礼"中，除了纳征外，其余五礼都是以活雁作为礼物。

① 婚礼的本质

不同于相见礼用雉，婚礼为什么选用雁作为礼物呢？因为雁具有随顺阴阳而往来的特点，就是说，大雁秋寒则南翔，春暖才北飞，其中包含了从阳的内涵。对于古人来说，结婚实质上不过是女子嫁入夫家，成为夫家的新成员，显然，其中同样体现了从阳的精神，正因如此，古代婚礼才用雁作为礼物。可见，婚礼中提到的雁应该是鸿雁，而不是舒雁。

而且，就婚礼的仪式来说，无论是开始的提亲，还是后来的亲迎，都是男方主动，这也体现了"阳唱阴和"的精神。因此，后来夫妻关系中的"夫唱妇随"，其实从婚礼一开始，就体现出来了。

可以说，古代婚礼中的"从阳"精神，不仅体现在礼物上，而且还体现在种种具体仪式中。至于现代婚姻，则是年轻男女两个自由个体的联合，通常出于双方在感情上的相契和投合，自然就谈不上"从阳"了。至于婚后，也不大有"既嫁从夫"的伦理要求了。

② 纳采

那么，为什么送礼称"纳采"呢？按照唐代学者孔颖达的说法，这是因为男方担心女家中途反悔，就直接将礼物交给女家，而无须等待女家的推辞和许可，故称"纳"。至于纳吉、纳征，都有着同样的意思。

纳采之礼，意味着男方家庭正式派人上门提亲。不过，无论是将要娶妻的准新郎，还是其父母，此时都不用亲自上门，这是婚礼前五礼的共同特点。通常由男家派自己的属吏作为使者到女家提亲，而女家的主人，也就是父亲，则在自家的宗庙中接见男家的使者。这是为什么呢？因为嫁女意味着将先祖的"遗体"许配给他人，所以应该到先祖神灵所在的宗庙里进行婚礼的相关仪式。

此处我们要注意一点，古代婚姻的本质是"合二姓之好"，因此，这体现在婚姻的具体程序中，除了"亲迎"是由新郎亲自出面外，其余环节都是双方的父母处理婚礼中的有关事宜。因此，婚礼中提到的"主人"，通常不是指将要婚配的少男少女，而是指彼此的父母，更严格来说，应该是双方的父亲。但若父亲去世了，则以家中男性长辈或兄长的名义，进行婚礼中的相关程序。

当使者奉男家主人之命，穿着全身黑色的玄端服来到女家大门时，主人得到摈者的报告后，也穿着和使者一样的玄端服，出门迎接使者。（图52）

此时主人向使者行再拜之礼，而使者不敢当其礼，故不答拜回礼。双方见礼后，主人揖请使者进入大门，双方来到庙门后，主人再揖请使者入门。进门

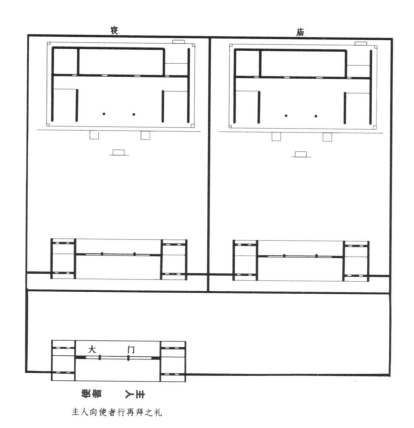

寝　　　　　　庙

大　　门

主人向使者行再拜之礼

图52　主人迎接使者图

后，双方又三揖而来到堂前当碑的位置。然后，双方又谦让三次而升堂，主人由东阶升堂，使者则由西阶升堂。（图53）

关于主、客升堂的礼仪，按照《礼记·曲礼》中的说法，主、客升堂前，相互谦让三次，然后主人先登阶，客人等主人先升一级后，再接着登阶；主人升东阶，以右足先登，客人升西阶，以左足先登，这样主、客相向而升，以表敬意；登阶之法，前足升一级，后足随之而与前足相并，不能超过前足，这就是"拾级聚足，连步以上"。

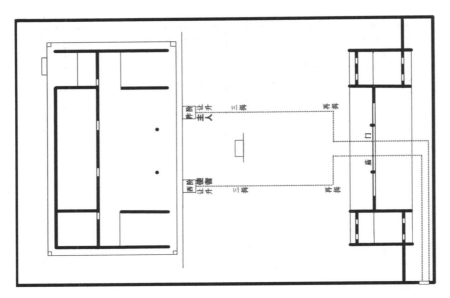

图 53　主宾入门路线图

升堂以后，主人面朝西站立，而使者则来到房屋中当栋的位置，面朝东站立，向主人表达自己的来意，说道："承蒙您的恩惠，将女儿赐给我家儿子，现在我有先人遗留下来的礼物，请您收下。"主人站立在东阶上，面朝北，行再拜礼，以表示感谢。然后主人和使者再来到两楹间，都面南站立，使者将雁交给主人。然后使者由西阶下堂，从庙门离开；主人则从东阶下堂，将雁交给自己的家臣。（图 54）

不过，到了宋代朱子《家礼》那里，婚礼就大大简化了，不仅将"六礼"缩减为纳采、纳币、亲迎这三个环节，而且具体仪式也简单了很多。

譬如，就纳采礼来说，《家礼》以主婚者为主人，派子弟为使者，带着主人的书信，盛服前往女家；女家主人也盛服出迎使者。主人以茶相待，使者起身表达来意，并将书信交给主人。主人北面再拜答谢，使者避让而不答拜，然

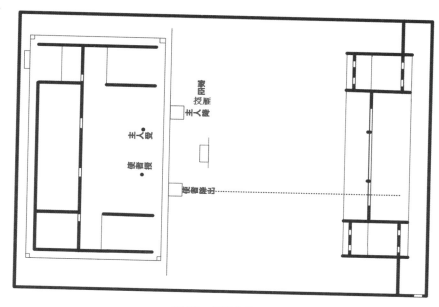

图 54　授雁位置图

后告退。于是主人到祠堂将书信内容向祖先报告，并回信交给男家使者带回，然后，又设酒食以招待使者及其随从，并赠以缯帛或钱财以表谢意。使者回来复命后，主人同样来到自家的祠堂，而向祖先报告。可见，《家礼》将周礼中的纳采与问名两个环节合而为一了。

③ 问名

使者出庙门后，并未马上离去，于是主人派摈者出门，询问使者还有何事。使者又拿一只雁作为礼物，回答道："承蒙您接受采礼，因为还要对女名进行占卜，所以冒昧请问许配的女子是哪位？"摈者向主人转答使者的问询，然后使者再次进入庙门，将礼物交给主人。相关礼仪跟纳采礼一样。

使者得知女子名字以后，再次告辞出门。然后主人又派摈者出庙门，询问使者是否还有他事，使者答以事毕。摈者回禀主人后，第三次来到庙门，邀请使者进来，表达以酒食款待男方使者的诚意。使者稍作推辞，便答应了。于是主人重新铺设筵席，并准备好酒食，然后亲自到庙门外迎请使者入内。主宾双方如当初一样揖让而升堂，主人在东阶上面朝北行再拜礼，而使者在西阶上面朝北回礼答拜。双方来到庙中正室之外的户牖间就座，共进酒食。酒食结束后，主人为了表示答谢，将干肉作为礼物送给使者，并亲自送使者于大门外，并行再拜之礼。

④ 纳吉

男家得到女子名氏后，就进行占卜。如果得到吉兆，主人又派使者上门向女家报告。相关礼仪也跟纳采、问名一样。

3. 纳征

纳吉之后，男家派使者到女家，带着黑色和浅绛色的帛五匹，以及两张鹿皮，作为定亲礼物。使者面见女家主人后，传达男家的命辞："承蒙您的美命，将女儿赐给某某为妻，现在某家主人有先人遗留下来的礼物，两张鹿皮和五匹帛，派我前来交给您，请您收下。"女家主人答道："您遵循先人的规矩，赐给我重礼，我不敢推辞，一切唯您所命。"其余的礼仪，都和纳吉一样。

纳征，又称为"纳币"，相当于现代人讲的彩礼，这比其他五礼所用的礼物要贵重得多。可以说，纳征礼具有订婚的性质，表明男女两家从此就确定了姻亲关系。

婚礼纳币的做法，可以追溯至上古时代，尤其在《诗经》中，依然保留了大量相关的记载，并得到了后世儒家的认可。譬如，《行露》这首诗就描写了

|||||||||||||| 古人的日常礼仪

这样一个女子，虽然早已许配给他人，但男方并没有准备足够的彩礼，却要强行迎娶该女子，而遭到了女子的拒绝，并且声称即便遭到男子的诉讼，也不愿意就此相从。

汉代儒家表彰该女子为"贞女"，而把强行迎娶的男子称为"强暴之男"。不过，儒家虽然赞同婚礼纳币的做法，却规定了严格的标准，譬如，对于士阶层的婚礼来说，彩礼只是限于束帛、俪皮而已。到了后世，尤其到了今天，彩礼不再有一定的标准，往往互相攀比、显摆，显然不符合儒家的立场。

到了朱子《家礼》那里，虽没有对彩礼进行具体的规定，却赞同可因贫富而变化，既可用缯帛，也可用珠宝、羊酒、果实等物品。男家主人派使者带着书信前往女家，女家则设酒食招待使者，然后使者带着回信复命。

4. 请期

男方通过占卜确定了婚礼的吉日，并派使者告知女家。男家使者依然用雁作为礼物，向女家主人请示婚礼的时间，而主人表示唯男家之命是从，双方推辞三次以后，使者于是说道："某家让某前来接受您所定的吉日，既然得不到您的许可，那某就只好将某家卜选的吉日告知于您。"主人答道："某敬候吉日的到来。"其余礼仪都与纳征礼一样。

5. 亲迎

自先秦以来，婚礼的步骤不断简化，但"亲迎"这个环节却一直保留到今天，且备受重视。所谓"亲迎"，就是男方派人到女方家里去迎娶新娘，通常来说，都是新郎本人亲自上门迎娶。那么，中国人为什么如此重视"亲迎"之礼呢？

《春秋》中记载了这样一个故事：鲁文公将其女子叔姬嫁到齐国为夫人，

并派大夫单伯护送子叔姬前往。然而，半道上单伯与子叔姬有了私情。到了齐国后，这件丑事就暴露了，齐人于是把单伯抓了起来，并将子叔姬送回了鲁国。按照今文学者的说法，通常应该由齐国国君亲自到鲁国来迎亲，而现在新娘与送亲使者所以产生了私情，关键原因就在于齐侯没有亲迎，致使被钻了空子。堂堂国君都能这样平白被戴绿帽子，更不用说普通百姓了。20世纪80年代，中国上演了一部很轰动的电影，叫《红高粱》，讲述了抗战时发生在山东的一则故事，其中就有类似的情节：新娘在半道上和送亲的轿夫发生了关系，而且，最后还嫁给了这个轿夫。从上述这两件事情来看，我们不难体会到亲迎这种古礼的真实用意，即在于保护新娘，防止新娘在前往夫家的路上被诱惑，甚至于被劫持。

而且，最好由新郎本人去迎亲，夫家的其他人都未必可靠。这是为什么呢？《春秋》中记载了另一件事情：卫宣公为其太子迎娶齐国女子宣姜，后来，宣公听说宣姜非常漂亮，就在半道上抢先一步占有了宣姜。我们还可再举一个例子：鲁国大夫公孙敖的嫡妻去世了，于是到莒国为自己再娶，结果遭到拒绝，于是改为其堂兄弟公子遂娶妻。然而，公孙敖后来发现新娘非常漂亮，大概是情难自已，就占为己有了。这事导致鲁国这两位贵族反目成仇，而公孙敖最终只得流亡国外。这两件事情表明，新娘身边如果没有新郎本人的保护，是非常危险的，无论是派臣子，还是其他的亲属去亲迎，都有出轨的风险。

那么，亲迎礼是如何起源的呢？其实，这与上古时候人类曾经盛行一时的抢亲习俗有关。按照这种习俗，抢夺其他氏族或部落的妻子、女儿，并占为己有，是具有某种合法性的，并不会因此受到当时道德上的谴责。尤其是半路劫夺出嫁的新娘，更是简捷方便。到了后来，两个或多个有着稳定通婚约定的氏族或部落，以聘礼的方式彼此交换对方的女子，于是聘婚制就取代了抢亲旧俗，成为一直延续到今天的礼制和习俗。即便如此，旧俗中的某些观念依然沉淀下来，并经常表现为某些偶然而不道德的行为。因此，圣人制订亲迎礼，目的在于克服抢亲习俗遗留下来的那些观念。

当人类进入文明时代以后，尤其对于天子、诸侯来说，抢亲的可能性已经很小了，因为这样会导致很严重的政治后果。不过，亲迎礼蕴涵了某种平等观念，用孔子的话说，婚礼是"合二姓之好"，也就是意味着两个家族之间的联姻和交好，这成为今文学家主张亲迎的主要理由。不仅如此，新郎亲自上门迎娶新娘，还意味着放弃男子的尊严，尤其对于天子、诸侯来说，连君王的尊严也暂时放弃了，目的则是为了取悦于女方。对此，《白虎通》这样说道："以阳下阴也，欲得其欢心，示亲之心也。"就是说，男子属阳，女子属阴，阳尊阴卑才是天道的体现，但在亲迎的时候，男子却将自己放到卑下于女子的立场，其用意是为了讨新娘及女方家庭的欢心。当然，"以阳下阴"在婚礼中的表现，除了亲迎，还有其他一些方面。譬如，古代马车比较高大，因此，女子通常得用桌几垫脚，或者借助车夫绳索的牵引，才能登上马车；而到了亲迎时，新郎先登车，就像车夫一样将绳索递给新娘，然后亲自驾车，让车轮走三圈，这就是"阳下阴"，是新郎放低姿态的体现。基于这种道理，古文学家反对天子亲迎，因为天子至尊无敌，怎么能自降身份来亲迎呢？至于诸侯，则没有亲迎的绝对要求，可以派上卿来亲迎。

不过，今文学家主张天子亲迎，其理由除了孔子所说的"合二姓之好"，还有一个事实上的依据，就是文王曾亲自到渭水边迎接其嫡妻太姒，可见，天子虽然是至尊，但其与王后之间，犹如普通夫妇一般，也有"夫妻一体"之义，怎么能视作纯粹的尊卑关系呢？因此，郑玄认为，天子至尊无敌的道理，不适用于亲迎的场合。

可见，无论是出于男方自降身份，还是"合二姓之好"的考虑，亲迎都意味着对女方的重视。《春秋》和《诗经》中就记载了这样一件事情：鲁文公娶夫人于齐国，按照礼制，文公应该亲迎，如果实在有其他原因不能前往，应该派上卿去迎接。但是，据说这位夫人只是齐国某大夫的女儿，于是鲁文公不仅自己不亲迎，而且只派了一位大夫前去迎接，整个礼仪都比较疏略。出于这种原因，文公夫人嫁过来后，就不大为鲁人所看重。后来文公去世后，本来应该由夫人所生的太子继位，但是，另一位叫敬嬴的媵妾得到了权臣公子遂的支持，于是导致太子被杀，而敬嬴的儿子得以继位。后来，文公夫人因为儿子被杀，就离开了鲁国，故谥为"出姜"；鲁人同情她的遭遇，又称她为"哀姜"。可以说，哀姜因为未被亲迎，而被鲁人所轻视，从而最终导致了子弑母出的可悲境遇。

正是出于上述多方面的原因，亲迎之礼就这样一直保留到了今天，且备受重视。同时，我们甚至不难发现，很多地方习俗中都存在着亲迎时女方对新郎的百般刁难，多少还有古代遗留下来的观念在作祟。

按照朱子《家礼》的说法，到了吉日这天，新郎父亲行醮子之礼，并对儿子说道："前往迎接你的贤内助，这是继承宗庙祭祀的大事，好好引导她，希望她将来像你母亲一样。"然后，新郎穿着爵弁服，乘坐漆车，而随从则穿着玄端服，分乘两辆马车，前往女家迎接新娘。如果是士嫁女，则由夫家预备新娘乘坐的马车，也是漆车，并且车上还有帷幕；如果是大夫嫁女，则由女家自己预备马车。

此时新娘在自家宗庙的房中，穿着绛边的黑色礼服，面朝南方站立，旁边还有傅母和随嫁的女御，都穿着上下皆黑的衣服，等候着新郎前来迎接。新娘的父亲作为主人，穿着玄端服，亲自到大门外迎接新郎。新郎来到大门时，主人面朝西，向新郎行再拜礼，而新郎则面朝东，向主人回礼答拜，然后主人揖请新郎入门。主与宾三揖三让而后升堂，主人面朝西而立，新郎升堂后，来到新娘所在房门前，朝北将作为礼物的雁放在地上，行再拜稽首之礼。然后新郎从西阶下堂，出门而去。此时父亲告诫新娘道："你要时刻谨慎恭敬，不要违背公婆的教导。"母亲则给女儿整好衣领，系好手帕，并对女儿说道："你要勤勉恭敬，不要违背公婆的吩咐。"然后新娘跟随新郎，也从西阶下堂。但主人不下堂，也不送新郎和新娘。如果是新娘的庶母，则送新娘至大门内，并重申父母的教导。

出大门以后，新郎先登上新娘乘坐的马车，并将绥递给新娘。所谓绥，即登车绳，由于古代的马车非常高大，故往往要借助绳索来登车。不过，傅母推辞不受，并另外准备小几垫脚，让新娘登车。新娘登车以后，新郎驾车，让车轮转动三周，然后就下车，回到自己来时乘坐的漆车，而另外由专门的御者为新娘驾车。此后，新郎乘马车先行开路，待回到男家大门后，新郎就先在大门外下车，等候新娘马车的到来。

新娘来到夫家大门后，新郎亲自揖请新娘进门，随后引导新娘前行，共同从西阶登堂入室。（图55）

女方的媵和男方的御分别服侍新郎和新娘洗手，媵浇水而御盥手，或者御浇水而媵盥手。等到男家摆放好各种食具和酒食后，新郎、新娘双双入席，相对而坐，新郎坐在室中的西面，新娘则坐在东面。按照《礼记·昏义》中的说法，此时双方"共牢而食，合卺而酳"，就是说，夫妻双方共同享用一牲，并将一只瓢分成两半，各执一片盛酒。（图56）（图57）

这样做有什么道理呢？据说是为了让新婚夫妻彼此相亲近，有"同体"之义。用完酒食后，新娘的媵服侍新郎到房中更衣，而新郎的御则服侍新娘在室

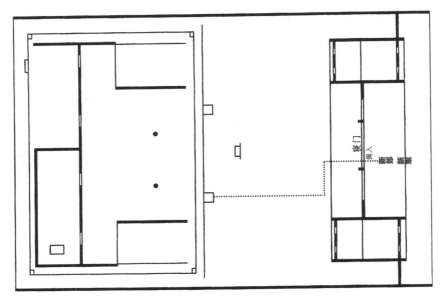

图 55　新郎、新娘入门路线图

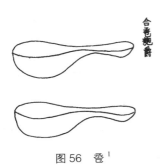

图 56　卺[1]

中更衣。御在室中的奥位铺设好枕席，卧席南北方向摆放，新郎的卧席置于东边，而新娘的卧席则放在西边，都是头朝南而脚朝北。

然后，新郎进入寝室，亲自为新娘脱缨。

那么，缨是什么呢？关于这个问题，古书中没有明确说法。郑玄认为，缨是用五彩丝线织成。女子许嫁以后，意味着已经成年了，此后就应该系上缨，表示身有所属。直到亲迎当晚就寝时，才能由新郎亲自解下来。

可以说，亲迎礼至此就算结束了。尤其是现代人，更是将此视为整个婚

<hr>

1　黄以周：《礼书通故》，北京：中华书局，2007年版，第2457页。

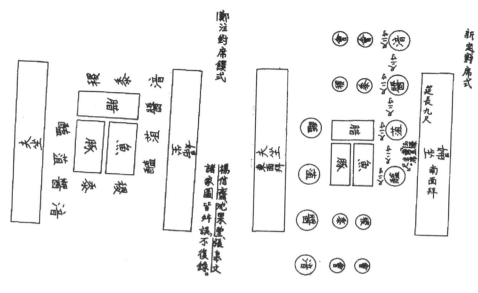

图 57　夫妻共牢图[1]

礼的结束。因为对于现代婚礼来说，拜见公婆及宴请宾客，都是在亲迎当天完成。而对于古人来说，却是次日才能进行的礼仪。不仅如此，古人还有经过三月后的"庙见"和"反马"之礼。

6. 拜见舅姑

古礼中舅、姑的称谓，不同于现代人。在古人看来，不仅母亲的兄弟称舅，而且丈夫的父亲也称舅；不仅父亲的姊妹称姑，而且丈夫的母亲也称姑。此处所说的舅、姑，仅限于丈夫的父母，俗称公、婆。到了后世，甚至将妻子的父母称为外舅、外姑。

按照周礼的要求，洞房后的次日，新娘得早早起床，先是沐浴更衣，然

1　黄以周：《礼书通故》，北京：中华书局，2007年版，第2102页。

后前往舅姑的居所。此时新娘捧着盛有枣、栗的竹器，从西阶上登堂，拜见舅姑。舅之席位在东阶上，朝西；而姑之席位在房外，朝南。（图 58）

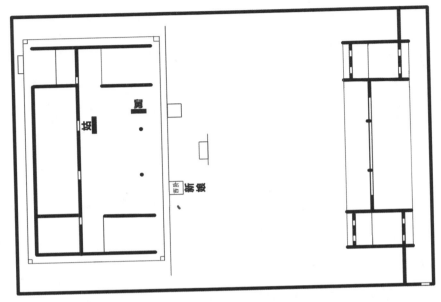

图 58　新娘拜见舅姑方位图

新娘分别拜见舅姑，并把竹器放在舅姑所坐的席上，而舅姑也分别回礼答拜，而新娘又再回礼答拜，称为"侠拜"。然后准备好酒食，新妇将酒食进献给公婆，行馈食之礼；而舅姑也赐酒食给新妇以及女家送亲的随从，行一献之享礼，并赠以干肉和束锦。

宴毕，舅姑先行离开，从西阶下堂，而新妇此时则改从东阶下堂。这是为什么呢？因为东阶是主人行走的台阶，新娘先是作为客人从西阶升堂，见过礼后，表明新娘已被舅姑接纳，于是就从东阶下堂，这标志着新媳妇接受了舅姑的托付，而成为新的女主人了。

对于古代贵族的士阶层来说，亲迎当日的洞房意味着"成婚"，次日的拜见舅姑则意味着"成妇"，从而标志着整个婚礼的结束。然而，如果舅姑已经去世，则还有"庙见"这个环节，也就是俗称的拜祖宗。

按照朱子《家礼》中的说法，亲迎前一天，女家派人到男家预先铺设新人的卧室。这就是宋代以来才出现的"铺房"习俗。对此，司马光《书仪》中提到，新人卧室通常由男、女两家共同布置，男家准备床席椅桌，而女家准备帐幔被褥。到了亲迎这天早上，新郎盛服，主人告于祠堂，如纳采之礼，然后行醮子礼，命新郎前往亲迎新娘。新郎乘马前往女家，进入大门后，在女家所设的次内等候。女家主人告于祠堂，然后醮其女而命之。主人出迎新郎，揖让而入，新郎执雁，由西阶升堂。主人由东阶升堂，西向而立。新郎北向跪，置雁于地，主人侍者受之。新郎俯伏再拜，主人不答拜。姆奉女出门，新娘揖之，然而由西阶下堂，新娘从之，而主人不降。夫车先行，妇车随后。至男家大门，新郎引导新娘进入室中，夫妻交拜，然后各就各位进行饮食。酒食后，双方侍者服侍新郎、新娘更衣，然后将蜡烛从室中撤出。同时在室外厅堂，主人宴请男方与女方宾客，以表谢意。

并且，《家礼》与《士昏礼》一样，都主张新娘于次日拜见舅姑。此时舅姑坐于堂上，东西相向，各置桌子于前，其余家人年少于公婆者，则站立于两侧。新娘盛服立于堂下，来到东阶前，北面拜舅，然后由东阶升堂，将礼物放在舅前的桌子上；再下堂来到西阶前，北面拜姑，然后由西阶升堂，将礼物放在姑前的桌子上。舅姑赐新娘醴酒，犹如父母醮女的礼仪。然后，新娘依次拜见两侧的家人。最后，舅姑以酒食款待新娘。

7. 庙见与反马

男女婚配之后，还有"庙见"这个环节。庙见虽然不在"六礼"之中，但在先秦时，尤其对于大夫以上家庭来说，却有着特别重要的意义。关于庙见的时间，通常在亲迎后的三个月举行，其性质相当于次日新妇拜见公婆，相关礼仪也比较接近。

然而，按照东汉学者贾逵、服虔等人的说法，对于大夫以上的贵族，亲迎当晚并不同房，一直要等到三月庙见之后才能同房。那么，这种做法是出于什么目的呢？这大概是因为先秦时男女婚前的性关系比较自由，在这种情况下，人们无法保证所娶的新娘是否怀有别人的孩子，于是就设置了三个月的时间，并且要求新婚夫妻在这段时间内不能有性生活。因为经过三个月的时间，女子通常可以显怀了，这样就能验证新妇是否婚前怀孕，从而确保妻子所怀胎儿具有夫方的纯正血统。

然而，有的民族并没有汉人这种三月考察的礼制，那么办呢？比较普遍的做法就是采取"杀头胎"这种残酷的办法，以此来确保男方血统不被混淆。不过，这种办法也不是绝对有效，因为某些民族那里还保留有"逃嫁"的习俗。按照这种习俗，即便女子业已结婚，还会经常回到娘家，跟各种男人保持交往。于是，某些少数民族又发明了"审新娘"的仪式，即当妻子怀孕以后，夫家就会详细询问妻子在孕前和其他男人的交往经历，以及受孕的时间和地点，从而推断所怀胎儿是否系丈夫的血脉。上面这几种办法，其目的都是为了确保夫家血统的纯正性，至于新娘是否处女，甚至婚后是否纯洁，倒还是次要的了。

可见，"三月庙见"的目的，并不是为了确认新娘婚前的贞洁，而只是防止把别人的孩子带入夫家，以保持夫家血统的纯正而已。为了实现这个目的，就必须要求成婚后的三个月内禁止夫妻同房。但后来学者在论及古书中的这条礼制时，却已不明究竟，反而觉得这个做法对新娘很不公平，后来也就逐渐被废止了。譬如，《左传》中记载了这样一个故事：郑国的公子忽到陈国迎娶其夫人，结果"先配而后祖"。这是什么意思呢？按照贾逵的解释，"配"是夫妇同房的意思，而"祖"指三月庙见，就是说，公子忽在庙见之前就和新娘同房了，这样自然就无法验证新娘是否怀有别人的孩子。对此，当时陈国一个大夫提出了严厉的批评，认为这种先斩后奏的做法欺骗了祖宗，如果祖宗有灵，就不会将子嗣赐给他们。其中的意思，不外是说此后郑国的血统就乱了，可能是为他人养孩子而已。

显然，按照"三月庙见"的精神，如果新娘没有通过考察，夫家是可以将新娘送还娘家的。所以，《春秋》中提到婚礼还有"反马"的做法。什么是"反马"呢？大夫以上的贵族嫁女，通常是自备马车送女儿到夫家，即便婚礼结束了，马车依然留在夫家，其中有"谦不敢自安"之意。这种做法的意思，其实是担心女儿无法通过三个月的考察期，于是预先准备了马车让女儿回娘家，其中包含了女家那种忐忑不安的心理。直到新娘通过了三个月的考察，这时夫家才将马车送还给娘家，这就是"反马"之礼，以此表明妻子已通过了考察，而女子的父母也就可以安心了。

到了后世，"三月庙见"之礼逐渐消失了，这是为什么呢？其中至少有两方面的原因：其一，随着后世礼法的森严，男女婚前的自由交往愈益受到严格的限制，此时人不再像以前那样担心女子婚前的不贞了。其二，按照《仪礼》的说法，士阶层并不实行"三月庙见"之礼。随着周代宗法制的崩溃，以及世家大族的衰落，血统纯正的观念不像以前那么被看重了。正是出于这两方面因素的影响，后世的婚礼都是采取亲迎当晚同房之礼，而拜见舅姑的意义被淡化了，仅仅成为圆房前的某个过场仪式而已。

因此，到了《家礼》那里，所谓"庙见"之礼，只是三日后新娘到祠堂拜见祖先而已，完全没有先秦庙见礼的那种深厚内涵了。

8. 离婚

古人重视家庭的稳定，一般是不主张离婚的。《礼记·郊特牲》中有"一与之齐，终身不改，故夫死不嫁"的说法，可见，早在秦汉时期，古人已经不赞同离婚了。直到民国时，随着男女平等观念的流行，以及妇女解放运动的开展，"结婚自由"很快为国人所接受，但是，"离婚自由"却始终受到了种种限制，至今犹然。俗语有"宁拆十座庙，不毁一桩婚"的说法，足见国人对离婚始终持一种消极态度，可谓一种根深蒂固的文化心理。

① 七出与三不去

古人有"七出"之条，即当妇人犯有七种过错时，丈夫可以主动要求离婚。这种说法最早见于《大戴礼记》，即妇人若有不顺父母、无子、淫、妒、有恶疾、多言和盗窃这七种过错时，丈夫可以合理合法地提出离婚。这是为什么呢？《礼记》是这样解释的：

第一，不顺父母。指妻子不孝顺丈夫的父母，《礼记》称为"逆德"。因为在中国古代，除了上门女婿外，通常是女方嫁到男方家里，跟丈夫的父母生活在一起，因此，对丈夫的父母不孝顺，直接影响到整个家庭的稳定。古人把"妇听"视为妻子的德性，其中就包括了媳妇对公婆的顺从。

第二，无子。古人重视子孙的繁衍，如果绝嗣的话，后果非常严重，将导致整个家庭命脉的断绝，父母在阴间也得不到持续的奉养。所以，孟子才有"不孝有三，无后为大"的说法。不过，古代认为女子"七七四十九而阴道绝"，所以，妻子到了五十岁还不能生育的话，丈夫才能要求离婚。其实，我们从后世的实际情况来看，即便妻无子，依然可以通过纳妾来实现继嗣的目的，所以，真正因为无子而休妻的情形还是比较少见的。

第三，淫。这指妻子与丈夫以外的男子发生性关系，其后果则导致"乱族"，就是说，妻子因为淫而致使所生子女来路不明，导致家族血缘关系的混乱，甚至导致整个家庭或家族事实上的"绝世"。可以说，现代人反对淫乱，主要是出于私德上的"不忠"，而古人则不同，更多出于对家族血统紊乱的担心。

第四，妒。古人反对的妒忌，更多指妻子对丈夫纳妾的态度。女子的妒忌不仅导致家庭或家族成员之间的不和睦，而且，对于子嗣的繁衍也是极为不利的。因此，《诗经》一开始就宣称"不妒忌"是后妃之德，正是基于对家族"绝世"的担忧，认为后妃不妒忌，不仅使子嗣众多，而且也使子嗣的德性非常仁厚。

第五，有恶疾。《礼记》的理由是"为其不可与共粢盛"，这是什么意思呢？古代祭祀时，必须是夫妻共同奉献祭品给祖先，如果妻子有恶疾，就不能参与祭祀了，而妾又因地位卑贱不得担此重任，其后果不免导致死去的祖先不能得到正常的奉养。因此，这种恶疾不是指一般的身体疾病，通常指眼瞎、耳聋、脚跛之类的毛病。

第六，口多言。《礼记》认为其弊病在于"乱家"。为什么这样说呢？多言，应该是指妻子话多，尤其好说别人闲话，俗称"长舌妇"。有这种毛病的人，难免会搬弄是非，离间家族成员之间的关系，影响家庭内部的和谐稳定。

第七，窃盗。这种偷盗不是窃取其他人家的财物，而是私自将夫家的财物挪为己用，尤其是补贴娘家人。今日有所谓"扶弟魔"，就是指这种人。

从以上"七出"的内容来看，大多是站在家庭或家族整体利益的角度，而对妇女进行约束，体现了古代的集体主义精神。

此外，《大戴礼记》中还提到"三不去"，即有所取无所归、与更三年丧、前贫贱后富贵。在古人看来，当妻子符合上述三种情形时，丈夫是不能要求离婚的。所谓"有所取无所归"，指妻子没有娘家可归，如此不免孤苦无依；所谓"与更三年丧"，则指妻子曾经为公婆守孝三年；所谓"前贫贱后富贵"，指丈夫不能嫌贫爱富，自己贫贱时所娶的妻子不能抛弃。

那么，古人规定"七出"和"三不去"的目的是什么？

无论是"七出"，还是"三不去"，都是站在丈夫或夫家的角度而设置的离婚条件，最终目的还是为了维护家庭或家族的稳定。古代法律对于随意离婚的行为，是有严惩的。譬如，按照唐律中的规定，妻子如果没有犯"七出"中的过错，而丈夫就休妻的话，则判一年半的徒刑；即便妻子犯了"七出"，却符合"三不去"的条件，也不能休妻，此时丈夫若执意休妻，则判杖一百的刑罚。可见，古代法律站在家庭稳定的立场，对现代法律所重视的个人意愿，通常是不予考虑的。正因如此，站在妻子的角度，更是不能主动提出离婚。《诗经》中有《芣苢》一篇，讲了这样一个故事：有个宋国女子嫁到蔡国后，才发现丈夫染有恶疾，这时她的母亲就想让她改嫁，但是，这个女子说道："丈夫的不幸，就是我的不幸，我怎么能抛弃自己的丈夫呢？女子一旦成婚，就应该终身对丈夫不离不弃，这才是嫁人的道理。现在丈夫还活着，又没有重大的过错，且没有抛弃我，我怎么能要求离婚呢？"可见，按照古代的礼法，即便丈夫身有恶疾，妻子也不能主动要求离婚。

那么，妻子是否绝对不能要求离婚呢？其实不然，不过只有一种"义绝"的情况，妻子是可以主动要求离婚的，而且必须与丈夫离婚。那么，什么是"义绝"呢？据《唐律疏议》的规定，包括了四类情况：第一，丈夫殴打妻子的祖父母、父母，或杀害妻子的外祖父母、伯叔父母、兄弟、姑、姊妹。第二，夫妻的祖父母、父母、外祖父母、伯叔父母、兄弟、姑、姊妹，相互杀害。第三，妻子殴打丈夫的祖父母、父母，或杀伤丈夫的外祖父母、伯叔父母、兄弟、姑、姊妹。第四，妻子与丈夫的缌麻以上亲属有奸，以及与欲害丈夫者有奸，或者丈夫与岳母有奸。如果夫妻双方出现了上述情况，官府则强制双方离婚，不用询问双方的同意；如果官府已经判双方离婚，而夫妻觉得彼此感情好而不愿离婚，则判处一年徒刑。

此外还有一种情况，即当夫妻感情不和，若得到了丈夫的同意，也是可以离婚的。这一种离婚情况，较为接近现代意义上的协议离婚。可以说，到了现代人这里，夫妻间的感情不和，成了离婚最重要的甚至是唯一的理由。

即便如此，古人对休妻还是有颇为严格的限制，且要求休妻时不出恶声。据说孔子的弟子曾子因妻子蒸梨不熟而休妻，而妻子辩解道："妇有七出，不蒸亦预乎？"对此，曾子说道："梨蒸不熟而已，何问其故乎？"粗看下来，似乎曾子休妻不符合礼法。不过，后来有学者认为，曾子之妻肯定是犯了"七出"之条，而曾子心存忠厚，为了让妻子离婚后顺利找到下家，所以才用了一个蒸梨不熟的理由，体现了曾子休妻不出恶声的善念。与之相反，《诗经》中有一篇《谷风》，讲到被休的妻子对丈夫的种种怨恨，其中很重要的一点，就是抱怨丈夫丝毫不念旧情，甚至不愿相送前妻出门。大概在古礼看来，妻子虽然已被休，也应该用宾客之礼相待，甚至认为，君子即便绝交，也要比小人结交更讲究礼貌。

② 圣人休妻

古人通常不赞同离婚，不过，在作为人伦表率的孔子那里，却因为其妻子犯"七出"之条而将其休弃。

关于孔子休妻的说法，最早见于《礼记·檀弓》。孔子在其十九岁时，娶亓官氏为妻，生子孔鲤。据说因为亓官氏犯了"七出"中的"口多言"一条，孔子就把亓官氏给休了。这个故事还引出了后来孔鲤服丧的一个小插曲：当亓官氏去世时，只能算是孔鲤的"出母"，按照礼法，孔鲤依然要为母亲服期年之丧。不过，据《檀弓》的记载，期年终丧之后，孔鲤却还没有停止哭泣，孔子偶尔听到了哭声，就很不高兴，认为孔鲤太过分了。如果站在现代人的立场，孔鲤如此哀痛母亲的去世，正是孝心的体现，有什么可以非议的呢？那么，孔子为什么不高兴孔鲤这么做呢？按照今天所见《仪礼·丧服》中所记载的礼制，无论孔鲤为出母服期年之丧，还是孔子不让孔鲤在期年之后继续哭泣，都合乎当时礼的要求。

到了宋代以后，随着孔子作为圣人形象的转变，开始有学者对孔子休妻一事提出了质疑。在当时的理学家们看来，孔子作为圣人，自然是世间所有人的表率，现在却不能"刑于寡妻"，反而因妻子偶尔失礼，就简单粗暴地休妻。可见，孔子没能做到"齐家"。既然做不到齐家，又怎么可能治国平天下呢？据此，很多学者认为《檀弓》所记载的孔子休妻一事，纯属子虚乌有，甚至可能出于儒家反对者的造谣诬蔑。当然，理学家也有认可孔子这种做法的，认为圣贤对自己和家人的要求较普通人更为严格，所以妻子稍有非礼之事，就不能忍受。

据《檀弓》记载，孔子的儿子孔鲤（伯鱼）、孙子孔伋（子思）都曾经休妻。自孔子树立了离婚的榜样后，其子、孙继有仿效。此外，据伪书《孔子家语》中的说法，孔子的父亲叔梁纥也曾经休过妻，这样算来，孔门就有四代休妻的传统了。而且，按照《檀弓》的记载，子思休妻之后，对出妻的态度比孔子更加无情，孔子尚且让儿子为母亲服丧，而子思压根儿就不想让儿子为出母服丧，并且还这样说道："如果是我的妻子，就是我儿子的母亲；如果不是我的妻子，就不是我儿子的母亲。"这话今天听来太过无情，不仅断绝了夫妻之情，而且还让儿子断绝了母子之情。子思的这种做法，不仅有悖于后世儒家的通常立场，而且也不符合《仪礼·丧服》所记载的先秦礼制。尤其对于现代人来说，夫妻之情固然可以断绝，但如果还生有子女，那么子女跟父母的情感是不大可能断绝的，法律也不支持这么做。

至于孔鲤休妻，按照《檀弓》的说法，孔鲤的妻子，也就是子思的母亲，离婚后就改嫁到了卫国。子思的母亲死后，就有人向子思报丧，而子思最初打算为已经改嫁的母亲服丧，并在自己的家庙里祭奠已被休弃的母亲。不难发现，子思对待母亲的态度，大不同于妻子。子思对待离婚后的妻子，完全是恩断义绝，且以古礼来为自己辩护；而对于母亲，则是充分尽了作为人子的情分，尽管这种做法在当时人们看来，并不符合礼制，但是，子思却是为自己百般辩护。子思的这种态度，看似自相矛盾，却非常符合古代中国人的一贯立场，即对妻子可以绝情，而对母亲不能绝情。《春秋》中记载了这样一个故事：鲁桓公的夫人文姜与其哥哥齐襄公乱伦，导致后来桓公被齐襄公所杀。继位的庄公是文姜的亲生儿子，那么，庄公是否应该断绝与文姜的母子之情呢？事实上，鲁庄公不仅没能绝母，而且还常常表现出对母亲的思念之情。显然，庄公对母亲的这种态度，虽然未必得到儒家的赞同，但在古代中国却是具有普遍性的。

孔门树立了如此"良好"的出妻榜样，后来被视为"亚圣"的孟子也曾打算休妻。据《韩诗外传》记载，孟子的妻子有次独自在家时，双脚张开，像簸箕一样坐着，非常不雅。这时，孟子刚好从外面回来，看到妻子这副模样，于是就要休妻。后来郭沫若还写过一个《孟夫子出妻》的小品，来嘲笑孟子。

可见，无论是孔子祖孙三代休妻，还是孟子休妻，都有礼法上的依据，与今人重视的感情无关。然而到了今天，离婚只剩下唯一的理由了，就是感情不和。不过，我们应该明白，这种理由在古代通常是不予考虑的。

③ 离婚后子女的归属

按照目前中国的《婚姻法》，夫妻离婚以后，子女的归属通常是由父母协商解决；如果无法协商，法律则倾向于由母亲抚养子女，尤其当子女年幼时，更是如此。即便如此，父母与子女的关系，却不因父母离婚而解除，依然算是父母双方的子女。

但是，古代社会却不是这样处理的。如前所述，《礼记·檀弓》中记载孔子的孙子子思跟妻子离婚后，他们的儿子跟随父亲生活。后来母亲去世以后，子思不让儿子为出母服丧。子思的做法反映了这样两点事实：其一，父母离婚以后，子女是跟随父亲生活的。其二，子女既然跟随父亲，通常就断绝了跟出母的关系，而出母既没有抚养子女的义务，也没有看望子女的权利，只有当出母去世时，子女才可以通过服丧来表达其丧亲之痛。当然，有些人也会追随子思的做法，连起码的致哀仪式也没有。

不过，对我们现代人来说，虽说父母离婚了，但孩子和母亲的关系终归是斩不断的，那么，古人要求离婚就断绝母子关系的做法合理吗？

我们知道，上古时人类曾经有过母系社会，那时无论父母是否离婚，子女都是跟随母亲生活的，甚至是"知母而不知其父"，自然与父亲谈不上有割舍不断的感情。随着人类进入父系社会，妻子依从丈夫生活，从而形成了稳定的夫妻关系。这样即便父母离婚，子女通常也是跟随父亲生活，父亲的财产自然就可以由子女继承，于是形成了延续到今天的传子继承制度。而对于女方而言，通过嫁入夫家而成为新家庭的一员，此后在夫家生儿育女，跟丈夫的各种亲属共同生活在一起；这样一旦离婚，只是意味着妻子离开丈夫那边的大家庭，而作为单个的个体回到娘家，并寻找机会嫁入另一个新的夫家。显然，在这种状况下，母亲在原家庭的子女是不可能一道离开的。这既考虑到了男方继嗣的问题，也考虑到了女方再嫁的问题。并且，对于子女来说，和母亲一道离开，就意味着要再度融入一个全新的家庭，这不利于子女的成长。

此外，从财产继承的角度来看，子女也不便于和母亲一起生活。早在母系社会，虽然子女跟随母亲生活，但那时的财产继承通常是"兄终弟及"，财产首先是在兄弟姊妹之间的流转，子女继承并不具有优先性。而到了父系社会，尤其是随着聘婚制的普遍化，当女子嫁入夫家时，一般会从娘家获得一份嫁妆，其数量比兄弟继承的要少得多，通常只有一半左右。而嫁妆可以算作妻子的私有财产，丈夫通常不能随意动用。因此，离婚以后，母亲可以带着原来那份嫁妆离开，但不能分割夫家的任何财产。从子女成长的角度来看，若由母亲抚养子女，通常意味着子女生活缺少足够的经济支持。可见，古代夫妻离婚以后，子女跟随父亲生活，实在有着完全的合理性。

尤其当中国进入宗法社会以后，家族或宗族的传承有了最重要的意义。在宗法社会中，个体自由观念是不可能发展起来的，个体只是家族或宗族的成员，从小到大，就生于斯，长于斯，血缘共同体几乎构成了个体的全部生活世界，因此，个体应该将实现共同体的利益作为自己的最高价值，甚至为此作出牺牲。而个体繁衍子嗣，正是此共同体存在的根本条件。就此而言，结婚不过意味着将某女子纳入此共同体，目的就是为了繁衍子嗣，而维系共同体的持续存在。离婚只是允许女子脱离这个共同体，怎么可能让其带着其他的共同体成员一道离开呢？

可以说，严格的宗法制在春秋时虽然瓦解了，但其中蕴涵的精神却延续下来，换言之，秦汉以后的中国社会都不同程度带有某种宗法性。按照古人通常的观念，无论是先秦的宗子，还是后世的长房，作为始祖的世世嫡长子，世袭领有始祖遗留下来的土地、爵位和人民，因此，宗子和长房的继承极其重要，否则，封土可能被没收，财产没有人继承，祖先也再得不到奉祀。可见，此共同体的延续，实有赖于女性生产出合适的男性继承人。

这样一种制度，一直延续到民国以后。到了上世纪二三十年代，随着国内大革命的高潮，妇女解放运动也进入了一个新时代。无论是国民党，还是共产党，都颁布了一些有利于妇女解放的法律条款。譬如，1931 年中央苏区发布的《婚姻条例》，其中明确规定了保护妇女的许多条款，甚至当女子离婚以后，还要求前夫部分承担前妻在经济上的责任，但是，关于离婚后子女的归属问题，最初还是倾向于由父亲抚养。但是，到了 1934 年的《中华苏维埃共和国婚姻法》，则明确规定由母亲抚养，据说这样对子女的成长有利。当然，母亲有子女作为后半生的依靠，本身也体现了对妇女的保护，让妇女们可以大胆地离婚，勇敢地追求个体的自由和幸福，而不必为子女的归属担忧。可以说，《婚姻法》的新规定，可以说是数千年来所未曾有，从而彻底地改变了子女传承家庭的性质，极大促进了个体的自由和妇女的解放。

四　饮酒礼

在上古民族那里，饮酒普遍具有一种特殊的意义，即被视为沟通人与神之间的重要媒介。因此，古人在祭祀神灵时，除了借助食物以外，还不同程度地用到了酒。那么，古人祭祀神灵所用的酒有什么讲究呢？据《周礼》的记载，古人主要借助泛齐、醴齐、盎齐、醍齐、沉齐这五种米酒来表达对神灵的敬意。除此以外，古人还会用到玄酒。

按照《礼记·礼运》中的说法，人们在祭祀神灵的时候，通常将玄酒摆放在离神灵最近的位置，足见玄酒之尊贵。此外，泛齐次之，而沉齐则距离神灵最远。可以说，酒摆放位置的远近，体现了对神灵不同程度的敬意。

所谓玄酒，其实是清水，可以说是最简单、最质朴的东西，这是人类最早用来祭祀神灵的饮料。正因如此，玄酒在后世的礼仪中，被用来表达人类最原始、最纯粹的敬意。故《礼记·乡饮酒义》说道："尊有玄酒，贵其质也。"至于泛齐，则指最浑浊的、上面还泛有酒糟的米酒，其摆放的位置仅次于玄酒，而在"五齐"中，同样相对简单而质朴。其次则为醴齐、盎齐、醍齐，最后则是沉齐，指已经滤掉酒糟、最为清澈的酒，这从日常饮用的角度来看，当然最好，但从敬神的角度来看，却是最末，故摆放在离神灵最远的位置。古人摆放酒的这种讲究，体现了古礼"从其朔"的精神，即回归到人类最初面对神灵时的那种真诚而质朴的态度。

下面我们主要依据《仪礼》中的《乡饮酒礼》一篇，来考察古人宴饮时的基本礼仪。所谓乡，是古代天子、诸侯的地方组织，天子有六乡，诸侯则有三乡，而乡之长称为乡大夫。乡以下，还有州、党、族、闾、比等更低级的地方组织。乡中每三年正月举行大比，目的是为了选举贤能之人献于天子或诸侯。在献贤之前，乡大夫在乡学中举行盛大的饮酒礼，以表示尚贤的精神。此外，按照唐代学者孔颖达的说法，每年十月党正饮酒，以及春、秋两季习射时的饮酒，还有卿大夫宴饮国中的贤者，都用乡饮酒之礼。在"五礼"中，乡饮酒礼属于嘉礼。

此外，乡饮酒礼还承担了养老的功能。到了后世，尊贤举士的功能演变为所谓"鹿鸣宴"，即科举及第以后，地方官员为新科举人举行的饯行酒会。这种做法从唐代开始，一直延续到清代。至于养老的功能，则演变为《大唐开元礼》中所说的"正齿位"之礼。举行此礼的主人通常是县令，规格低于鹿鸣宴。

具体来说，乡饮酒礼包括如下几个阶段：

1. 礼前准备

① 戒宾

乡大夫前往已经致仕的卿大夫（乡先生）处，商议宾、介的人选。所谓宾、介，指乡中尚未出仕的贤者，郑玄称为"处士贤者"。挑选其中最优者一人为宾，将被举荐给天子、诸侯，其次一人为介，更次者则为众宾。然后，乡大夫到宾家将挑选的结果告诉宾，宾则向乡大夫行拜礼，感谢他屈驾光临。乡大夫答拜，并请宾参加为他举行的饮酒礼，宾稍作推辞，就答应了。乡大夫行再拜礼，宾回礼答拜。然后乡大夫告辞，宾行拜礼相送，并再次感谢乡大夫的屈驾来访。这一整套礼仪，称为"戒宾"。此后，乡大夫又前往介处，其礼仪和戒宾一样。

② 布席与酒食

到了举行饮酒礼那天，预先陈设好主宾的席位和酒食。古人席地而坐，坐席通常用蒲草编成，并用缁布镶边。其中，主人（乡大夫）的坐席陈设于大堂的东阶上，面朝西；宾的坐席陈设于大堂室前的户牖之间；介的席陈设于西阶上，面朝东；众宾的席则陈设于宾席的西边，面朝南，各自独坐一席。（图 59）

酒器摆设在室门与东房门之间，共两只壶，南边还有篚，用来临时盛放饮酒的器皿。又在堂下东阶的东南方向陈设洗手用的器皿，也就是"洗"。（图 60）

③ 速宾

等肉食煮熟以后，主人再次亲自登门，分别邀请宾、介前来，称为"速宾"。当宾、介和众宾来到学校大门外时，主人出来迎接。主人向宾行再拜礼，宾答拜回礼；主人又向介行拜礼，介亦答拜回礼；最后主人向众宾行揖礼。然后主人揖请诸位进入学校，而自己先入内引导众人。主人由门左侧而入，众人也随从由左侧进门。入门以后，主人与宾先后三揖来到堂阶前。升

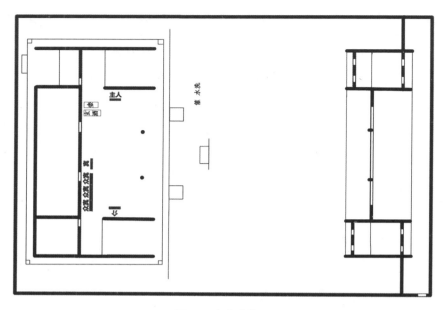

图 59　主宾席位图

图 60　洗图[1]

阶前，主人与宾相互谦让三次，然后主人升堂，宾也升堂。主人站在阼阶上正对屋楣的地方，面朝北行再拜礼。宾则站在西阶上正对屋楣的地方，也面朝北回礼答拜。（图 61）

2. 献、酢与酬

　　主宾入席以后，就开始正式的饮酒诸项礼仪了。首先是主宾之间相互敬酒，包括献、酢、酬三个步骤。

1　聂崇义：《新定三礼图》，通志堂藏板。

IIIIIIIIIIIIII　古人的日常礼仪

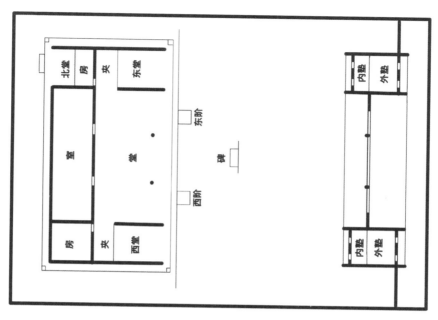

图 61 古代房屋结构图

① 献

所谓献，指主人向宾敬酒。主人就座以后，从篚中取爵，下堂洗爵，而宾也随之下堂。主人推辞再三而不得，于是宾随主人来到洗旁，南面而坐，进行洗爵。洗毕，主人与宾行一揖一让之礼，而后升阶上堂。主人坐下，把爵放在地上，然后又下堂盥手，宾也随之下堂。等主人盥手后，与宾又行一揖一让之礼，而后升阶上堂。宾在西阶上正身而立，主人坐下取爵斟酒，然后来到宾席前敬酒。宾在西阶上拜受，主人稍退以示避让。宾进前受爵，又回到西阶上原位。主人授爵后，则到阼阶上行"拜送"之礼，宾亦稍退以示避让。

有司来到宾席前，奉上脯醢。宾从席的西边升坐，用脯醢和酒祭先人。祭毕，到席的末端用嘴浅尝一下酒，称为"啐酒"。啐酒的目的，是为了"告

旨"，即称赞主人美酒的香甜。然后宾下席，来到西阶上朝北而坐，饮尽爵中
之酒，并向主人行拜礼，主人在阼阶上回礼答拜。

② 酢

酢，即宾向主人回敬酒。宾降阶洗爵，主人也随之下堂，同样进行前番一
般推让，宾洗爵完毕，然后再升阶上堂。宾又降阶盥手，如前番主人之礼。宾
斟满酒后，到主人席前酢主人。主人在阼阶上行拜受礼，然后升席就座，并像
宾一样行祭先人之礼。祭毕，主人来到阼阶前朝北而坐，饮尽爵中酒，并向宾
行拜礼，而宾在西阶上回礼答拜。

③ 酬

酬，指主人先自饮以劝宾。献、酢用爵，而酬则用觯。按照郑玄的说法，古
代饮酒的器皿，一升为爵，二升为觚，三升为觯，四升为角，五升为散。（图 62）

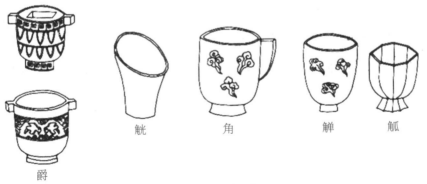

爵　　　觚　　　角　　　觯　　　觚

图 62　酒器图[1]

1　黄以周：《礼书通故》，北京：中华书局，2007 年版，第 2448—2453 页。

主人从篚中取觯下堂，宾也随之下堂，主人向宾辞降。主人洗觯后，与宾一揖一让而后升堂。主人斟满酒后，来到阼阶上朝北坐下，把觯放下，接着行拜礼，然后拿着觯站起来。宾在西阶上回礼答拜。主人坐下，用酒祭先人，接着饮尽觯中酒，又将下堂洗觯。宾下堂向主人辞洗，然后随主人上堂。主人又给觯斟满酒，来到宾席前朝北而立。宾在西阶上行拜受礼，主人稍退以示避让。主人进至宾席前坐下，将觯放在脯醢的西边。宾来到席前坐下取觯，又回到西阶。主人回到阼阶上行拜送礼。宾又到席前朝北坐下，把觯放在脯醢的东边而不饮，再回到西阶。

以上献、酢、酬这三个环节，古人称为"一献之礼"，这是饮酒礼中最核心的部分，也是最简单的酒礼。此外又有三献之礼，乃卿、大夫与士的饮酒礼。至于周天子宴请诸侯，则有九献、七献、五献之礼，天子宴请公用九献，宴请侯用七献，宴请子、男用五献。

④ 献介

主人献宾以后，又向宾行揖礼而下堂，宾也随之下堂，在西阶下当西序的位置站立，面朝东。此后主人与介行饮酒礼，同样先洗爵、盥手，而介也同样随之下堂，辞降、辞洗，然后与主人揖让而升堂。介立于西阶上，主人给爵斟满酒，来到介席前向西南方向行献礼，介在西阶上朝北答拜，主人稍退以示避让。介进至席前，面朝北，从主人手中接过爵，又回到西阶上原位。主人在介的右边向北行拜送礼，介稍退以示避让。然后介如宾一样行祭先人之礼，接着从席南端下席，面朝北坐下，饮尽爵中酒，起身，又坐下，将爵放在地上，并向主人行拜礼，再拿着爵站起来。主人在介的右边答拜。

介下堂洗爵，主人随之下堂，相关礼仪与宾酢一样。介在两楹间将爵授给主人。介立于西阶，主人给爵斟满酒，来到介的右边行酢礼。相互答拜后，主人坐下，用酒祭先人，接着饮尽爵中酒，将爵放在西楹南边、介右边的位置，向介行再拜礼，而介回礼答拜。

⑤ 献众宾

主人回到阼阶，向介行揖礼，然后下堂，介也随之下堂，站在宾的南边位置。主人面朝西南，向众宾行三拜礼，众宾则答以一拜之礼。主人向众宾行揖礼，然后升堂，到西楹南边坐下取爵，下堂洗爵，洗毕升堂，给爵斟满酒，在西阶上向众宾献酒。众宾中之长三人升堂，向主人拜受爵，主人则拜而授爵。此三人受爵后来到众宾之席坐下，祭先人，接着起身饮尽爵中酒。然后将空爵交给主人，下堂回到原位。主人又向其余众宾献酒，众宾受爵前不行拜受礼，受爵后在西阶上坐下行祭礼，接着起身饮尽爵中酒。主人献酒结束后，拿着空爵下堂，放在篚中。

3. 旅酬

旅酬，乃众人依次敬酒之意。不过，是按照尊者到卑者的顺序敬酒。先由某一人举觯向宾进酒，此为旅酬的开始；然后，宾用此觯斟酒以酬主人，主人又用此觯酬介，介又酬众宾，如此依次遍酬众人。（图 63）

① 主人酬宾

献礼结束以后，主人揖请宾、介以及众宾之长升堂，各就各位。主人派其属吏一人下堂洗觯，洗毕升堂，将用此觯向宾行旅酬之礼。此属吏作为主人

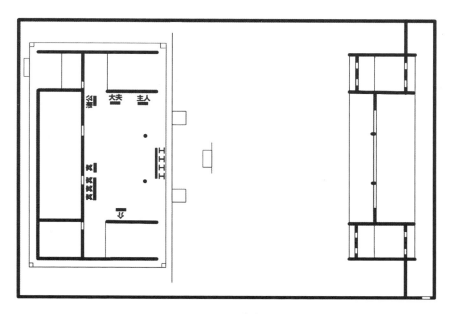

图63　旅酬席位图

的代表，先斟满酒，来到西阶上坐下，把觯放在地上，向宾行拜礼，然后拿着觯起身。宾起身回礼答拜。此人坐下，用酒祭先人，接着饮尽觯中酒，向宾行拜礼，然后拿着觯起身，宾则回礼答拜。此人下堂洗觯，洗毕升堂，给觯斟满酒，来到宾席前坐下，将觯放在脯醢的西边。宾起身推辞，然后行拜送礼，再坐下，将觯放到脯醢的西边。

② 宾酬主人

宾在自己的席上朝北而坐，拿着觯到阼阶上朝北酬主人。主人降席来到宾的东边。宾坐下，将觯置于地上，行拜礼，然后拿着觯起身。主人回礼答拜。宾站着将觯酒饮尽，不过此时宾不用下堂洗觯，而是直接给觯斟满酒，然后授予主人。主人在阼阶上行拜受礼，宾稍退以示避让。主人接过觯酒，宾在主人的西边行拜送礼，然后行揖礼，回到自己的席位上。

③ 主人酬介

主人酬介。主人到西阶上向介酬酒。介从席的南端下席，站在主人的西边。相关礼仪跟前面宾酬主人一样。酬毕，主人向介行揖礼，然后回到自己的席位上。

④ 介酬众宾

介酬众宾。司正升堂，在西阶上监督旅酬。司正说道："某子接受酬酒。"堂上的众宾之一下席，来到介的右边受酒，然后行拜受礼，起身，站着饮尽觯中酒。相关礼仪都和宾酬主人一样。然后，堂上和堂下的众宾都如此依次酬酒，最后一位受酬的众宾饮尽觯酒后，就拿着空觯下堂，将觯放入篚中。

4. 无算爵

到了这个阶段，宾主皆脱鞋燕饮。司正让主人的属吏二人，分别向宾、介进酬酒。二人洗觯，升堂，斟酒，在西阶上坐下，将觯置于地，行拜礼，然后拿着觯起身。宾、介都在坐席的末端回礼答拜。二人又坐下，用酒祭先人，接着饮尽觯中酒，起身，又坐下，将觯置于地，行拜礼，然后再拿着觯起身。宾、介又都在坐席末端回礼答拜。二人再次下堂，洗觯，然后升堂斟酒，在西阶上站立。宾、介行拜受礼，二人分别来到宾、介席前，将酒置于席前脯醢边上。宾、介坐下取觯，然后起身。二人退回到西阶上，行拜送礼，然后下堂。宾、介又将觯放回原处。

司正升堂，奉主人命请宾坐下，宾推辞不敢坐。然后司正吩咐弟子撤俎，主人与宾、介皆降席，宾取俎授予司正，主人与介取俎授予弟子，司正、弟子下堂，主人与宾、介也随之下堂。众宾也下堂。各自回到最初进门的位置。

主人与宾、介、众宾都在堂下脱鞋，然后像当初一样，揖让而升堂，坐在自己原来的席上。有司进上狗肉和肉酱，接着众人彼此用觯进酬酒，不计数，不醉不止，同时音乐也不停地演奏，尽欢而止。

饮酒礼结束以后，主人亲自送诸位来宾到门外，向来宾行再拜礼。至此，乡饮酒礼的主要仪式就到此结束了。

《仪礼》所载的乡饮酒礼，极其繁琐，正因如此，后世多不能行。对此，朱子就说道："乡饮酒礼，节文甚繁，今强行之，毕竟无益，不若取今之礼酌而行之。"南宋绍兴年间，朝廷曾制订乡饮酒礼，并推行全国，不过，仅十多年后，"士人不以为便"，于是朝廷就不再组织乡饮酒的仪式活动了。后来，朱子本人结合当时的宴饮之礼，对乡饮酒礼进行了改订，并将之与对至圣先师孔子的祭祀结合起来。

宋以后，饮酒礼仪进一步简化。譬如，清代乾隆年间的《酬世锦囊》第三集《应酬宝要》中记载了当时饮酒的基本礼仪：

> 奉酒。主人命介斟酒，双手恭身自捧至席上。客恭身领杯在手，向本席客必先逊让过，然后安放席上。主人候众客酒各齐备，方举杯云"请饮"，客云"请"。主人将酒已奉众客，则众客将酒奉主人。凡初斟酒一杯，主人先举杯，向客端拱云"请"，客亦举杯向主人端拱云"请"，然后同饮。每酒一杯，主人必先饮干，然后以空杯劝客。

显然，清人这套饮酒礼仪，与今人的酒桌规矩非常相似，尤其是"以空杯劝客"的做法，一直保留了下来，也就是所谓的"先干为敬"。如果追溯其古礼上的渊源，就是《仪礼》中所说的"酬"，即主人先自饮以劝宾的礼意。

五　士丧礼

先秦丧礼极其复杂，记载了从始死到除丧的整个仪式过程，前后长达三年之久，在"五礼"中属于凶礼。丧礼的相关仪式，《仪礼》《礼记》中有着非常完整的记载，历代礼家的讨论也非常多。其后两千多年，古代中国人在从事其具体的丧礼实践时，既有着经典方面的充足依据，也常常出于现实需要而不断简化其仪式。

几乎世界上所有民族，当人死去以后，其亲戚朋友都有守丧的习俗。这是为什么呢？我们试想，如果古人像现代人那样，认为人死后就万事皆空，灰飞烟灭，他们还能够长时间为死者守丧吗？今人处于科学主义盛行的时代，有关死者的仪式，仅限于临终到火化这几天，其目的仅仅纯粹出于感情的需要，而表达对死者逝去的感伤和悲痛而已。但是在古代，许多民族守丧的时间都非常长，通常有一年左右的时间，而中国则长达三年，上古时甚至还有"丧期无数"的习俗。

如果说现代人不守丧是科学主义盛行的结果，那么，古人守这么长时间的丧，到底是出于什么样的观念或思想呢？

其实，这与上古以来人类普遍具有的两重世界信仰有关。上古的时候，人们相信此岸世界之外还有彼岸世界，认为死亡只是意味着人离开此岸世界到彼岸世界而已。基于这种信仰，彼岸世界的神灵常常是一种不可把捉乃至令人恐惧的力量。《礼记·檀弓》中有这样一段话："君临臣丧，以巫祝、桃茢、执戈，恶之也。"堂堂一国之君，在参加臣子的丧事时，竟然还带有巫祝、扫帚、桃木以及兵械，这种做法似乎有悖于吊唁的本意，完全不符合后来中国人的观念。然而，古礼却将之保留下来，原因还是出于人类对鬼魂普遍有一种根深蒂固的恐惧。尤其是君王，对臣子是很难没有亏欠不公的，可能更担心臣子鬼魂的报复。譬如，《左传》中就记载了齐襄公冤杀了公子彭生，后来襄公某次外出游猎时，就碰到了公子彭生变成的妖鬼前来复仇。

不仅中国古代是这样，许多民族习俗中有关丧礼的做法，都与对鬼魂的恐惧有关。譬如，死者去世后，为什么亲人要哭呢？民俗学的调查发现，这些民族觉得如果不表现得足够悲伤的话，死者的鬼魂就会不高兴，甚至会来报复。穿上丧服，甚至割伤自己的面容，都是为了逃避鬼魂的伤害。因此，有民俗学者这样说道："原始社会的先民出于对鬼魂的恐惧心理，担心死者会降祸作祟，为了不被鬼魂辨识，免遭灾祸，在办理丧事时往往披头散发，以泥涂面，衣着也同平时大不一样。"可见，古人守丧并非一定出于对死者离世的哀痛之情。

上古先民对死者鬼魂的这种畏惧心理和观念，还有不少保留在经过儒家改造和诠释的后世礼制中，但是，在儒家提倡的伦理道德体系中，这种恐惧的观念却是消极性的。因此，《檀弓》针对君临臣丧时的这种做法，一方面认为"丧有死之道焉"，也就是承认这种做法符合人类恐惧鬼魂的常情；但另一方面却很隐晦地指出，"先王之所难言也"，就是不能将这种真实的缘由明确地指出来。其实，不仅君临臣丧如此，即便面对父母、妻子这样的至亲去世，常常也难以避免产生这种负面情感。因此，《檀弓》中提到孔子弟子子游对这类情感的看法，认为圣人针对性地制订了许多礼仪，譬如为死者大小殓、入棺等，就是为了减少人们对死者的厌恶、恐惧等负面心理，因为这种心理违背了儒家提倡的孝道，非常不利于社会的稳定。用现在的俗语来说，这些人类的情感看似正常，但带来的只是"负能量"。不难看到，基于这种负面情感的普遍性，古礼中的这些做法就一直保留到了今天的丧礼中。

儒家基于孝道的需要，就对上古遗留下来的古礼进行了改造，或者重新进行了阐释。譬如，儒家认为，上古时所以能"丧期无数"，是因为人心质朴，所以可以终身保持哀痛之心；至于后世实行"三年之丧"，则是因为人心变得浇薄了，守丧时间也不能那么持久，并且还需要借助丧服才能促发自己的哀情。即便如此，孔门内部依然有人觉得三年的丧期太长了，宰我就明确主张为父母守丧一年就够了，并且认为这样才符合天道。对此，孔子则站在报恩的角度，主张应该为父母守丧三年。然而，孔子这种说法多少意味着，人们对父母的自然情感，其实不足以推动子女去守丧三年，就像今天的子女不过限于火化前数天守丧而已。毕竟报恩更像是一种道德上的义务，而不是出于自然情感。稍后，墨子及其学派就攻击儒家"三年之丧"的说法，提出了短丧的主张。儒墨主张的差异，意味着"三年之丧"只是儒家的提倡，并不完全有情感方面的依据。对此，清末康有为就认为，"三年之丧"只是孔子及儒家的改制而已，并非从来就有的。只是后来随着周秦之际中国社会的转型，孝道才成为普遍的核心价值，于是儒家才以孝道为基础构建出"三年之丧"这种守丧制度。显然，三年守丧作为一种道德义务，与上古时期人们守丧的做法有了完全不同的内涵。

即便如此，儒家内部始终还有一派学者，坚持从人情的角度来理解守丧制度。譬如，《檀弓》中就说道："丧礼，哀戚之至也。"荀子也有类似的说法，认为鸟兽失其群匹都会有哀痛之心，而人类作为天地间最优秀的存在，怎么可能没有这种自然情感呢？因此，荀子认为，父母的去世是人子一生中最大的哀痛，既然哀痛如此巨大，则自然会有"三年之丧"这种情感表现。荀子还进一步认为，人子对于失去父母的哀痛情感，应该是无穷无尽的，可谓"此恨绵绵无绝期"，至于守丧时的各种期限，只是出于维持日常生活的需要，而不得已克制自己的情感而已。当然，荀子也承认，还是有一类情感比较浇薄的人，父母的去世未必就能带来多大的哀痛，反而是"朝死而夕忘之"，因此，守丧期限对这些人来说，只是勉为其难罢了。

下面我们主要依据《仪礼》和朱子《家礼》等文献材料，来考察中国古代的丧礼。

1. 临终

① 寿终正寝

通常人们病重不治时，便迁居正寝。人们平日在燕寝或侧室中睡觉，而在正寝中等待死亡，直至离世。这就是"寿终正寝"。按照《礼记·丧大记》中的说法，国君及夫人卒于路寝，大夫及夫人卒于嫡寝，士及妻卒于嫡室，都相当于正寝。什么是正寝呢？其实就是古人日常活动的地方。《礼记·檀弓》中这样说道："非致斋也，非疾也，不昼夜居于内。"这里说的"内"，指的就是正寝。因为人们晚上居于燕寝或侧室，白天则居于正寝，或居于中门之外，而

只有斋戒和病重时，才不分昼夜居于正寝。（图 64）

那么，古礼中为什么会有这样的规定呢？《仪礼·既夕礼》中有"男子不绝于妇人之手，妇人不绝于男子之手"的说法，这是因为燕寝通常是女子常住的地方，如果男子临终时呆在燕寝，那就是"绝于妇人之手"。换言之，男子临终时，身边服侍的人应该是男子，而不是自己的女眷和侍女。古人讲"寿终正寝"，就有这方面的考

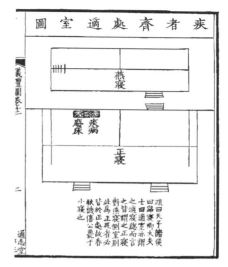

图 64　疾者斋处适室图[1]

虑。《春秋》记载鲁僖公去世时，乃"薨于小寝"，所谓小寝，也就是夫人居住的地方。对此，杨士勋、贾公彦等学者认为，《春秋》如此记载这件事，正是批评僖公"近女室"，而"没于妇人之手"。

不过，从人类的常情来看，可能更多出于对鬼魂的恐惧。因为人若死于燕寝，而鬼魂通常在夜间出现，那么，人们睡觉时难免产生种种疑惧心理。至于正寝则不同，通常是人们白天活动的场所，一般就不容易产生这种疑惧心理。基于这种缘故，人们在白日也不大会撞见鬼的。

此外，人们病重时，房屋内外都得打扫干净，以便于客人前来问疾。可见，病人移居正寝，而非卧室，还有方便客人探病的考虑。

1　杨复：《仪礼图》，卷十二，清康熙十九年《通志堂经解》本。

② 撤乐

古人平时乐不去身。譬如，天子在其居室的四面都悬挂钟、磬等乐器，诸侯则三面悬挂乐器，卿大夫犹有两面悬挂乐器，至于士，就只有一面悬挂磬而已。但在养病期间，天子、诸侯、卿大夫、士都得将悬挂的乐器撤下；如果是诸侯的士，则将琴瑟撤下。

这种做法的道理，大概有两方面：其一，古人讲吉凶不相干，亲人病重，家人哀痛所至，自然不适合奏乐。其二，通常人们生病，医家都主张静养，而奏乐不免烦神。

③ 属纩

所谓纩，指当年的新绵。因为新绵比较轻软，容易动摇，所以就放在将死者的口鼻间，便于观察其气息的出入。一旦新绵没有动静，表明呼吸就停止了，可以初步判定人已经去世了。所以，《仪礼·既夕礼》有"属纩以俟绝气"的说法。

古人为什么这样做呢？一方面，大概出于实际生活中的经验积累，即气绝通常是死亡的标志；另一方面，古人相信灵魂与呼吸的神秘联系，一旦没有气息的出入，就表明灵魂已经离开了肉体，生命也就彻底终止了。

2. 始死

① 复

所谓复，也就是招魂。在古人看来，死亡意味着灵魂离开肉体，因此，只有通过招魂，而确证灵魂再也无法回来时，才能进行以下的各种丧礼仪式，死者的亲人才能尽其哀痛之情。

通常当亲人气绝以后，由侍者一人拿着死者曾经穿过的正式衣服——以祭服最为尊贵，其次是朝服——然后登上自家寝室的屋顶，面朝北方，一边挥动手中的衣服，一边呼喊"某某回来吧"，共三次。然后侍者从屋顶下来，并将此衣服覆盖在死者尸体上。自此以后，男女才能尽情地号咷大哭，而无须任何克制。又，按照《檀弓》中的说法，"君复于小寝、大寝、小祖、大祖、库门、四郊"，可见，尊者所招魂的范围更广泛，而不限于自家屋顶，甚至可以到四郊去招魂。

关于复的道理，后世儒家进行了重新阐释。《檀弓》如此说道："复，尽爱之道也，有祷祠之心焉。"意思是说，亲人虽已气绝，但孝子希望还能把死者的灵魂召唤回来，这正是对亲人爱心的体现。那么，为什么要面朝北方招魂呢？《檀弓》说道："望反诸幽，求诸鬼神之道也。北面，求诸幽之义也。"在古人看来，北方乃幽暗之所，正是鬼神所处的地方，因此，向北招魂的做法，符合求诸鬼神之道。

② 立丧主与主妇

出于处理丧事的需要，确立丧主与主妇。通常以死者的长子或长孙为丧主，主要职责是带领亲人向死者供奉祭品；至于接待吊唁的来宾，则通常以家中最尊贵的男性长辈主持。至于主妇，则以死者的妻子充当；如果已经过世了，就以丧主的妻子为主妇。不过，如果死者在外地去世，身边没有亲戚，则朋友也可充当丧主，直到护送灵柩回到老家以后，则改由亲属充当丧主。

此外，按照朱子《家礼》，以家中能干而知礼的子弟作为护丧，凡是具体的丧事仪节，都向他们禀告和请示。又以子弟或仆吏充当司书和司货，负责丧礼有关的簿记和财务之事。

③ 易服不食

《仪礼·丧服》关于丧服有着极其详细的规定，到了后世，则不断被简化。按照朱子《家礼》的规定，死者刚去世，其妻、妾及子、妇，都必须脱去冠饰，披发，并换掉上衣；如果是男子，还要将上衣的前襟束进腰带中，并脱鞋赤脚。至于其他五服内的亲属，只需将华美的衣服和首饰去掉就行了。

此后，死者的儿子都要求连续三日不吃不喝；如果是服期年或大功的亲属，须连续三顿不食；服五月、三月的亲属，则须连续两顿不食。至于一般的亲戚和邻里，则为之准备白粥；如果是尊长，只要求比平时少吃一点就行了。

④ 治棺

按照朱子《家礼》，护丧让木匠准备做棺的木材，以油杉为上，柏木次之，土杉为下。内外都涂上漆，里面还用沥青浸透，厚达半寸以上，目的是为了防潮、防腐和防虫。先秦时采用内棺外椁的做法，也是出于防潮、防腐和防虫的考虑，但是，司马光却认为，木材时间久了终归腐烂，使墓穴变得更宽大，反而容易坍塌，所以主张不必用椁。

⑤ 讣告亲友

护丧、司书准备讣告，告知亲戚、朋友和同僚。

⑥ 设奠及尸体的洁饰

沐浴。濯发曰沐，澡身曰浴。由专门执事者围绕尸床设置帷帐，并在旁边地上挖坑，以便陈放沐浴尸体的床榻，然后与侍者一道为尸体沐发洗澡。沐浴通常用淘米水。淘过的米则可以留作饭含用。

沐浴后，为尸体剪指甲、剃须、梳头。然后将沐浴后的水及擦拭身体的毛巾、梳子丢弃在坑里埋起来。最后给尸体穿上衣服，称为"袭"。

奠。将陈尸的床移到堂中间，并在桌子上摆放脯醢等供品，这就是奠。然后主人及其他亲属各就其位而哭。如果是为父母守丧，子女晚上则睡在尸旁，以土块为枕头，以藁秸为席子；如果是期亲以下的亲属，就睡在稍远的地方。不过，亲属须分别男女，睡在不同的居室。如果是外亲，可以回家睡觉，不必守夜。

⑦ 饭含

饭含的习俗起源较早，在已发掘的殷商墓中多有含玉、含贝的现象。直到先秦时，饭含形成了颇严格的等级规定。据《公羊传》何休注，"天子以珠，诸侯以玉，大夫以碧，士以贝"，可见，所含之物的差异，体现了不同的贵族等级。又据《周礼》郑玄注，"君用梁，大夫用稷，士用稻，皆四升实之"，则饭也有等级差别。到了汉代，据《后汉书》的记载，"天子饭以珠，含以玉；诸侯饭以珠，含以璧；卿大夫、士饭以珠，含以贝"，而刘向《说苑》则提到，"天子含以珠，诸侯以玉，大夫以玑，士以贝，庶人以谷实"，可见，无论饭、含，皆有等级尊卑的差异。

关于饭含的用意，《公羊传》注说道："孝子所以实亲口也，缘生以事死，不忍虚其口。"而《檀弓》也说道："饭用米贝，弗忍虚也。不以食道，用美焉尔。"就是说，孝子担心亲人死后在阴间忍饥挨饿，故用米、贝充实其口。至于所以用米、贝，则是以为天性自然之物，故为美；而饭食乃人所造作，有亵渎之嫌。不过，《荀子·礼论》中提到了另一层用意："饭以生稻，唅以槁骨，反生术矣。"这里提到的"槁骨"，按照杨倞的解释，指的就是贝。可见，荀子将饭含视为某种让死者复活的办法。

据朱子《家礼》所规定的后世饭含礼，侍者以布巾覆盖在死者的脸上，主人坐在尸床上，亲自用汤匙将米和钱币置入死者口中。然后侍者以布巾盖在死者眼睛上，穿上鞋子和衣服，系上腰带，并用衾被盖在死者身上。

⑧ 设灵座、魂帛和铭旌

在尸体的南边放置桌椅，以白绢为魂帛放于椅上，或者将死者的影像置于魂帛之后，作为神灵的凭依；并在桌子上设香炉，摆放好酒杯、水果，种种奉养一如平生事奉死者。

又按照死者生前的官爵，以绛帛为铭旌，上面书写"某官某公之柩"；如果死者无官，则随其生时的称呼，而以竹杠为铭旌。所谓铭，有标识之意，对此，《檀弓》中说道："铭，明旌也。以死者为不可别已，故以其旗识之。"大概人们活着的时候，可以借助形貌相区别，然而，人死后封棺入殓，就只能通过铭旌来识别了。譬如，《金瓶梅》中说到西门庆的丧葬，其铭旌上写着"诰封武略将军西门公之柩"。又，《红楼梦》中秦可卿去世时，因为其丈夫的关系，其铭旌上写着"奉天洪建兆年不易之朝诰封一等宁国公家孙妇防护内廷紫禁道御前侍卫龙禁尉享强寿贾门秦氏恭人之灵柩"，长达四十六个字，颇有炫耀之意。

到了后代，当人们去世以后，多请僧人做佛事来超度亡灵。对此，宋儒提出了严厉批评，认为这种做法不免将亲人视为"有罪之小人"，实在有违于孝道。这段时间若有亲友来吊，可到灵座前哭泣尽哀，并上香，再拜而吊，而主

人则相向哭而尽哀。（图 65）

3. 小敛

　　死者去世的次日，执事者将小敛用的衣衾陈
列于堂东北壁下，并于阼阶东南设奠，并陈列盥
洗用的器具和拭巾。然后在尸床之南设床，进行
小敛。此时主人面朝西，凭尸而哭；主妇则面朝
东，凭尸而哭。所谓"凭尸"，就是生者抱持尸体
当心之处。然后各自来到别室，男子服斩衰者袒、
括发，齐衰以下亲属则袒、免；妇人则髽。执事
者将尸床迁于堂中，又在灵前设奠。小敛期间，
主人以下哭泣尽哀，且不绝声。

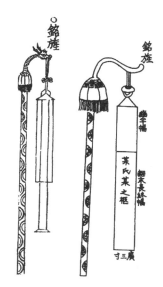

图 65　铭旌图 [1]

　　其实在小敛前，为死者沐浴后，就已穿衣三套。据《仪礼·士丧礼》中的
说法，更为死者穿衣十九套，并用布带将全身扎紧。到了后世，虽为死者穿的
衣服没有这么复杂，但借助衣服将尸体紧紧包裹起来，却还是一样的。

　　按照古礼的规定，死者未殡以前，亲人应当哭不绝声。但是，对于普通人
来说，这怎么可能做得到呢？《礼记·丧大记》这样主张，在死者去世的第一
天，只有主人应当哭不绝声；到了小敛以后，则容许他人代替主人轮流来哭，
如此接续下去，也算是哭不绝声了。显然，这在我们今人看来，让人代哭的做
法似乎有违尽孝的真心，反而显得有些虚假了。然而，古礼如此进行规定，其
实是有道理的。因为孝子悲哀过度，身体难免毁伤，而圣人本乎中道而制礼，

1　左图出自聂崇义《新定三礼图》，右图出自黄以周《礼书通故》。

担心孝子以死伤生，故让人代哭。或许，更深层的原因在于，出于对死者的恐惧，活人不得不通过哭泣乃至自残的方式，来逃避鬼魂对其族人整体上的加害，至于具体是谁来哭泣，可能还是次要的。

4. 大敛

小敛的次日，也就是在死者去世的第三日，开始举行大敛。执事者在堂东壁下陈列大敛的衣衾，共三十套，并设奠。将棺放置在堂中偏西的位置，侍者及死者子孙、家中妇人盥手，一道将尸放入棺中，然后用死者的头发、指甲及衣物将棺中空间充实，务必不让尸体摇动。然后用衾被将尸体包裹起来。主人、主妇凭尸，哭泣尽哀，然后让匠人将棺加盖、下钉，撤下尸床，用衣将柩覆盖，并于原处设立灵座。又于棺柩之东设立灵床，犹如平生之时，并设奠。

大敛后，在中门外倚靠东墙搭建简易的草庐，或者选择简陋的房间，作为主人以下男性亲属在居丧期间的临时住所。其中，服斩衰者以藁秸为席，以土块为枕头，即便睡觉时也不脱掉头上和腰间的绖带，不和人共坐在一起，平时也不进入中门内；服齐衰服者，则可以睡在席子上；大功以下亲属，当棺停殡以后，就可以回到自己的家中，不过生活起居也还限于中门之外，等三月以后就可以回到内寝休息了。至于妇人，则在中门内的别室居处，或者居住在殡宫旁边，同时，居室内要撤下相对华美的帷帐被褥，且不得随意前往男子守丧时居住的地方。

5. 成服

大敛的次日早晨，也就是死后的第四日，五服内的亲属各自穿戴好丧服，来到殡宫中自己的位置上。侍者奉魂帛出就灵座，执事者摆放好蔬果脯醢，设奠，然后主人以下再拜，进行朝哭。尊长坐哭，卑者则立哭。到了晚上，还要举行夕奠和夕哭，一如朝哭时的礼仪。自此成服以后，每天的朝夕，举家各就其位而哭，此为有时之哭。至于朝夕间的时段，亲属在各自居所，如果哀从中来，也可随时而哭，此为无时之哭。

① 丧服服饰

按照为死者所穿着丧服的不同，《仪礼·丧服》将亲属关系分成五等。下面我们结合朱子《家礼》来进行讨论。

其一，斩衰三年服。衣裳用极粗的生麻布制成，布的下际及旁边都不缝边，故名为"斩"，表明父亲的去世对人子有如刀割，不假修饰，而纯出于自然，故用此种麻布制成斩衰服。至于头上所着丧冠，所用的麻布较衣裳稍细。又有首绖，用结子的雌麻制成，腰绖则稍细；腰间则有绞带，也用结子的麻绳编成，其粗细如腰绖。手中常持苴杖，而以竹为之，高与心齐，上小下大。若脚上着丧屦，则以粗麻为之，先秦时称为菅屦，而以菅草为之。（图 66）

妇人所穿着的斩衰服，也

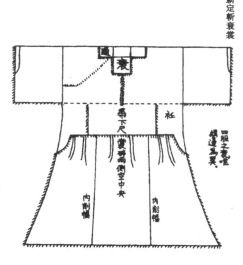

图66　先秦斩衰男子服饰[1]

1　黄以周：《礼书通故》，北京：中华书局，2007年版，第2672页。

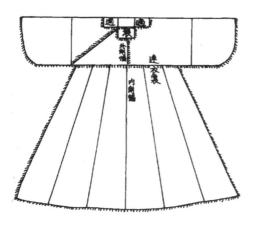

用极粗的生麻布为之，不缝边，没有衣与裳的分别。此外，妇人都不用杖。（图 67）

其二，齐衰之服。先秦时分成齐衰三年、杖期、不杖期和三月这四等服饰。到了朱子《家礼》，又在齐衰三月服外增加了齐衰五月服这一等级，规定为曾祖父母之服。

齐衰三年。衣裳冠制，与斩衰相同。差别在于，用次一

图 67　先秦斩衰女子服饰[1]

等的粗麻生布，布的下际及旁边都缝边；首绖用无子雄麻为之，较斩衰之绖为细，至其腰绖又更细，而绞带则以麻布为之；杖以桐木为之，上圆下方。

妇人所着齐衰服，也与斩衰服相同，只是用次等的布为之。

齐衰杖期。服制与上相同，而用更次一等生麻布。

齐衰不杖期。服制与上相同，用再次一等生布，且不用杖。

齐衰五月。服制同上。

齐衰三月。服制同上。

其三，大功九月。服制同上。用稍粗熟布制成。

其四，小功五月。服制同上。用稍熟细布制成，冠左缝。

其五，缌麻三月。服制同上。用极细熟布制成。

1　黄以周：《礼书通故》，北京：中华书局，2007年版，第2673页。

若年满八岁以上、二十岁以下而死，则视为殇。为殇者服丧，依次降一等，譬如，本应服期者，若长殇而死，则降服大功九月，中殇七月，下殇小功五服。应服大功以下者，同样以次降等而服。不满八岁者，则为无服之殇，即不服丧服，按照"以日易月"的规定，服相应的日数。如果出生未满三月而亡，则不哭。不过，若男子已娶、女子已嫁，即便不满二十岁，也不算殇。

如果男子出继为他人之后，或者女子嫁人，则为其原来的亲属，降一等服丧；反过来，其原来的亲属为之也相应降一等。

丧服服饰在中国古代有着异乎寻常的重要性。中国社会是一个重视人情关系的熟人社会，而这种人情关系通常是建立在血缘的基础之上。虽然各民族都重视血缘关系，但对亲疏远近的规定和理解，中国却有着不同于其他民族的特点。简单来说，中国人讲的亲疏远近关系，并不完全由血缘决定。随着社会生活的调整，中国人的亲属范围和远近亲疏关系也会相应发生变化。这样的亲疏关系与丧服制度结合在一起，体现出浓厚的宗法性。

古人的亲属主要分为三类，即宗亲、外亲和妻亲。什么是宗亲呢？宗亲指本宗亲属，也就是父亲所在的宗族，因此，这部分亲属又称为"父党"。当然，宗亲通常不是指父亲所属宗族的所有亲属，而仅限于五服内的父系亲属，当然还包括他们的配偶。这部分亲属可上溯至高祖，向下则推至玄孙，属于直系亲属的范围；至于旁系亲属，则包括同高祖、同曾祖、同祖、同父的其他五服内亲属。这部分亲属范围非常庞大，其中，最亲近的亲属要求服丧至斩衰三年，譬如父亲和丈夫；而最疏远的亲属则仅服缌麻三月的丧服，譬如同高祖的族兄弟。那么，什么是外亲呢？这是指与自己有血缘关系的五服内外姓亲属，包括母亲的父母、兄弟、姊妹以及舅姨的子女。此外，出嫁姑姊妹虽属于本宗亲属，但他们的子女则属于外亲。显然，外亲的范围比宗亲就小多了，其丧服最重不过小功五月服，如外祖父母、姨，其余则服缌麻三月服。妻亲的范围最小，仅包括妻子的父母，其丧服不过缌麻三月而已。（图 68）

C1	C2	C3	C4	C5	C6	C7	C8	C9
				高祖父母齐衰3月				
			族曾祖在室缌麻，出嫁无服	曾祖父母齐衰3月	族曾祖父母缌麻			
		族祖姑在室缌麻，出嫁无服	从祖祖姑在室小功，出嫁缌麻	祖父母齐衰不杖期	伯叔祖父母小功	族伯叔祖父母缌麻		
	族姑在室小功，出嫁无服	堂姑在室缌麻，出嫁缌麻	姑在室期年，出嫁大功	父母斩衰3年	伯叔父母期年大功	堂伯叔父母小功	族伯叔父母缌麻	
族姊妹在室缌麻，出嫁无服	再从姊妹在室小功，出嫁缌麻	堂姊妹在室大功，出嫁小功	姊妹在室期年，出嫁大功	己身	兄弟期年，兄弟妻小功	堂兄弟大功，堂兄弟妻缌麻	再从兄弟小功，再从兄弟妻无服	族兄弟缌麻，族兄弟妻无服
	再从侄女在室缌麻，出嫁无服	堂侄女在室小功，出嫁缌麻	侄女在室期年，出嫁大功	长子期年，长子妇期年，众子期年，众子妇大功	侄期年，侄妇大功	堂侄小功，堂侄妇缌麻	再从侄缌麻，再从侄妇无服	
		堂侄孙女小功	侄孙女在室小功，出嫁缌麻	嫡孙期年，嫡孙妇小功，众孙大功，众孙妇缌麻	侄孙小功，侄孙妇缌麻	堂侄孙缌麻，堂侄孙妇无服		
			曾侄孙女在室缌麻，出嫁无服	曾孙缌麻，曾孙妇无服	曾侄孙缌麻，曾侄孙妇无服			
				玄孙缌麻，玄孙妇无服				

图 68 丧服亲等关系图

由此可见，宗亲的范围比外亲和妻亲大得多，丧服也重得多，其主要缘由在于，女子通常是嫁入夫家，而子女则从父而居，导致古代的亲属范围完全是以男性为中心来划分的。并且，中国社会的宗法性使得宗亲在整个亲属范围中占据了重要得多的地位。举例来说，张三从出生以后，都是生活在父亲的家庭中，父亲的亲属范围就构成了张三的整个世界；直到张三娶妻以后，妻子的亲属又成为张三的亲属，只是张三与妻子那边亲属的往来通常比较少，重要性也差很多，所以服丧的对象仅限于妻子的父母而已；此后张三如果有出仕的机会，服丧的范围会进一步扩大到君王，有时也包括自己的上司。可见，中国人的亲属范围包含了很强的社会性，不完全由生物学意义上的血缘关系来决定。

如果我们将中国人的亲属范围与西方罗马法和中世纪寺院法所规定的亲属范围相比较，不难发现，西方人基本上是按照血缘来确定亲属范围，通常不存在宗亲远远大于外亲和妻亲的情况。受这种观念影响，现代法律将亲属分为血亲和姻亲两大类，与自己有着直接或间接血缘关系者称为血亲，因婚姻而后天建立起来的亲属称为姻亲。显然，这种亲属范围的划分没有男尊女卑的特点，更没有宗法性，完全是生物学意义上的划分。（图 69）

与之相比，中国亲属的远近亲疏不完全是由血缘决定的，而是具有强烈的宗法性和社会性。随着社会关系的变化，亲属的亲疏远近也会相应发生变化。具体来说，导致亲属变化的因素，主要有以下三种情况，即尊降、压降和出降。

什么是尊降呢？通常服丧应该遵循"礼尚往来"的原则，即彼此应该为对方服同等的丧服，但是，如果两者有尊卑上的差异，则尊者降一等为对方服丧。譬如，子女为父亲服斩衰三年，为母亲服齐衰三年，反过来，父母作为子女的尊长，就应该降一等为子女服齐衰不杖期。如果父亲是大夫，地位更是尊贵，则为子女降服至大功九月；对于那些本来只服缌麻的亲属，大夫则降一等而不服丧了；如果是国君，则只为父母、嫡妻、嫡长子及嫡妇服丧。可以说，随着政治地位的上升，亲属范围也同时发生变化，通常是越来越小。

那么，什么是压降呢？压降不同于尊降，尊降是因为自己的地位较所服丧的对象为高，所以要降一等为对方服丧；压降则通常是因为所服丧对象之上另有地位更高的尊者，自己受此尊者的压抑而为对象降一等服丧。我们以子女为母亲服丧为例，父母相对于子女都是尊者，但父亲相对于母亲也是尊者，故

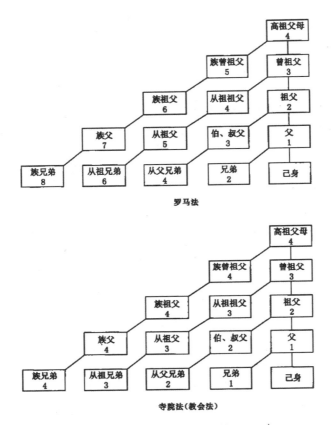

图 69　寺院法与罗马法中的亲等关系图 [1]

古人称父亲为"至尊",而母亲只是"私尊",显然父亲的地位更为尊崇。因此,如果母亲去世时父亲已经不在,那么子女就可以尽情宣泄其作为人子的自然情感,而为母亲服齐衰三年;但若父亲还在,那么,子女对母亲的哀痛之情就不免受到父亲的压抑,而只能服齐衰期年。同样的道理,如果父母还在世,则丈夫为妻子服丧的情感和丧服也会受到压抑。

1　丁凌华:《五服制度与传统法律》,北京:商务印书馆,2013年版,第147页。

最后，什么是出降呢？所谓"出"，包括两种情况，即女子出嫁与男子过继，都是子女离开自己原来的家庭而成为另一个家庭的成员，在这种情况下，就与原来家庭的关系疏远了。体现在丧服上，通常降一等为原来的家庭成员服丧。譬如，就女子出嫁来说，女子为自己亲生父母本来服三年之丧，出嫁以后就降服一年，而为自己的兄弟本来服一年，出嫁以后就降服大功九月。如果男子过继给别人为子，那么，无论是原来的父母、兄弟还是其他亲属，一律降一等服丧，而需要如同"真子"一样为新家庭的父母、兄弟等亲属服丧。

尊降、压降和出降这三种影响亲疏远近关系的情形，都是因为社会关系的变化，而对原来的亲属范围产生了影响，与古代欧洲人和现代人那种基于血缘关系的亲疏远近，还是有很大区别的。

大殓的第二天，也就是成服的当天，主人及其兄弟就可以吃粥了；自己的妻妾及大功九月亲属，此后可以吃干饭，但不能吃菜和水果；服五月、三月的亲属，则可以饮酒食肉，但不得参与宴乐一类的场合。

② 吊、奠、赙

成服以后，凡来吊宾客，都穿素服，以白生绢为之。护丧者出迎宾而至灵座前，哭而尽哀，再拜进香，跪以茶酒酹死者，此为奠，然后俯伏而起身。护丧止吊者之哭，祝则跪读祭文，并将赙状奠于宾之右。宾主皆哭尽哀。宾再拜，主人西向而哭，稽颡再拜；宾亦哭，东向答拜。宾揖而出，护丧者送到大厅，主人以下止哭。

如果死者官尊，则称"薨逝"；稍尊，则称"捐馆"。生者官尊，则称"奄弃荣养"。如果死者、生者都无官爵，则称"色养"。

③ 闻丧、奔丧

人子初闻父母之丧时，以哭答前来讣告的使者，又哭尽哀，再询问父母去世的情况。然后更换素服、麻鞋，马上动身回家奔丧。人子在奔丧路途中，如果有哀就哭，但要避开喧闹繁华的场所。当人子接近自家所在州境或县境，或可以望见所在城池，或远远望见自家时，都应该哭。到家中以后，就直接来到柩前，再拜，哭泣尽哀，然后更换丧服。如果自己到家时，父母已经下葬，则先到墓前哭拜，其礼仪犹如到家哭时一样，然后在墓所变服。等回到家中时，再到灵座前哭拜。

如果是齐衰亲属闻丧，则在正堂或别室举哀。其后奔丧，途中脱去华丽衣服，到家以后，直至柩前，哭再拜，然后成服，就其位而哭。如果有故而不得奔丧，则过四日而后成服。

6. 下葬

古时天子七月而葬，诸侯五月，大夫三月，士则逾月而葬。到了宋代，王公以下都是三月而葬。然而，出于种种迷信的因素，人们不仅要选择合适的时间，而且还要挑选所谓的风水宝地，又称"吉壤"，希望以此保佑其子孙，以为后人的贫富贵贱、贤愚寿夭，都有赖于葬所，于是，人们往往不再遵循古礼关于葬期的规定，甚至有数年乃至终身不葬的做法。对此，司马光《书仪》提出了严厉的批评，认为"为子孙者，亦岂忍使其亲臭腐暴露，而自求其利耶？悖礼伤义，无过于此"。其实，先秦本有择地而葬的做法，但其目的却是出于保护死者的棺椁和尸骨的孝心，后世则多有功利的考虑，即为子孙求福而已。尤其是为了寻求吉地下葬，致使亲人尸骨久不得安宁，反而有亏孝道。

在中国，死后将亲人安葬入土是几千年来一直奉行的习俗，自天子至于庶人莫不如此。大家有没有想过，在更为远古的时候，中国人曾经有过不埋葬死去亲人的做法？《周易·系辞传》就说道，上古的时候，人们住在野外的洞穴之中，死后只用柴草树枝之类把尸体盖住，抛在郊野，上面既不封土，更不筑坟，不种树，完全没有标识抛尸的位置。到了后世，圣人才主张将草席改为棺椁。因此，《说文解字》认为"葬"的古字形是茻，表示一个死人卧在上下都是草的地方。可见，"葬"这个字可以解释为"藏"的意思。

如果人死后马上成为神明，为什么要"藏"呢？《礼记·檀弓》中记载了一个齐国贵族国子高的说法，认为"藏"就是为了让活人看不见。如果是神明，迎还来不及，又为什么不想让人看见呢？大家想想，人去世之后，尸体是不是渐渐腐坏变形，加上一些鬼怪的传说，从人的天性来说，是不是会不由自主地害怕、畏惧呢？古人其实也一样。所以，《檀弓》中说，国君去臣子家吊丧的时候，要让巫祝拿着桃枝、扫帚，并且还执戈来护卫自己，这应该是出于对死者的恐惧甚至厌恶，才会这样做。不过，这种做法的真正理由，先王是不便于明说的，因为这样会让人们对于亲人产生厌恶和悖逆的心理。

将死者视为凶邪，在《檀弓》中还有一则小故事：鲁襄公访问楚国，正赶上楚康王去世，楚国人非要让鲁襄公给他们去世的国君穿衣，襄公的随从官员认为这样不合于礼，但碍于楚人的强迫，襄公就让男巫走在前面，用桃枝先掸拂棺材，表示驱鬼辟邪，这是国君对臣子家吊丧的礼节。这样，楚人本来想要贬抑鲁君，结果反而受到了羞辱。

我们明白了驱鬼辟邪的道理，再来看葬这个行为就容易明白了。古礼中记载了大量为了"藏尸辟邪"而规定的葬礼。譬如，古人用来包裹尸体的物品，上古早期是柴草，有虞氏时烧土做瓦棺，夏人烧砖砌在瓦棺四周，殷人则用木材做成内棺和外椁，而周人还要在灵柩四周围上木框布屏，并且用画有云气花纹的翣扇来遮挡棺材。此外，我们在《仪礼》和《礼记》的记载中看到，古人对于尸体也有种种修饰：小殓时用夹被一条、衣裳十九套来包裹尸体；到了大殓，则还要裹上单被一床、夹被两床，以及三十套衣裳。这些愈加繁琐的做法，反映了古人对死者的畏惧和厌恶情绪。此外，从上古到春秋战国，包裹越来越严实，装饰越来越复杂，也体现出生产力不断发展、物质文明不断丰富的情况下，世风由质向文的转变。

其实，为了藏尸，古今中外有种种不同的葬法，比如藏人、蒙古人、门巴人以及其他民族曾举行过天葬、鸟兽葬、水葬等方式，撇开儒家特有的仁爱之说不谈，中华民族主要采用土葬这种葬法，大致是自然环境和生活方式决定的。对于游牧民族来说，可能会选择鸟葬、兽葬或野葬，而对于渔猎民族来说，则会选择水葬。中国自西周以后，始终是一个依靠土地耕作而生活的民族，选择土葬就是很自然的。虽然葬法各有不同，但是，里面包含的那种厌恶或恐惧死者的情感，则是共通的。从这个意义上讲，"藏尸"这种说法或许可以解释所有的葬法。就是说，不论是土葬的埋尸，还是火葬、天葬等葬法的灭尸，都是基于人类对死者的这些负面情感，换言之，在人类看来，死者必须要从生者的世界中驱逐出去，否则，阴阳淆乱，实在是非常可怕的。对于先民来说，这是另一种"失序"。

对待死者，虽然恐惧和厌恶是天性，但死者毕竟是自己的亲人，将死去的亲人抛尸于野，让其遭受蛇虫鼠咬，孝子仁人必然会产生不忍之心。因此，孟子认为，上古时期曾经有过不埋葬亲人的做法，即将亲人的尸体抛放在山沟中；但后来那个将亲人尸体抛在野外的人，偶尔路过那里时，看到狐狸正在撕咬亲人尸体，蚊蝇昆虫也聚来叮咬，这时他的额头冒出了汗，斜着眼不敢正视；于是此人就拿来藤蔓野草和灌木掩埋尸体。孟子这种说法，代表了后来儒家的一贯立场，即将藏尸看成孝心的自然表现。

本于孝子的这种亲亲之情，孔子认为，贫穷人家不一定非要按照繁文缛节去层层包裹死者，只要能根据自身财力做到"敛手足形"，不使亲人尸体直接接触土壤而遭虫蚁野兽咬食就可以了。《檀弓》记载子路曾经这样对孔子说道："贫穷真是可悲呀！父母在世，没有钱财奉养；父母去世，没有钱财办丧礼。"对此，孔子主张："吃豆粥，喝清水，而能使老人开心，这样就可以称作孝了；去世了，衣被能够遮住头首四肢形体，入殓后就埋葬，没有外椁，只要办丧事的花费和自己的财力相称，这样就可以称作礼了。"可见，对儒家来说，虽规定了埋葬亲人的种种礼仪，但更看重的是孝子内在的仁爱之心。

上面所说的这许多礼仪，都是将死者当作自己的亲人或者鬼魂来看的，那么，我们现在回到开头提出的问题：古人究竟是从什么时候开始，将死者看作神明的呢？古礼认为，死者埋葬之后，经过反哭、虞祭等仪式，就逐渐成为神明了。在《礼记·祭义》中，古人这样解释了从人鬼到神明的变化：芸芸众生必有死亡，死后必定归于土中，骨肉腐烂化为土壤，这是人成为鬼的过程。而死者的魂气则向上飞扬，成为各种可见的光影，发出各种可以嗅到的气息，令人凄怆感伤，这些都是神的体现。《礼记·丧大记》将这个过程概括为"送形而往，迎精而反也"，认为死者一旦入土安葬，骨肉就归于尘土，而灵魂追随孝子回到家中，孝子举行虞祭以安神。

但是，墓地的尸骨毕竟与神灵有着千丝万缕的关联，因此，按照"藏尸"的古义，墓地本来不应该有标识的，但是，后人出于尽孝的内心需要，不仅在宗庙里祭祀死者的神灵，而且也在墓地里表达自己的哀思。于是，古人在建构墓地时，逐渐形成了筑坟和封树的做法，目的是便于孝子将来能够找到父母埋藏尸骨的所在，以便举行墓祭。

可见，古人正是在这种又爱又怕的复杂心理中，选择了用土葬的方式对待亲人逐渐消亡的尸体，同时也在宗庙中不断迎接亲人神灵的驾临。其中既有对死者的恐惧和厌恶等负面情绪，也有对死者的哀痛和思慕等正面情绪。因此，"藏尸"一方面驱散了生者的恐惧与厌恶，另一方面也保护了亲人的尸骨，成全了孝子的仁爱之心。可以说，圣人正是基于对人性这两方面的理解，而制订出了一套非常复杂而繁琐的丧葬礼仪，构成了中华文明中极其重要的部分。

① 治葬

葬前，卜选合适的地点作为墓穴。早在《周礼》中，就提到大夫以上用卜、下大夫及士用筮，来选择墓地。那么，古人为什么这样做呢？对此，司马光说道："孝子之心，虑患深远，恐浅则为人所掘，深则湿润速朽，故必求土厚水深之地而葬之，所以不可不择也。"可见，择地而葬亲，本身就是人子孝心的体现。不过，到了后世，又有了借此求福的动机。程子对此批评道：

> 卜其宅兆，卜其地之美恶也，非阴阳家所谓祸福者也。地之美者，则其神灵安，其子孙盛。若培拥其根而枝叶茂，理固然矣。地之恶者则反是。然则曷谓地之美者？土色之光润，草木之茂盛，乃其验也。父祖子孙同气，彼安则此安，彼危则此危，亦其理也。而拘忌者惑以择地之方位，决日之吉凶，不亦泥乎？甚者不以奉先为计，而专以利后为虑，尤非孝子安厝之用心也。

可见，对于出乎"奉先"的孝心而择地之美者的做法，程子是赞同的。至于所谓"地之美"者，也不过限于"土色之光润，草木之茂盛"而已。但是，后人出于"利后"的目的，纯粹从风水的角度以卜兆阴宅，程子批评这种做法并非孝子所当为。

然后，择吉日请执事掘挖墓穴，营建墓所，并刻木制作车马仆人侍女，各执奉养之物，犹如生时的场景，此即先秦时陪葬所用的"明器"。关于葬用明器的道理，孔子颇有论说。《礼记·檀弓》中记载了孔子这样一种说法：

> 之死而致死之，不仁而不可为也；之死而致生之，不知而不可为也。是故竹不成用，瓦不成味，木不成斫，琴瑟张而不平，竽笙备而不和，有钟磬而无簨虡。其曰明器，神明之也。

在孔子看来，人死以后，如果生者认为死者就从此没有任何觉知了，这种态度是不仁的，不能这样对待死者；但是，如果认为死者依然活在另一个世界，则是不智的态度，也不可以这样做。儒家主张在两者间取一种中道的态度，这体现在对明器的使用上，只能将生者不能用的物品作为随葬的明器，譬如，明器中的竹器不编边缘，瓦器没有光泽，木器不加雕饰，琴瑟张弦而不能弹，竽笙外形具备而不能吹，有钟有磬而没有悬挂钟磬的木架。诸如此类，可见送给死者的物品，都是徒具外表而不能使用的器物，《檀弓》称为"备物而不可用"，这就是明器的特点。可以说，所谓"明"，就是主张应该将死者当作神明来侍奉，而区别于"致死之"与"致生之"这两种态度。

然后，又在墓碑上刻上铭文，并用栗木或其他坚硬的树木为死者制作神主，以为灵魂的凭依和祭祀的对象。

② 迁柩、朝祖

葬前一日，将棺柩从临时浅埋的坎穴中迁出来，此为启殡。然后奉棺柩至祖庙或祠堂，行朝祖之礼。主人及众人随柩而哭，男子由右，妇人由左，重服在前，轻服在后，侍者在末。无服之亲，则次于主人、主妇之后。

所谓朝祖，乃死者在葬前向祖先告别的仪式。按照《礼记·檀弓》的说法，朝祖礼的道理在于，"丧之朝也，顺死者之孝心也。其哀离其室也，故至于祖考之庙而后行"，正如《礼记·曲礼》所言"出必告，反必面"，生前尽孝如此，至死者将永弃祖宗于泉壤之下，神灵悲哀，故以车载柩而至祖庙辞别。

不过，殷人朝祖的时间不同于周人。按照《檀弓》的说法，周人在葬前一日举行朝庙礼，而殷人奉死者的棺柩朝庙以后，还要停柩数月才下葬。

③ 遣奠、发引

葬日早晨，将棺柩放于车上，执事者迁灵座于柩前，于是设遣奠，犹如朝祖之奠。祝奉魂帛升车。车载柩而行，主人以下男女哭着步行以随之。尊长次于主人，无服之亲又次之，宾客又次之。

④ 下棺成坟

当灵车行至墓所时，设奠，主人男女各就位哭。主人及其余男子立于墓穴之东，西向；主妇及其余妇人立于墓西幄内，东向。主人拜谢宾客，然后下棺。主人亲自以束帛奉置柩旁，再拜稽颡。在位者皆哭尽哀。将明器藏于墓穴，然后将土填回墓穴。祝奉神主以归，主人以下皆哭而随从于后，犹如来时的仪式。更于墓上筑坟，高四尺，且于墓南放置墓碑，亦高四尺。

这种做法，朱子《家礼》认为，正是效仿孔子葬父。据《檀弓》的记载，孔子的母亲去世后，与其父亲合葬于防，当时筑坟，正是高四尺。

⑤ 反哭

葬毕，不待坟墓筑好，主人以下奉灵车徐徐而归，哀至则哭。望见家门，就开始哭。祝奉神主入内，置于灵座。主人以下，由西阶升堂，至大堂又哭。其间若有宾客来吊，主人答拜，其仪式跟以前一样。

通常宾客来吊，一般是在葬前或葬时，为什么反哭时依然有吊唁之礼呢？按照《礼记·檀弓》的说法，殷人之吊是在下棺时，而周人之吊则在反哭之时。在周人看来，反哭正是孝子最悲痛的时候，所以宾客应该在此时来吊。对此，《礼记·问丧》描述了反哭时亲人哀痛的场景：

> 其反哭也，皇皇然，若有求而弗得也。故其往送也如慕，其反也如疑。求而无所得之也，入门而弗见也，上堂又弗见也，入室又弗见也。亡矣丧矣，不可复见已矣！故哭泣辟踊，尽哀而止矣。心怅焉怆焉，惚焉忾焉，心绝志悲而已矣。

在周人看来，当亲人奉神主返回时，一路徐行，好像等待神灵回家一样；进门以后，四处寻找死者的神灵，却都没有看到。于是哭泣辟踊，尽哀而止。因此，此刻来吊以慰生者，正是时候。

7. 葬后

按照《檀弓》的说法，古人葬亲，目的是为了"藏尸"。因为死亡意味着人离开阳世到阴间，故对于阳世中的人来说，葬礼就是将死者的肉体埋藏在地下，

"欲人之弗得见"，即将死者从阳世中驱逐出去，从而保持阴、阳两个世界的隔离。

① 虞祭

所谓虞祭，按照《仪礼·士虞礼》注的说法："虞，安也，所以安神。"可见，虞祭的目的就是为了安神。那么，什么是安神呢？在古人看来，通常灵魂与肉体是无法分离的，即便去世以后，灵魂也没有马上离开肉体。正因如此，亲人在尸柩旁边进行奠祭，准备种种食物以供死者享用。然而，随着下葬仪式的完成，死者的肉体彻底销归于尘土，到了另一个世界，这时，死者的灵魂不免彷徨无所，就必须另外寻找一个可以凭依的对象，也就是神主。汉末礼学家郑玄说道："骨肉归于土，魂气则无所不之，孝子为其彷徨，三祭以安之。"这种说法准确道出了通过虞祭以安神的意义。

按照古礼，通常早上举行葬礼，当天正午前必须赶回殡宫，以便举行虞祭。这是为什么呢？《礼记·檀弓》说道："葬日虞，弗忍一日离也。"儒家讲"事死如事生"，故孝子不忍心父母的灵魂在外漂泊，而无所依归。虞祭开始时，还要制作神主，以作为灵魂凭依的对象，经过数次虞祭后，而使灵魂最终依附到神主上。

灵魂依附于神主，常常要通过数次仪式才能完成。按照《礼记·杂记》的说法，"诸侯七虞，大夫五，士三"。可见，按照爵位的不同，虞祭的次数也相应有等级上的差别。士的虞祭，前后有三次，称为始虞、再虞与三虞，共计四日。其中，始虞、再虞用柔日，而三虞则用刚日。这是什么意思呢？先秦时以干支纪日，即以乙、丁、己、辛、癸为柔日，而甲、丙、戊、庚、壬为刚日。譬如，若丁日（柔日）下葬，则当天举行始虞，隔一日即己日（柔日）举行再虞，次日即庚日（刚日）举行三虞。至于大夫五虞，则前四虞用柔日，最后一虞用刚日，前后共计八日；诸侯七虞，前六虞用柔日，最后一虞用刚日，前后共计十二日；天子九虞，前八虞用柔日，最后一虞用刚日，前后共计十六日。可见，政治地位愈高的人，灵魂愈是自由而强大，故必须借助更多的力量才能将其束缚到神主上。

虞祭前，主人以下皆须沐浴，执事者将相关器物、祭品陈列好，祝则将神主置于灵座，主人以下亲属及其他参与祭祀的宾客，按照丧服轻重的次序，重者居前，轻者居后，依次进入殡宫，来到灵座前哭。哭毕，祝举行降神仪式，主人、主妇及众宾来到灵座前，奉上酒食，再拜而各复其位。三献之后，主人以下皆离开殡宫，哭着向神告辞。

② 卒哭

卒哭，即止哭。下葬以前，亲人哭死者，既有无时之哭，又有朝夕之哭。所谓朝夕哭，指大敛以后，每天早、晚各一次，亲属到殡宫中各自的位置上哭，相较于大敛前的哭不绝声，此时稍有节制。至于无时之哭，则在朝哭和夕哭之外，没有特定的时间要求，因哀至而哭。

三虞在刚日举行，按照孔颖达的说法，隔一日，也就是同样在刚日举行卒哭祭。自此以后，就只有朝夕哭，而无时哭则停止了。这意味着随着死者的下葬，不再睹物思人，生者的哀痛之情就进一步淡化了。这体现在祭祀的性质上，也发生了根本的变化，简言之，卒哭以前的祭祀属于"丧祭"，而卒哭以后的祭祀则属于"吉祭"。

据朱子《家礼》，卒哭祭前一日，陈列好器物和祭品。当日清晨，摆设蔬菜、水果、酒水、食物，祝将神主摆放于灵座，主人以下皆哭，并进献食物，同样有初献、亚献和终献之礼。相关仪式，都与虞祭相同。自此以后，哀至不哭，唯有朝夕哭。其间主人及兄弟，疏食水饮，不食菜果，寝则有席，而以木为枕。

卒哭祭，加上次日的祔庙礼，约需两天时间；至完成虞祭，则需七天时间；再加上三月安葬的九十天，以及成服前的三天，前后总计约需一百天时间，故称"百日卒哭"。

③ 祔

所谓祔祭，乃为新死者的神主安放于庙而举行的祭祀仪式。卒哭的第二天，奉新死者的神主入庙，按照昭穆次序，附属于死者祖父的神主之后。祔祭之后，神主仍旧返归于寝，至大祥，才正式迁入庙。据《礼记·丧服小记》的说法：

> 士、大夫不得祔于诸侯，祔于诸祖父之为士、大夫者。其妻祔
> 于诸祖姑，妾祔于妾祖姑，亡则中一以上而祔，祔必以其昭穆。诸侯
> 不得祔于天子。天子、诸侯、大夫可以祔于士。

按照这里的说法，男子祔于祖父；其妻，祔于丈夫祖父之妻，即祖姑；其妾，则祔于丈夫祖父之妾，即妾祖姑。这是祖孙昭穆相同的缘故。如果没有祖姑或妾祖姑，则祔于祖父兄弟的妻子或妾，即诸祖姑或诸妾祖姑；如果无妾，则更向上祔于高祖的妾，这也是昭穆相同的缘故。

并且，祔又要遵循"尊卑有别"的原则，即卑者不得祔于尊者。譬如，若死者是士、大夫，则其神主不得祔于作为诸侯的祖父，只能祔于只是士、大夫的祖之兄弟。不过，反过来，天子、诸侯、大夫虽尊，但可以祔于只是士的祖

父神位。因此，我们经常看到这样的现象，每当后世新王朝建立后，始受命的君王大多尊崇事实上只是士、大夫的先祖为帝，其缘由也在于此。对此，孔颖达解释道："祖虽贱而孙虽贵，祔之不嫌也。若不祔之，则是自尊，欲卑于祖也。"换言之，帝王如果不祔于地位相对低下的先祖，反而有自尊卑祖之嫌。古人又有"祖以孙尊"的说法，同样表明，孙虽尊而祔于祖，并不会因此卑其祖，反而是先祖的荣耀。

按照朱子《家礼》，卒哭次日，举行祔祭。天刚亮，就先在祠堂中陈列相应器物、酒食。主人以下来到祠堂，奉神主出，并设新死者祖考、祖妣的神位于堂中或厅中，南向西上；然后奉新主入祠堂，设位于祖考、祖妣神位之东南，西向。丧主或宗子行降神的仪式，并供奉食物，行初献、亚献和终献之礼。礼毕，祝奉诸神主还其故处。

8. 小祥

《仪礼·士虞礼》中说道："期而小祥。"自死者去世后十三月时，不含闰月，举行小祥祭，又称周年祭。

前一日，主人率领众男子洒扫内外，主妇率领众妇人洗涤祭器，准备祭品。其他仪式，都跟卒哭祭一样。男子、妇人各自设立临时住所，并准备小祥祭用的练服。

次日早上，祝请出死者的神主，主人以下进入祠堂，哭，降神，行三献之礼。礼毕，朝夕之哭就停止了。此后，主人就可以吃蔬菜和水果了。

9. 大祥

自始死以后二十五月时，不含闰月，举行大祥祭。

前一日，沐浴，陈列祭器，准备祭品。准备临时住所，陈列禫服。次日举行大祥祭，与小祥祭仪式一样。完事以后，祝奉神主入祠堂，撤灵座，并将迁毁的神主埋于墓侧。

自此以后，除去丧服而穿常服，可以加大吉之饰，也可以饮酒食肉，并回到原来的寝室睡觉了。

10. 禫

大祥之后，隔一月举行禫祭。所谓禫，按照郑玄的说法，"淡淡然平安之意"，意味着对死者的哀痛之情，经过三年的丧期，至此归于平淡，标志着三年丧礼的彻底结束。

前一月下旬，卜择下月三旬各一日，作为禫祭之日。到了禫祭前一日，沐浴设位，陈列祭器与祭品。次日举行禫祭，种种仪式都和大祥祭一样。

六　家祭礼

　　中国古人基于对鬼神的崇拜或信仰，上至天子、诸侯，下至士、庶人，形成了非常复杂繁琐且极具等级色彩的祭祀礼仪。其中，既有对天神、地祇等各种外神的崇拜，也有对血脉相连的众多祖先神的祭祀，后者就成为家祭礼的基本内容。

　　祭礼在"五礼"中属于吉礼。古人相信整个世界是由阴间与阳世两部分构成的，因此，人死以后，不过是灵魂离开肉体而已，肉体虽然销归于尘土，而灵魂则依托于神主而永恒不朽。尤其在祭祀的时候，神灵通过子孙们精诚的感召而现身于人间，享用子孙们供奉的各种丰富祭品。并且，对于一般人来说，见其生，则不忍闻其死，尤其对于自己的亲人，种种思慕之念，常常不绝于心，曾子"胡为而死其亲乎"之语，正道出了人类的这种朴素情感。可见，丧礼与祭礼有着本质的不同，前者是哀痛和伤感亲人永弃于泉壤，故为凶礼；后者则是祈求和欣悦亲人降临于人间，故为吉礼。

不仅如此，祭祀礼还有着强烈的社会功能。因为通常人们所祭的神灵，不过是自己所源出的共同祖先，所以，同源的族人通过祭祀共同的祖先而聚集在一起，彼此相亲相敬，"合族以食，序以昭穆"，构成了中国古代宗族社会的制度基础。

1. 鬼神与祖先崇拜

祖先崇拜是中华文明非常独特的现象，其他民族似乎少有这种习俗，至少也不大那么重视。许多文明大都将逝去的亲人视作鬼魂，希望他们不要来打扰生人的世界，这也是万圣节、萨温节及非洲一些民俗的由来。唯独中华文明尤其重视祖先崇拜，即将已故的先人奉为神灵，并加以祭祀和崇拜。此外，少数文明在拜祭自己的先人时，通常只会追溯到自己的父辈，至多至祖辈为止，而我国的祖先崇拜可以无限上溯，有时可上溯几十代，乃至上百代，乃至传说中的炎帝、黄帝等上古帝王，都被当成中华民族的始祖来祭祀和崇拜。

这种崇拜的根源在哪里呢？《礼记·祭法》中说道："大凡生于天地之间者皆曰命，其万物死皆曰折，人死曰鬼，此五代之所不变也。"就是说，人死后都会化为鬼。那么，神又是什么？按照《礼记·祭义》中的说法，人死之后，骨肉归于地下而腐朽，就成了鬼；而魂气发扬浮动于天上，形成各种可见而昭明的光影，发出各种可以嗅到的气息，这就是神的显现。鬼来自生前的魄，为阴，是人的形体所化；而神来自生前的魂，为阳，是人的心神所化。鬼通常只能存在于阴间或黑暗之中，而神不一样，时常能为其亲人感召，尤其是贤君、忠臣、义士或孝子、节妇，由于生前的精神感人至深，因此，他们去世以后，即便祭祀者非其血属亲人，只要意气相通，心神相类，亦可相互感召。可见，人类正是因为不只有肉体，而且还有精神，故虽死犹生，并且，精神的作用可谓广大而悠久，能影响到后世。鬼则不同，不过是人死后较为短暂的存在状态，所以，古人有"新鬼大，故鬼小""历时既久，鬼亦必萎缩而尽也"等说法；而神来自人生前的志气德行或事业文章，即便人死后，依然能在世间发生莫大的作用。

既然人死后有鬼又有神，那么，我们所祭祀的祖先到底是鬼还是神呢？显然是神。因为只有神是人的精华，代表了人的灵魂，才值得后人崇拜；也只有神才能不朽，才能在祭祀中与人相沟通，产生持久而广泛的感应。接下来的问题就是，神到底是在什么时候，又是通过什么方式被请回家的呢？按照古礼中的相关仪式，入葬是重要的分水岭，即入葬前逝者为鬼，入葬后逝者化为神。因此，入葬当日就要举行安神的虞祭，前后凡三次，共计四日，从而将死者的神主安放在寝宫，使得死者的神灵有所归依，同时也表达了孝子不忍一日离开父母的依恋之心。

人们将神安顿好以后，为什么还要制订祭祀神灵的种种仪式呢？我们前面说过，孔子对周礼进行改造，是以孝道作为出发点的。出于父母对子女天高地厚的恩情，所以，子女生前应该敬养父母，死后则极尽哀悼和思慕之情。就此而言，对祖先的祭祀正是孝道的延续。对此，《礼记·祭统》中说道："祭者，所以追养继孝也。"可见，在古人看来，孝道不仅体现在活着时敬养父母，父母去世时守丧尽哀，而且，即便当父母到了另一个世界，孝子依然要经常祭祀，倾诉其思慕之心。所以，直到今天，无论是清明扫墓、冬至家祭，还是每逢忌日的悼念，我们都要举行祭祀活动，譬如供上各种肉蔬水果，烧化元宝黄纸，点上香烛，一边磕头，一边跟先人唠唠家常，表达自己的思念之情。古人讲祭祀的道理是"事死如事生"，我们正是在祭祀中通过这些仪式，将祖先再次迎回我们身边，感受到生前与家人团聚时的那种欢乐。

祭祀不仅意味着人子的尽孝之道，而且，对于统治者而言，还是教化之道。对此，《祭统》认为，君王对百姓的教化，不仅"内则教之以孝于其亲"，而且同时"崇事宗庙社稷，则子孙顺孝"。换言之，祭祀不只是表达人子自己的孝亲之心，而且还树立了一种榜样，将使自己的子孙也能同样孝顺自己，如此，世世代代在祭祀中传递和感受这种孝道，从而使个体的生命绵延不绝，而家族的传承真正成为可能。

此外，祭祀还有其他一些功能。譬如，参与祭祀的人事先必须进行散斋和致斋等准备活动，其目的是为了净化个体的心灵，从而以一种精诚的内心状态与神灵沟通。可见，祭祀包含了对个体修身的道德要求。

不过，祭祀最为重要的功能，却在于其使宗法社会的基本精神得到了体现。因为宗法所追求的目标，在于将有着血亲和姻亲关系的个体凝聚成一个稳定的共同体，而这通常是通过祭祀来实现的。每一个民族都会有"我从哪里来"的疑问，西方最终大半溯源至上帝或亚当、夏娃之类的神话人物，而中华民族则不同，通常是将历史人物神灵化，并奉为自己的祖先。按照《祭法》中的说法，"有虞氏禘黄帝而郊喾，祖颛顼而宗尧。夏后氏亦禘黄帝而郊鲧，祖颛顼而宗禹。殷人禘喾而郊冥，祖契而宗汤。周人禘喾而郊稷，祖文王而宗武王"，可见，虞、夏、商、周等古代王朝都有禘、郊、祖、宗等祭祀活动，所祭对象虽然不同，但都构成了虞人、夏人、商人和周人各自的始祖。可以说，这些族群正是通过祭祀各自共同的祖先，才形成了统一的部族，尤其到了汉代以后，则借助对炎帝和黄帝的祭祀，而逐渐形成了延续到今天的中华民族。

基于古人对祖先祭祀的重视，孟子的"不孝有三，无后为大"这句让今人争论不休的名言，就可以从这个角度得到合理的解释。这句话对于现代人来说，可能会觉得奇怪，生孩子是夫妻两个人的事，和父母又有什么关系？怎么就谈得上不孝呢？孟子举了一个例子：舜帝在后世素有"大孝"之名，却不告父母而私自娶妻，即便放在今天也是不妥当的，在古代更是被视为不孝。然而，舜出于繁衍后代的考虑，不告而娶，却无损于舜"大孝"的美名，足见古人对"无后"的重视。后来朱子解释《孟子》中的说法，认为禀告父母是礼经，而不告父母是权宜之计。朱子的这种观点，正是考虑到无后的严重后果，则可以牺牲"经"而从"权"。

具体来说，古人主张"无后为大"，大致出于三方面的理由：

首先，繁衍后代体现了古人对"生生"的重视。《论语·颜渊》中说"上天有好生之德"，《孝经·圣治》则说"父母生之，续莫大焉"，可见，古人非常重视生命的存在，以及延续生命的重要性，因为整个世界只有通过不断的生生才得以存在。此外，古人有一种"遗体"的观念，不仅仅把父母死后遗留下的尸体，也就是将要腐烂消亡的肉体当作遗体，而且，还认为子孙是父母遗留在这个世界上的另一具身体，因此，子孙的繁衍，本质上就是自己的"分身"的不断产生。通过这种"遗体"的生产和持续，个体的生命得以实现不朽和永恒。可以说，后代的繁衍，不只具有生物学上的意义，而且还有着形而上的意义，即个体通过生命的延续而实现了永恒。

其次，个体的繁衍关系到整个国家的命运。在古代，人口是最重要的生产力，国家的生存和富强，离不开人口的不断增长。按照古礼，通常要求男子三十岁以前必须结婚，而女子在二十岁之前结婚。此外，我们发现古代战争有一个不同于现代的特点，即不只是满足于土地的争夺，同时还要进行人口的掠夺。可见，人口的生产和争夺，是关系到国运的大事。因此，生育不仅是一个家庭伦理的问题，而且是一个国家战略层面的问题。

最后，个体繁衍对于香火接续的意义。无后固然有悖于"生生"的天道，并损害到国家的利益，不过，后人在引述孟子这句话时，更多还是站在"无祀"的立场上来考虑的。用百姓的话来讲，"无祀"就是"没人继承香火"。具体来看，无后会导致三方面消极后果：其一，爵禄无人承继。其二，宗庙无人祭祀，先人在地下无从血食。其三，祖先的功勋无人显扬，精神无人传承。

其一，爵禄承继。自古以来，天子、诸侯都实行世袭制，至于卿、大夫，春秋以前也普遍采取世袭制。大臣有功，不仅赐以爵位，而且还伴随有土地的封赏，于是爵土的世袭，就成为子孙赖以生存和繁茂的基础。按照《孝经》的说法，"保其社稷"是"诸侯之孝"，"守其宗庙"是卿、大夫之孝，"保其禄位，而守其祭祀"是"士之孝"。可见，对于不同层次的贵族，保守和传承爵禄，都是孝道的应有之义。

那么，无后会导致什么后果呢？

我们不妨看看下面两段历史。据《左传》记载，鲁庄公有三个弟弟，即庆父、叔牙和季友，庄公病重时，叔牙支持庆父即位，而季友支持庄公的儿子即位，于是庄公让季友用毒药杀了叔牙。季友这样劝说叔牙道："饮此则有后于鲁国，不然，死且无后。"季友的意思是说，如果叔牙自杀，其后代依然还能保有在鲁国的爵土，否则，不但会死，后代也没有爵土可以继承。叔牙听了这话，就只好喝下毒酒自杀了。可见，古人是站在宗族的角度来看待爵土的传承，这比个人的生命重要得多。我们再看《史记》中的一段记载，吕后七年九月，燕灵王刘建去世，只有一个姬妾生的儿子，吕后派人把他给杀了，于是燕灵王绝后了，封国也被废除。类似的例子在汉代还有很多，都是以无后为理由，而收回了诸侯的爵土。可以说，在封建时代，爵土的世袭非常重要，关系到整个宗族的存亡。

其二，宗庙祭祀。我们前面说过，祭祀是父母死后的继孝，如果无后，则父母及其先人皆失去了死后的供养。在古人看来，人死以后，依然作为神灵而存在于另一个世界，因此，如果死后得不到后人的奉养，显然属于大不孝。《礼记·曾子问》中提到，"凡殇与无后者，祭于宗子之家"，而《礼记·丧服小记》认为，"殇与无后者从祖祔食"，不难看到，古人对死后的供养极为重视，无论是未成年而殇，还是成年却无后，都得另有所安排，这与生前对鳏寡孤独的照顾是一脉相承的。据《史记》的记载，刘邦建立汉朝后，曾下令道："秦始皇帝、楚隐王陈涉、魏安釐王、齐缗王、赵悼襄王皆绝无后，予守冢各十家，秦皇帝二十家，魏公子无忌五家。"若以现代人的眼光来看，这些人已经故去了，何必再费时费力派人去守陵呢？其实，古人这样做，就是因为这些人虽然无后，但毕竟是一代雄杰，故另派人专门奉祀他们。

其三，通过繁衍后代而实现宗族的存续，以显扬祖先的功勋，传承祖宗的精神。现在出土的许多青铜器，上面就有铭文记载了其祖宗的功勋、德善与声名，这样做的目的，都是为了彰显其功德，并留名于后世。

据《左传》记载，昭公十五年，晋国的荀跞到成周去，籍谈作为副使。周景王和荀跞饮宴时，问及为什么唯独晋国没有礼器进贡王室，籍谈代荀跞回答，说是因为晋国远离王室，未受过王室的恩典。周景王便历数晋国的历史，以及所受天子的赏赐，还说出了籍谈的宗族起源，并反问籍谈为什么都忘了。籍谈无言以对，周景王于是说道："籍父其无后乎！数典而忘其祖。"在周景王看来，籍谈忘记了祖先的功勋与德善，所以其后代恐怕也不能再享有禄位。可见，子孙后代有记颂祖先功名德行的职责，无后则必然"失颂先祖"。如此导致先人精神无继，自然算是不孝。

到了今天，家族传承的意义已经淡化了，因此，我们对于古人如此重视无后的消极后果，已经不甚了然。即便如此，如果我们仔细去体会，依然会发现生命本身还是那么神奇而珍贵，丝毫不因为科技的发展而有所削弱，父母给予我们的生命，始终是个体在这个世界上获得的最大恩德。

2. 斋戒：祭前准备

说到"斋戒"这个词，我们通常会联想到佛教或伊斯兰教，殊不知我国自古就有之。按照经典中的说法，祭祀前必须举行斋戒。为什么呢？因为祭祀的本质是对故去先人的继孝，从而表达人子的敬爱之情，或者是对天地万物表达人类的崇敬和感恩。作为祭祀对象的鬼神，通常幽隐而不可见，那么，人类如何才能与鬼神沟通呢？古人认为，仅仅依靠祭祀时的仪式和祭品是不够的，还需要通过事先的斋戒，以进行身心上的准备工作。

春秋前，"斋"字作"齊（齐）"，按照《说文》的说法，乃禾麦吐穗上平的意思。因为禾麦随地之高下为高下，似不齐而实齐，引申为齐不齐之意，即让自己不齐的身心得到整齐。《礼记·祭统》说"齐不齐以致齐者也"，正符合"齐"的古义。因为人们在日常生活中应物接事，思虑散荡，嗜欲烦多，常处于"不齐"的状态，对此，《祭统》说道："君子非有大事也，非有恭敬也，则不齐。"所以，当人们准备与神交接时，事先就要整齐、洁净自己的身心。

关于斋戒的记载，先秦文献中已经颇为常见。《孟子·离娄下》中说道："西子蒙不洁，则人皆掩鼻而过之。虽有恶人，齐戒沐浴，则可以祀上帝。"就是说，即便是丑恶之人，如果通过斋戒而保持内心的洁净，也可以祭祀上帝。又据《史记·秦始皇本纪》中的记载，"齐人徐市等上书，言海中有三神山，名曰蓬莱、方丈、瀛洲，仙人居之，请得斋戒，与童男女求之"。这里同样要求人们在求仙前要经过斋戒，从而达到内心的诚敬。可见，斋戒是祭祀前的准备工作。

斋戒有散斋和致斋两种形式，分别对应于身体的洁净和内心的洁净。按照《祭统》中的说法，散斋的时间是七天，致斋的时间是三天，共计十天的斋戒时间。两者的作用有什么不同呢？《礼记·祭义》说道："致齐于内，散齐于外。"对此，清代学者孙希旦解释道："致齐于内，专其内之所思也。散齐于外，防其外之所感也。"

可见，散斋的目的是"防其外之所感"，这是什么意思呢？按照《祭义》郑注的说法，"散齐七日不御、不乐、不吊"，这是要求人们在散斋期间，不能和女人过夜，不娱乐，不吊丧。又据《论语·乡党》中记载，其间还要"变食"，即不喝酒，不吃葱、韭、蒜这类有特殊气味的食物。这些做法的目的，就是为了防止心神受到外物的打扰。可以说，散斋相当于法国人类学家涂尔干所说的"消极膜拜"，即体现为一套禁忌体系，而将人从种种凡俗生活中超脱出来。对此，涂尔干在《宗教生活的基本形式》中说道：

> 一个人倘若还带有凡俗生活的印迹，他就不能与他的神建立亲密的联系；反之，刚刚在仪式中获得了神圣性的人，也不能马上回到他的日常事务中去。因此，仪式的休息日是普遍意义上的禁忌的一种特殊情况，它也将神圣事物与凡俗事物隔离起来，使之互不相容。……消极膜拜只不过是实现目标的一种手段，它是达到积极膜拜的条件。……他通过摆脱凡俗世界的活动，逐步接近了神圣世界；他抛弃了那些贬低其本性的卑贱琐碎的事务，使自己得到了纯化和圣化。

涂尔干对"消极膜拜"的解释，正符合《祭义》所说的"散齐"内涵。

至于致斋的目的，则是"专其内之所思"，这又是什么意思呢？按照《祭义》中的说法：

> 齐之日，思其居处，思其笑语，思其志意，思其所乐，思其所嗜。齐三日，乃见其所为齐者。

可见，致斋的具体做法，乃"思其居处，思其笑语，思其志意，思其所乐，思其所嗜"，即凝神想象所祭神灵生前的一切言语、意欲和行为。如此经过三天的斋戒，达到志不散乱、心不苟虑、手足不苟动而极其专注精明的状态，才能摆脱肉身与俗思俗虑的干扰，从而使神灵活生生地呈现在眼前。这样到了祭祀的时候，才能做到"祭如在，祭神如神在"，而与神灵真正实现沟通，"以其恍惚以与神明交"。

不过，涂尔干提到的"积极膜拜"，似乎指一种纯粹的祭祀活动，而非《祭义》所说的进入祭祀前的准备阶段，即"致斋"。但我们在佛教的观想及称名念佛那里，倒可以看到某种与"致斋"类似的做法，即通过持续专注于佛、菩萨的意念活动，从而使佛、菩萨呈现于眼前。

《祭义》描述了祭祀时神灵在场的景象：

> 祭之日，入室，僾然必有见乎其位；周还出户，肃然必有闻乎其容声；出户而听，忾然必有闻乎其叹息之声。

意思是说，当主人进入庙堂的时候，隐约地见到亲人安处于神位上；当主人转身走出室户的时候，肃穆地闻见了亲人的举动之声；当主人出户而聆听的时候，伤感地听到了亲人的叹息之声。

总之，正是经过散斋和致斋的预先准备，才能在祭祀时经验到神灵在场的情景。因为神灵本来无形无影，现在通过斋戒，就活生生地呈现在祭祀者眼前，使人与神的沟通具有了经验的基础。《荀子·礼论》中也描述了类似的场景，并强调只有这样"状乎无形影"，才符合儒家"事死如事生，事亡如事存"的精神。

而且，此处也体现了丧礼与祭礼的不同，即丧礼不过是孝子充分宣泄其哀戚之心而已，而祭礼则是孝子凭借其对亲人的思慕而将亲人"复活"于无形影之中。我们不难想象，如果没有斋戒的准备，一个刚还在红尘中打滚的人猝然临祭，很难体会到这样精微又缥缈的感觉，也就难以产生祭祀所必要的诚敬之心。

毫无疑问，人们在祭祀时能如此以诚敬之心感格神灵，平日自能倍加孝顺其亲人。故《祭义》说道："是故先王之孝也，色不忘乎目，声不绝乎耳，心志嗜欲不忘乎心。"换言之，人子之孝正如祭祀时一样，眼中时刻看到的是亲人的面容，耳中时刻听到的是亲人的声音，心中时刻想着的是亲人的喜好和心意，如此才能完全符合孝亲的标准，即"生则敬养，死则敬享"。

至迟到了唐代，《礼记》中关于散斋和致斋的仪式要求，已著为律令。按照《唐律疏议》中的记载：

即入散斋，不宿正寝者，一宿笞五十；致斋，不宿本司者，一宿杖九十；一宿各加一等。中、小祀递减二等。

诸大祀在散斋而吊丧、问疾、判署刑杀文书及决罚者，笞五十；奏闻者，杖六十。致斋者，各加一等。

唐代《祠令》中则如此规定：

> 散斋之日，斋官昼理事如故，夜宿于家正寝，惟不得吊丧问疾，
> 不判署刑杀文书，不决罚罪人，不作乐，不预秽恶之事。致斋惟祀事
> 得行，其余悉断。

此外，日本《神祇令》中亦包含了类似的禁令，规定散斋时不能吊丧问疾，不能食肉，不判刑杀，不决罚罪人，不作音乐，不行秽恶之事；而致斋时只能做与祭祀相关的事，其他事一概不能做。

在佛教中，清除内心的不净叫作"斋"，禁止身体的过错叫作"戒"，斋戒就是通过守戒以杜绝一切嗜欲的行为。从狭义上说，斋戒专指"八戒"：（一）戒杀生；（二）戒偷盗；（三）戒行淫；（四）戒虚诳语；（五）戒饮酒；（六）戒高广华床；（七）戒香鬘及歌舞观听；（八）过午不食。至于《古兰经》中的斋戒，原意是"坚忍和克制"，即要求信众在斋日从日出到日落期间停止饮食，并且克制情欲。可见，大部分宗教都包含了"散斋"的内容，并体现为一整套禁忌体系，目的在于将人从凡俗生活中超脱出来，而得到纯化和圣化，从而更接近神圣世界。至于"致斋"，则并非每种宗教都有，而似乎只有在佛教那里，才将这种意念的专注活动发挥到了极致。

3. 尸与神主：祭祀的对象

古代家祭的对象，主要指故去的历代祖先。然而，神灵毕竟虚无缥缈，从祭祀者的角度来说，必须有一个实体性的对象，同时，古人还得相信这个对象又为神灵所寓居，这就是"神主"。至于在具体的祭祀过程中，神灵往往还会

现身在场，并与祭祀者有种种互动，这个现身的神灵被称为"尸"。

关于"尸"，按照《说文》的说法，尸乃祭祀之尸，像神而陈之，也就是代替神灵而受祭的活人。按照郑玄的说法，因为神灵没有形相，而孝子的心意得有所系属，所以才需要立尸。《礼记·曾子问》认为，"虞而立尸"，就是说，死者下棺之后，司祭的神职人员（祝）就率先回到家中，准备在当天中午举行虞祭，也就是安神祭，并邀请尸过来。

那么，神主又是什么呢？所谓神主，通常是用栗木制成的正方形长柱体，也有用石头制成的。（图 70）古书中一般称为"主"，《说文》以为"灯中火主"，这与神灵有什么关系呢？古代以木、火、土、金、水为五行，其中，火为阳中之阳，与神灵相似，均为最轻清上扬之物，具有"炎上"的特点，至于木，则为阳中之阴。按照五行相生之说，木生火，我们或可推测，阳中之阳的神灵就居住在阳中之阴的木质神主中。

那么，神主又是何时开始设立的呢？按照《礼记·曲礼》及《曾子问》中的说法，虞祭之后，隔日举行卒哭祭，自此以后，祭祀的性质就变了，由丧祭而转为吉祭。卒哭祭的次日，孝子捧着附有死者神灵的神主，来到死者的祖庙，举行祔祭之礼。可以说，神灵自虞祭时先居于尸，至卒哭以后，神灵平时居于主中，而藏于石匣，此后每到重要的祭祀场合，都需将神主从石匣中请出来，安放于灵座，并设尸以降神。

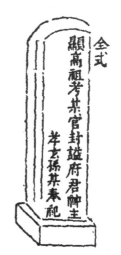

图 70　神主图[1]

1　申时行：《明会典》，北京：中华书局，1989年版，第540页。

正因为祭祀时尸代表神灵而受祭，所以地位极其尊贵，即便是国君，在宗庙中面对尸的时候，都必须自持一种卑下的姿态。古代有一种"馂"的礼仪，也就是卑幼享用尊长剩下的饭菜。那么，在宗庙祭祀时如何"馂"呢？首先，尸吃鬼神剩下的祭品，然后轮到国君，以及卿、大夫、士，最后才是各种执事人员和最低贱的吏。可见，"馂"这样一个由尊到卑、轮流食用的顺序，表明了尸在祭礼中的地位最为尊贵。尸的这种尊贵地位，在其他场合也有体现。譬如，《礼记·玉藻》中记载了君子在宗庙中行礼的步法：国君与尸因为最尊，所以走路的步伐最小，每走一步，都使后脚脚跟与前脚脚心相齐；大夫的步子稍大，后脚脚跟与前脚脚尖相齐；士的步子更大些，前、后脚之间可容纳一个脚印的距离。尸不仅在宗庙中地位最尊贵，而且，即便是平时，譬如，当尸穿着弁服或冕服在外乘车时，还有专人在前方开路以驱赶行人，其间，卿、大夫及士见到尸时，都要下车致敬。

不过，尸在宗庙之外和宗庙之内，受到的尊崇还是有区别的。《礼记·祭统》中曾记载了这样一种特殊情况：在祭祀过程中，国君应该出庙迎接祭牲，却不出迎充当受祭先君神灵的尸。为什么呢？因为尸此时还在宗庙的门外，其身份仍然属于臣，所以，国君不能出门迎接；只有当尸已经进入庙门，才完全代表了受祭的先君神灵，而真正得到国君的尊崇。正是由于尸的这种特殊地位，《礼记·学记》中提到国君不以臣为臣的两种情形，其中一种情形，就是当臣为尸的时候。

既然尸由活人来充当，那么，对于这个活人有什么身份要求呢？《礼记·曲礼》中这样说道："孙可以为王父尸，子不可以为父尸。"就是说，只有孙辈才能充当祖父神灵的尸，而子辈不行。即便孙辈尚幼，甚至不能坐立，也可以让人抱着充当尸。《祭统》中说得更明确："夫祭之道，孙为王父尸。所使为尸者，于祭者，子行也，父北面而事之，所以明子事父之道也。"这是为什么呢？按照郑玄的说法，这是因为祖、孙之间昭穆相同。所谓昭穆，就是在宗庙中合祭祖先时，太祖的神位东向，其余的神位分列太祖左右，左边一列的神位南向，称为"昭"；右边一列的神位北向，称为"穆"。无论是昭列的神位，还是穆列的神位，相邻的两个神位都是祖孙关系，就是说，祖、孙是同昭穆的。不过，以孙辈为尸，那么祭祀的时候，祭者乃所祭神灵之子，而代表神灵的尸却是祭者的子辈。于是，这就出现了父辈服侍乃至致敬子辈的场景，按照《祭统》中的说法，这叫"父北面而事之"。不过，这样的做法，或许更能让孙辈感受到人们对于神灵那种崇高的敬意。

人神之间的沟通，常常表现为人与尸在祭祀时的种种互动。对此，《仪礼》与《诗经》中有很多相关的描写，一方面，人们通过献酒、歌唱、舞蹈等方式来"款待"尸，以表达对神灵的敬意，而另一方面，尸感受到了子孙的这份情意，作为回报，也会代表神灵赐福和保佑自己的子孙。当然，神明毕竟不会说话，那么，如何向世人赐予祝福的"嘉音"呢？这就离不开传话者，也就是"祝"。《郊特牲》中说道："尸，神象也。祝，将命也。"所谓祝，就是站在尸的身后而明辨宗庙之礼的人，同时还负责为尸代言。我们现在有个成语，叫"尸位素餐"，其内涵正是源于"尸"的这种本意，就是说有的人作为尸白白受人供奉，却不能赐福于人，就像现在的人只是在其位而不谋其政一样。

不过，到了汉代，立尸的制度就废弃了，而通常由木质或石质的神主来代替神灵受祭。即便如此，直到南北朝时，某些少数民族地区依然保留了祭祀立尸的习俗。总之，无论是尸，还是神主，都是代表神灵而受祭的对象，并且通过一定的仪式享用后人的供奉，又借助一定的仪式赐福后人，保佑子孙，从而使家族成为世代延续的血缘共同体。

4. 四时祭祖

　　早在《礼记》那里，就明确提到对祖先神的不同祭祀。按照《礼记·祭法》中的说法，天子立七庙，其中，祖考庙（始祖庙）、显考庙（高祖庙）、皇考庙（曾祖庙）、王考庙（祖庙）、考庙（父庙）此五庙，每月一祭；周人以文王庙、武王庙为"二祧"，则不得月祭，唯春、夏、秋、冬四时才得一祭；高祖之父的神主，平时藏于文、武二祧之中，月祭、时祭皆不得与，只有偶尔祈祷时，犹不得在祧庙中受祭，而须另筑坛而出其神以祭之（坛）；又有高祖之祖的神主，平时也藏于文、武二祧之中，若偶尔需要祈祷，则扫地而出其神以祭之（墠）。至于其余更为久远的神灵，其神主平时也藏于二祧，不过，无论有事无事，皆不得祭之，只有在祫祭群神时，才能出而受祭。上为天子宗庙之礼，至于以下诸侯、大夫、士的庙制，所祭神灵虽有远近亲疏的不同，但其祭祀却有月祭、时祭、祫祭及坛、墠的差别。

　　到了后世，家祭礼虽颇有种种变化，但祭祀的频率始终有上述的这些不同。宋代学者程颐明确认为，家祭礼主要有如下几种形式：

　　其一，月朔荐新。荐，指进献食物给神灵。每月初，将时令之物进献给祖先，譬如，仲春可进献樱桃。

　　其二，时祭。每年在春、夏、秋、冬四季的仲月，祭祀高、曾、祖、祢四代先祖。

　　其三，冬至祭始祖。程颐认为，始祖指"厥初生民之祖"。不过，宋以后，所祭始祖指"始迁之祖"，即最早迁居某地而世代繁衍的祖先。

　　其四，立春祭先祖。所谓先祖，指始祖以下、高祖以上的历代祖先。

其五，季秋祭祢。指为父后者或继祢的小宗，祭其祢庙。

古代贵族之家必有庙，庙必有主，故祭其祖先亦必于庙；庶人则无庙，可于寝祭其父，后世亦然，程子以为庶人可立影堂而祭。

其中，四时祭祖，通常在春、夏、秋、冬四季的仲月举行。今据朱子《家礼》的说法，简述其流程如下：

① 卜日

孟月下旬，主人以下至祠堂，卜选仲月（即二、五、八、十一月）某日，或丁日或亥日，作为祭日。通常先卜仲月上旬之日；不吉，则卜中旬之日；又不吉，则不再卜，直接用下旬之日。

祠堂位于正寝的东方，共三间，外为中门，有东、西两阶，皆三级。东曰阼阶，西曰西阶。祠堂内北方有四龛，每龛内置一桌，供奉高、曾、祖、祢四代神主。高祖居祠堂最西边一龛，依次向东，为曾祖、祖、祢之龛。神主平时皆藏于木匣中，而置于桌上，至祭祀时则出之，而置于灵座。继高祖的小宗可以上祭至高祖；继曾祖的小宗则虚其西龛而不祭，得祭曾祖以下之龛；继祖之小宗则虚其西边二龛，而祭祖以下之龛；继祢之小宗，则虚其西边三龛，唯祭其祢。可见，祭祀当由宗子主持，而四时祭祖的主人乃继高祖的小宗。

先秦时，不仅卜日，而且还需要卜尸，即选择合适的同姓孙辈来为祖之尸。

② 斋戒

祭前三天，主人以下众男子致斋于外，而主妇以下众妇人致斋于内。其间，沐浴，更衣；可饮酒，而不得至于乱；可食肉，而不得茹韭、蒜等荤物；

不吊丧；不听乐。凡凶秽之事，都不得参与。

③ 设位陈器并准备酒食蔬果

祭前一天，主人带领众男子及执事者，将正寝打扫干净，擦拭桌椅，然后按照从西到东的顺序，依次在堂上设立高祖考、曾祖考、祖考、考及其配偶的神位，均南向，考西妣东，各用一桌一椅而合之。主妇则带领众妇人在堂中设立香案，在东、西阶上分别摆放好酒器和食器，并于东阶下之东设立盥洗器物。

到了祭日，主人以下早早起床，并在桌子上陈设好酒食与蔬果。

④ 正祭

等到天刚亮，主人、主妇以下，各自穿着盛服，来到祠堂前，立定。主人由东阶升堂，焚香出笏，告请高祖以下诸位神主出就位。然后，主妇亦升堂，告请诸配偶神主出就位。既毕，皆复位。

主人又升堂，焚香，出笏。然后搢笏，跪，受酒器。执事者斟酒，主人灌于茅上，以先降神之礼。然后，将酒器授执事者，俯伏再拜而起身，并复位。主人又升堂，主妇从之，执事者奉鱼肉米面从之。至高祖神位，主人、主妇以下奉食于前，行进馔之礼。礼毕，又降阶复位。

主人再升堂，至高、曾、祖、考及诸妣神位，搢笏，受酒及肝于执事者，依次祭高、曾、祖、考及其配偶，行初献之礼。然后，主妇升堂，行亚献礼，如初献之仪。最后，兄弟之长，或长男，或宾客，行终献礼。献毕，皆降阶复位。

礼毕，主人以下皆出，祝阖门。祝又启门，主人以下皆入，受胙肉。然后辞神，并将神主纳入木匣中，奉归祠堂。

5. 冬至祭始祖

按照唐以前古礼，士庶人不能祭始祖，最远只能祭到高祖。宋以后，随着民间宗法社会的重建，以及朱子《家礼》的主张，民间出现了祭始祖的现象。

那么，为什么选择冬至日祭始祖呢？程子认为，这是因为冬至日乃"一阳之始"。其实，对于农业民族来说，冬至前后通常是农闲且收获的时节，此时无论对于祖先，还是对于天地、山川、草木诸神，都应供奉最为丰厚的物品来表达敬意。

今据朱子《家礼》，其具体流程如下：

① 斋戒

祭前三日，举行斋戒。具体仪式，犹如时祭。

② 设位具馔

祭前一日，主人与众男子穿着深衣，带领执事洒扫祠堂，设神位于堂中北墙下。主妇及众妇人带领执事，洗濯各种祭器、酒具、食器。然后准备好各种肉食、米面和蔬果。

③ 摆放酒食蔬果

祭日当天一大早，主人以下穿着深衣，带领执事陈设酒具食器，并摆放好各种肉食、米面和蔬果。

④ 正祭

等到天刚亮，主人以下，皆穿着盛服，各就其位，仪式一如时祭。主人等行降神之仪，并进献各种肉食。然后，主人、主妇等行三献之礼，相关仪式与时祭一样。

此外，《家礼》中还记载了立春祭先祖、季秋祭祢之礼，相关仪式与时祭、祭始祖一样。

基于朱子《家礼》的影响，明朝洪武初年，编成《大明集礼》，规定了官僚的宗庙制度，主张按照朱子所说的祠堂制度，以四仲月祭高、曾、祖、祢四世神主，并加上腊日、忌日及民俗节日的祭享。至于庶人，则只能祭及父母、祖父母而已。此后，正德年间刊行的《大明会典》，也照搬了《大明集礼》中的相关规定。至道光年间撰成的《大清通礼》，则允许庶民可上祭高祖。由此不难发现，《家礼》在明代已具有朝廷礼制的性质，对朝廷和民间的祭祀礼产生了巨大的影响，并一直延续到清代。

6. 墓祭

有学者认为，朱子不主张在祠堂中祭祀始祖，至于在墓地祭祀始祖，则不算僭越，而且，对大宗族的稳定来说，实颇有裨益。通常来说，四时祭祖只限于祭高祖以下四代祖先，由此导致的后果，就是小宗的复兴；至于对始祖的祭祀，则可以上溯到始迁祖或得姓之祖，而具有大宗复兴的功能。

通常在三月上旬择日。祭前一日斋戒，如家祭之仪，并准备祭品，一如时祭，更设鱼肉面食，以祀后土。

墓祭当日，主人深衣，带领执事前往墓所，洒扫四周，清除杂草。然后在墓前布席，陈设祭品，降神，行三献之礼，皆如家祭之仪。又于墓左扫地布席，陈设祭品，用三献之礼以祭后土。

墓祭的做法，形成了后世清明扫墓的习俗。《礼记·祭义》中有这样一种说法，认为祭祀不能太过频繁，因为频繁祭祀会搅扰神灵，可以说是不敬；不过祭祀的次数也不能太少，太少就显得怠慢，这是对神灵的遗忘。因此，圣人制订祭祀之礼，通常配合了天地四时的变化，譬如，秋季举行尝礼，春季举行禘礼。因为秋天霜降，君子踏走在上面，自然会产生凄凉悲怆的心情，如此不免感伤于亲人的离去；春天则雨露滋润大地，君子行步在上面，自然会产生震惊的心情，万物复苏，好像要见到逝去的亲人。春夏秋冬四时四祭最为合宜，所以，春天在清明，夏天在中元，秋季在中秋，冬季则在冬至或小年，这都是祭祀先人最合适的时间。

7. 收族：祭祀的社会功能

可能很多人都见过祭祀的场面，家在城市的朋友通常只在祖辈范围内祭祀，家住农村的朋友则可能还见过祠堂族祭，有些人或许见过更庞大的海内外联合宗亲会，以及每年清明以国家名义举行的黄帝祭，这些比较大型的祭祀都涉及收族功能。

什么是收族呢？顾名思义，收族就是聚拢、纪理族群内的人。在"家国同构"的封建时期，中国体现为"天子—诸侯—卿大夫"这样一种等级结构，每一个大夫、诸侯都与天子有着或近或远的亲缘关系，想要统理这越来越大的"松散"国家，就必须要将族人聚合起来。春秋中晚期以后，虽然封建制瓦解了，但宗法的精神并未完全消失，我们依然可以在民间看到各种或大或小的宗族，可以说，中国长期以来都依靠宗族进行着民间的自治管理，而这正是通过收族来实现的。

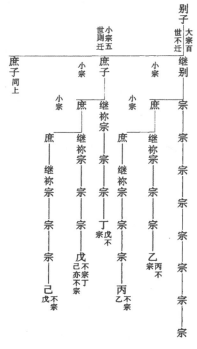

图 71 天子以下宗法图 [1]

所谓"族"，最早指氏族，即指同一地域内共同生活的血缘共同体。随着氏族的繁衍和地域的扩张，为解决不同地域氏族之间的统合问题。周人建立了分封制和宗法制，自上而下形成了"天子—诸侯—卿大夫"的等级关系，且体现为"大宗—小宗"结构：天子为最大之大宗；诸侯于天子为小宗，于大夫则为大宗；大夫于诸侯为小宗，又作为诸侯的别子而为后世之祖，以世世嫡长子为大宗；至于别子的庶子则为小宗。（图 71）

按照《白虎通》的说法，上至高祖而下至玄孙的这样一些有着血缘关系的人群聚合起来，这就是"族"。同族人聚在一起，生则相亲相爱，死则相哀相痛，平时经常通过酒食宴饮而相聚会。这就是古代血缘共同体的特点。从西方文明来看，若想要在更大地域的范围内将族群联合起来，并进行持久有效的管理，要么借助暴力，要么诉诸民主，然而在中国，则发明了宗法的原则，从而使西周王权建立起一个跨地域的血缘共同体。

关于"宗族"一词，"族"指氏族，指血缘关系共同体。那么，又该如何理解"宗"呢？按照《白虎通》的说法，"宗者，尊也"，"宗"作为族人的领

---

1 黄以周：《礼书通故》，北京：中华书局，2007年版，第2064页。

袖，世代受到族人的尊敬。宗有大宗与小宗的分别，大宗统率小宗，小宗统率群弟，从而形成一种上下尊卑的等级制度。

正是借助这种等级关系，作为天下"最大之大宗"的周天子，一方面将其族人分封到各地，另一方面，又通过"大宗能率小宗"这种宗法精神，使分布在广袤国土上的族人都有效服从于周王的号令之下。不过，随着封建制度的破坏，以及国家权力的延伸，宗法组织亦随之瓦解。即便如此，宗法制度的某些因素仍然保留了下来。譬如，后世常以长房当大宗，次房当小宗，而宗子常常就是家长或族长。家长犹如小宗宗子，为一家或一支派之主，而族长则如大宗宗子，为全族之主。一般而言，族长由全族公推，多半择年长德行足以服众者任之。

《仪礼·丧服传》中说道："大宗，收族者也。"那么，为什么大宗有收族的功能，而小宗却不能实施收族呢？并且，大宗又是如何进行收族的呢？

按照我们前面的讲法，诸侯的庶子通过受封土地和爵位，成为始祖或太祖，而作为其子孙的世世嫡长子，则世袭其土地和爵位，并统治居住在这块土地上的子孙和人民，这就是大宗。大宗按照昭穆顺序将族人聚拢起来，并在宗庙中给予恰当的位置，即便有小宗绝后，也同样能世代享有族人的供奉。至于小宗则不同，仅仅统率诸弟而已，且因为没有土地，也没有足够的财力来实现收族的功能。唯有大宗世袭先祖留下的土地和爵位，而对于生活在此土地上的子孙和人民，有着收养、抚恤和奉祀的职责。

关于收族，《礼记》郑玄注进一步说道："收族者，谓别亲疏，序昭穆。"要达到这个目的，则主要借助祭祀来实现。可以说，族人参与祭祀，是被宗族认可和接纳的主要方式。具体来说，收族包括如下内涵：

首先，参与祭祀者的范围大小，一般取决于所祭的对象。由于只有所祭对象的子孙才能参与祭祀，因此，所祭的祖先越是久远，参与祭祀的子孙就越多，收族的范围自然也就越大。按照《礼记·祭法》中的说法，天子立七庙，所祭祖先可上溯至始祖；诸侯可立五庙，所祭对象包括太祖以下的列代先祖；大夫可立三庙，则上祭到始封君或曾祖，以下包括祖、父；嫡士只能立二庙，可祭祖、父；官师，也就是较低级的官吏，仅可立庙祭自己的父亲；而庶人不得立庙，只能在寝中祭父。不难看到，天子与诸侯祭祀的范围最广泛，不仅可上溯到始祖或太祖，而且还能祭祀以下高、曾、祖、父这四代祖先，尤其在合祭时，所有同出于始祖或太祖的子孙，都可以参与祭祀。正因如此，源出于共同祖先的子孙就这样聚集在一起，这是最为广泛的收族范围。而到了士、庶人以下，因为只能向上祭祀祖、父两代的先人，显然，这样参与祭祀的亲属就少多了，收族的功能自然就非常有限了。

不过，到了明代嘉靖以后，由于礼部尚书夏言的上书，朝廷开始允许庶人祭祀始祖。朝廷宗庙政策的这种转变，正是充分意识到祭祀的收族功能，即通过祭祀而最大程度将同姓亲属凝聚起来，从而建立起一个广大的血缘共同体，这对于传统社会的民间基层自治建设有着非常积极的作用。

其次，族人在祭祀时聚合在一起，每个人在宗庙中都有自己特定的位置。这种位置的确定，主要依据昭穆的原则，从而在宗庙中形成一种尊卑有等、长幼有序的格局。通过族人在宗庙中这种有序的聚合，使宗庙"尊祖敬宗"的精神得以充分体现出来。《礼记·大传》说道："尊祖故敬宗，敬宗故收族，收族故宗庙严。"因此，借助宗庙的收族功能，族人一方面得以聚合起来，另一方面，族人之间又建立起一种尊卑有等的秩序。对此，元代礼学家陈澔说道："收，不离散也。宗道既尊，故族无离散。"在古人看来，族人之间的凝聚力，主要依赖于对祖宗的崇敬，尤其通过对宗子的崇敬来实现。

再次，祭祖之后，族人聚合在一起，共同宴饮和联欢，从而增进了族人之间在情感上的联系和沟通，尤其增进了对宗庙的归属感。这就是"族燕"，又称"族食"。宋代学者李觏认为，"故大宗有族食、族燕之礼，所以收族也"，可以说，族燕、族食也是收族的重要手段。

最后，收族还体现为对族人的救恤，尤其是对鳏寡孤独的赈济和救助。曾国藩在一篇墓表中称赞彭永思"自是山居二十载，养母教子，收族振贫"，可见，振贫也是收族的应有之义。不过，要实现这种功能，不仅有赖于宗子令人尊敬的地位，而且还需要强大的财力。毛泽东在 20 世纪 30 年代的《寻乌调查》中就提到，当地有 40% 的土地是公有的，归宗族所有，这部分土地通常交给外乡佃农耕种，所获得的收入可用于祭祖、振贫、办学等公共开支。

可见，所谓祭祀，就是让一群有亲缘关系的人定期祭拜祖先，通过这种方式，能够使族人产生一种凝聚力和向心力，并完成办学、振贫等一系列社会功能。此外，我们还可以看到，祭祀还关乎传统中国社会的基本道德，简言之，祭祀通过"反古复始，不忘其所由生"，能够"致其敬，发其情，竭力从事以报其亲"，从而养成一套血缘群体所需要的德性。所以，我们不能小看"请祖宗吃饭"这件事情，古人有"国之大事，在祀与戎"的说法，可见，对于国家来说，祭祀的重要性丝毫不亚于战争。

第四章 中西冲突下的传统礼仪变迁

一 平等观念影响下的现代相见礼

　　自魏晋以降，夷狄迭据中国，先秦以来的传统古礼，受到少数民族习俗的影响，发生了重大变化。

　　先秦时，跪拜为普通的相见礼仪，其中本无尊卑之分。依据康有为的观点，即便到了后世，君王对于臣子，也常常礼敬有加。譬如，天子见三公，当起身下阶相迎；见卿，虽不起身，犹在席上膝行向前；见大夫，则在原位上跪立；见士，虽凭几而身体前俯，犹存有敬意。这种情况一直延续到宋初，宰相在天子面前，依然保留了坐而论道的礼仪。可以说，当尊卑观念尚未完全渗透到跪拜礼中时，君臣之间多少还保留有先秦时相对平等的姿态。

　　那么，跪拜礼为什么会发生这种性质截然不同的变化呢？到了元以后，跪拜礼中的尊卑意味被强化了。在康有为看来，这是受了蒙古人军礼的影响。中国古礼虽然崇尚尊卑，然而，君臣相与之际，直至宋以前，犹存平等之遗意，康有为甚至视为上古理想时代的礼仪，犹如西方君臣相见用握手礼，其间完全没有尊卑的意味。直至蒙元"以夷变夏"的转变，君臣间开始有了霄壤之隔，而臣民于君上，犹如仆隶一般跪拜，可谓不平等之甚。到了晚清，国人受西俗影响，改用握手礼，表面上看来依然属于"以夷变夏"，然而，礼失求诸野，康有为反而认为，这种变化符合先秦相见古礼的精神。

1. 鞠躬与握手：西方观念冲击下的晚清礼仪变革

晚清以来，我国日常生活中开始流行鞠躬与握手这两种礼仪。鞠躬之礼，其实古已有之。章太炎以为，鞠躬原本出于《周礼》中提到的"肃拜"。就相见礼而言，本有文、质的不同。跪拜是至文的礼仪，无论是仪节的繁琐，还是其中的尊卑意味，都是最强烈的。鞠躬则其次，犹如《字林》所说的"举首下手"，其仪式近于长揖，必伛偻至于折腰，今日本人相见问候犹然，只是没有双手相拱的动作而已。至于少文而质的礼仪，则不过低头而已，犹如今天通常所行的鞠躬。古书常常提到低头俯身以表示敬意，在章太炎看来，这就是今人的鞠躬。可见，鞠躬礼与古代拱手礼的不同，仅仅在于双手动作的有无而已，至于其中的致敬之意，并无根本区别。

关于"鞠躬"一词，古书中有不少记载。譬如，《仪礼·聘礼》云："执圭，入门，鞠躬焉，如恐失之。"《论语·乡党》云："孔子执圭，鞠躬如也，如不胜。"又云："入公门，鞠躬如也，如不容。……摄齐升堂，鞠躬如也，屏气似不息者。"可见，古人本有鞠躬的礼仪要求，只是未必作为相见之礼而已。

至汉代，贾谊《容经》具体描述了鞠躬的仪态：

> 体不摇肘曰经立，因以微磬曰共立，因以磬折曰肃立，因以垂佩曰卑立。……坐以经立之容……行以微磬之容……趋以微磬之

容……旋以微磬之容……拜以磬折之容。

其中所说的"微磬之容",也就是所谓的鞠躬。据此,古人无论立、行、坐、趋、旋,莫不以"微磬"为常容,然其意在自敛持敬,而非所以施于他人;至与他人相见,则加敬而用"磬折"之容。

最晚到了宋代,鞠躬开始具有相见礼的性质。据司马光《书仪》的说法,事神时,有"鞠躬,拜,兴,拜,兴,平身"之节,可见,鞠躬礼常常与跪拜相杂而用之。其后,宋、辽、金、元以下正史中的《礼乐志》《礼志》,都记载了鞠躬之礼。

可见,吾国原本就有鞠躬之礼。然而,晚清最终以鞠躬礼取代跪拜礼,则似乎出于西人的影响与逼迫。《清史稿·礼志十》说道:

> 西洋诸国,始亦属于藩部,逮咸、同以降,欧风亚雨,咄咄逼
> 人,觐聘往来,缔结齐等,而于礼则又为敌。

最初清廷设立理藩院和主客司处理中外关系,以主客司处理与朝鲜、越南、暹罗、琉球、荷兰、所罗门诸国的关系,以理藩院处理与蒙古喀尔喀、西藏、青海、廓尔喀的关系。蒙、藏等后隶版图,其亲疏与朝鲜、越南诸国不同,然皆为藩属,故其遣使至中国,皆行"三跪九叩"礼。至于中国遣使册封朝鲜、越南、琉球诸国,其国王同样行"三跪九叩"礼。

即便对于并非藩属的西洋诸国,最初也是实行"三跪九叩"这种臣礼。据《清史稿·礼志十》记载,荷兰尝受朝敕称王,名列藩服。顺治十三年,俄罗斯遣使入贡,因不熟悉朝仪,而未蒙许可入觐。康熙五十九年,葡萄牙使臣斐

拉理入觐，进表御座膝行，出入皆三跪九叩。然至乾隆五十八年，英吉利使臣马戛尔尼入觐，"自陈不习拜跪，及至御前，而跽伏自若"。嘉庆二十一年，英复遣使来，"执事者告以须行拜跪礼，司当冬等遂称疾不入觐，帝怒，谕遣归国"，此后英吉利不再遣使来朝。

即便如此，清廷此时对待洋人的礼仪，也常常与藩服不同。康熙时，南怀仁官钦天监，赠工部侍郎，然而，每当内廷召见，却同意其不行拜跪礼。雍正间，罗马教皇遣使来京，世宗皇帝允许行西礼，且与之握手。可见，乾隆皇帝许可英使马戛尔尼用西礼，实有成例可循。不过，自道光、咸丰以后，国势渐弱，西人乃不欲行臣属之礼。同治十二年，穆宗皇帝亲政，西洋各国使臣请求入觐，并上呈国书，然而，却要求用西礼，即三鞠躬而已。当时大臣们都以为不可，而直隶总督李鸿章以为，"嘉庆中，英使来朝，已不行三跪九叩礼。厥后成约，俨然均敌，未便以属礼相绳"，故请求朝廷不应以臣属之礼要求西洋使节。无论对于清朝，还是对于西洋诸国来说，"三跪九叩"都被视为中国对待属国之礼，但是，西洋诸国已经成为完全平等的国家了，故不用此礼也是很正常的要求。

自此以后，清廷遂允许夷人皆用敌体之礼，即鞠躬之礼。是年 6 月 29 日，日、俄、美、英、法、荷诸国使臣于中南海紫光阁瞻觐穆宗皇帝，即行鞠躬礼。关于此次外国公使觐见清帝的礼仪，时人绘声绘色地描摹了其中情状。不过，这些对当时觐见情形的描述，不过是野史所载，而出于民间传闻罢了，并且，其中多有戏谑成分，足见当时国人虽然看到了西洋的强大，却依然以礼乐之邦而自大自娱。

按照西洋的礼仪，臣见君行三鞠躬之礼，至此觐见穆宗，而改为五鞠躬，已属加隆，算是对中西礼仪的某种折衷。此后至光绪十六年，驻英使臣薛福成上奏道："今宜循同治十二年成案，援据以行。若论礼节，可于召见先敕下所司，中礼西礼，假以便宜。如是，彼虽行西礼，仍于体制无损。"在薛福成看来，西洋诸国用西礼觐见清帝，无损于朝廷颜面，故自此以后，鞠躬礼成为中西官方交往的基本礼仪。

光绪二十四年，清廷又制订各国亲王觐见礼仪。当时德国亲王亨利入觐，据《清史稿·礼志十》记载，西洋亲王入觐，面见四鞠躬，而辞退则三鞠躬。

清儒孙诒让《周礼政要》曾经论中、西相见礼的不同，说道：

> 西国崇信基督，唯入堂礼拜有跪礼，此外臣见君、子见亲亦无拜跪，其礼与中国古礼虽不同，然其简而易行则一也。西人来中国，不习拜跪，故各商埠租界华洋之讼，华人跪而洋人立，已为失体，况其公使觐见，往往以议礼龃龉。乾隆十八年、嘉庆二十一年，英使两次入觐，均以不能行礼被申饬，彼时我国势方盛，犹不能强彼相从，而况于今乎？

大概西人崇尚人人平等，而于相见时的礼仪，同样贯彻了这种精神。对于西人来说，人神之间是不平等的，所以，只有当人们在教堂中礼拜上帝时行跪拜礼，其余各种场合，无论臣见君，还是子见亲，都无跪拜礼，更遑论其他场合。正因这种礼仪上的差异，导致中西交往多有不便，甚至产生种种矛盾和冲突。

清人张德彝《航海述奇》更详细介绍了当时西人的各种相见礼仪。其中，鞠躬、拉手及膝跪之礼，可谓古已有之，只是所施场合有不同而已；至于跪拜天主，犹国人之事神，自属情理之当然；又男女相见之时，如男子下跪求婚，虽不见于古礼，却颇符合古人亲迎之意；至于异性亲吻相拥为礼，乃至同性之间相吻，我国当时则以为有悖男女之大防；又有吻手、吻足之礼，其自卑谄谀的姿态，对当时国人来说，实在做梦都难以想象。中西礼俗差异如此巨大，宜乎晚清遂有礼仪之争也。

至于握手，中国同样古已有之，不过，似乎最初还算不上礼仪。譬如，柳永《雨霖铃》"执手相看泪眼，竟无语凝噎"、《后汉书·李通传》"及相见，共语移日，握手极欢"，虽然悲喜不同，却都是情至使然的动作。

又据《宋史纪事本末》记载：

> 帝握世忠手，恸哭曰："中军统制吴湛佐逆为最，尚留朕肘腋，能先诛乎？"世忠即谒湛，握手与语。

南宋初年，发生了苗、刘之乱，事后，高宗皇帝欲诛其同党吴湛，而求助于韩世忠。我们推测当时情形，不难想象，高宗握世忠之手，其意在表达对世忠的请求和信任；世忠谋诛吴湛，而握手与语，则希望借此消除吴湛的敌意和防范。可见，中国古人相互握手，其内涵与西方人并无不同。

握手又有表达情感的意思。朱子曾经有诗云："伤情后会无期定，握手交情有旧深。"又提到"秦桧初罢相，出在某处，与客握手，夜语庭中"。又据《东观汉记·马援传》，"援素与述同乡里，相善，以为至当握手迎如平生"。可见，圣人制礼，兼用文质，一则本乎人情，一则致敬而已。

虽然握手古已有之，但其成为相见之礼，大概始于清末。据《清史稿》记载，早在康熙时，皇帝接见洋人，就曾经与之握手为礼，不过事出偶然。又据《申报》1898 年 12 月 29 日报道，戊戌末，慈禧太后与光绪帝召见英、美、德、法、俄、奥、荷、日等国驻京使臣夫人，"由英使命妇领班朗朗宣祝词，皇上起而握手为礼，既而皇太后亦一一握手"。可见，到了清末，握手礼已成为外交场合的常礼了。

2. 民初新礼与传统习俗之间的张力

晚清时，国人虽然看到了中西礼俗的不同，不过，犹以上国之礼自矜。至庚子之乱以后，朝廷更激进地推行新政，而传统礼俗开始受到了西方平等观念的冲击，传统的跪、揖之礼，逐渐被国人目为屈膝卑躬之态，至于其中本来的谦让古意，遂不为世人所了解。

其实，早在同治、光绪前后，当时已有人意识到中西礼仪精神的差异，即在于尊卑与平等的不同。1875 年 1 月 4 日，《申报》发表《论中西风俗之异》一文，即认为西人崇尚质朴，故其平等观念体现在相见礼时，即便上下级之间，也不过免冠而已。又认为，中国上古时，君臣之间的距离尚未像后世那么遥远，因此，君臣相见之时，臣固然行跪拜礼，而君也向臣行跪拜礼，即"臣拜君，君亦答拜臣"。后世则不同，臣民拜跪于下，君王甚至都没有答礼，反而"安然坐受于上"，如此，君臣之间的情意难免隔绝而不通了。显然，这种尊卑之间的距离，对于民意和政见的上下沟通，是非常不利的。

至于日本，经过明治维新以后，也实行西方人的鞠躬、握手之礼。黄遵宪曾撰有一首《礼服》诗，记载了当时日本官员改穿西服、行西礼的情形："肘挟毡冠插锦貂，肩盘金缕系红绡。前趋客座争携手，俯拜君前小折腰。"注云："朝会皆大礼服，以免冠为礼。……见客趋而前，皆握手通殷勤。入朝进退皆三鞠躬，无跪拜礼矣。明治六年始易服色，然官长居家，无不易旧衣者。"可见，日本自明治维新以后，即已施行西式礼仪，如免冠、握手、鞠躬等，而传统的跪拜礼在朝会等场合就废止了。

通常庶民的礼仪相对简单，而礼仪的繁琐莫过于官场。官场礼仪的改革，大概始于两广总督岑春煊。光绪三十二年（1906），岑春煊发布谕示，痛斥下跪请安乃“婢膝奴颜，有伤气节”，宣布两广官员以后晋见上级时，废除跪拜礼，而代以长揖。

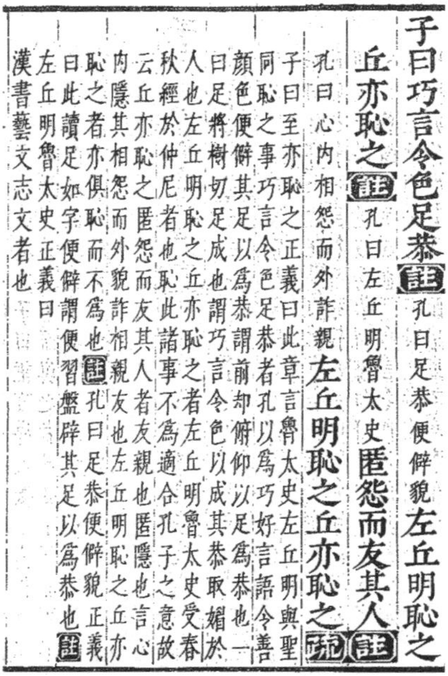

子曰巧言令色足恭【註】孔曰足恭便僻貌左丘明恥之
丘亦恥之【註】孔曰左丘明魯太史匿怨而友其人【註】
孔曰心內相怨而外詐親左丘明恥之丘亦恥之【疏】
子曰至亦恥之正義曰此章言魯太史左丘明與聖
同恥之事巧言令色足恭者孔以爲巧好言語令善
顏色便僻其足以爲恭謂前却俯仰以足爲恭也一
曰足將樹切足成也謂巧言令色以成其恭取媚於
人也左丘明恥之丘亦恥之者左丘明魯太史受春
秋經於仲尼者也恥此諸事不爲適合孔子之意故
云丘亦恥之匿怨而友其人者友親也匿隱也言心
內隱其相怨而外貌詐相親友也左丘明恥之丘亦
恥之者亦俱恥而不爲也【註】孔曰足恭便僻貌正義
曰此讀足如字便僻謂便習盤辟其足以爲恭也【註】
左丘明魯太史正義曰
漢書藝文志文者也

图 72　原文图《论语·公冶长》“巧言令色”[1]

稍后，江苏巡抚陈夔龙也认为，“官场通行请安，本非令典所有，虽此风已久，究属近于足恭”。所谓“足恭”，出自《论语·公冶长》，意思是指人过度谦敬，以取媚于人。（图 72）

同年，湖南、江苏、河南、江西等省均废除跪拜礼，改为下级见上级，初见三揖，常见一揖。其中的理由，莫不以为跪拜乃“卑躬屈节”，“非所以尊人格”，以为媚骨之表现。

至于官场自称，也逐渐禁止在公文中使用“卑”字。此前，下级对上级称“大人”“老爷”，甚至民间也多称“老爷”。到了 1912 年民国建立以后，临时大总统孙中山发布命令，废除“大人”“老爷”的称呼，而以官职相称，而民间则以“先生”“某君”相称。1914 年，袁世凯复辟帝制，“大人”“老爷”的称呼再度流行，被革命党人视为“极

1《论语注疏》，毛氏汲古阁本。

力扩张官权，压制民权……与满清时代无异"。可以说，民国以降，古礼中"自卑而尊人"的精神就彻底丧失了。

不仅如此，时人又视跪拜礼为繁文缛节。光绪二年（1876），郭嵩焘出使英国，《申报》于 11 月 28 日发表《中西仪文不同论》一文，主张郭嵩焘使英时应当革除中国官场虚文，而仿效西人的简略礼仪。按其说法，中国数千年礼仪不过是"虚文"，反不如西洋诸国"尚实意"之礼。

1898 年，熊希龄、谭嗣同发起延年会，宣扬新生活方式，其《延年会章程》声称"地球公理，其文明愈进者，其所事必愈简捷"，故当仿效西人"衣服唯取轻便，礼节不尚跪拜"。其时，康有为等维新党人，都主张废除跪拜礼。不过，到了民国以后，康氏出于对共和的仇视，其态度发生了翻转，声称"留此膝何为"，以为双膝乃为跪拜而生。

民国以后，新政权开始着手礼制改革。当时新礼制尚未制订，内务部、教育部已经要求祭孔时采用鞠躬之礼。据《申报》1912 年 3 月 5 日《丁祭除去拜跪》一文的报道：

> 查民国通礼，现在尚未颁行。在未颁布以前，文庙应暂时照旧致祭。惟除去拜跪之礼，改行三鞠躬，祭服则用便服。

同时，南京临时政府又明令以鞠躬取代社会中的叩拜、相揖、请安、拱手诸礼。至 1912 年 8 月 17 日，袁世凯正式公布民国礼制，共二章七条：

第一章　男子礼

第一条　男子礼为脱帽鞠躬。

第二条　庆典、祀典、婚礼、丧礼、聘问，用脱帽三鞠躬礼。

第三条　公宴、公礼及寻常庆吊、交际宴会，用脱帽一鞠躬礼。

第四条　寻常相见，用脱帽礼。

第五条　军人警察有特别规定者，不适用本制。

第二章　女子礼

第六条　女子礼适用第二条、第三条之规定，但不脱帽。寻常相见，用一鞠躬礼。

第七条　本制自公布日施行。

可见，民国所订的新礼制，以鞠躬为通礼，而辅以免冠脱帽。较诸古代跪拜礼，既不屈膝，又不拱手，唯屈身犹存古礼谦退之意。

此后，新礼制逐渐通行全国，上及政府，下至民间，皆尽改前清风气。即便如此，民间依然保留了大量旧式礼仪。譬如，在四川涪陵，"民国成立，改为脱帽鞠躬……仪既简易，惟于公会行之。平常相见，虽对尊长，咸尚脱略。乡人则循旧拜跪，既不跪亦必长揖，尚存恭敬卑让之遗教焉"。可见，不同地区的新旧礼俗之间，依然存在着较大张力。

尤其是丧祭之礼，当时民间大多沿袭旧仪。譬如，灵位前祭拜以及答谢来吊宾客时，多行跪拜礼。即便在今天，这种礼俗也相当流行。现今正值儒学复兴之时，各地均行释奠礼以致祭于孔子，其中颇行跪拜之礼，当然也有用鞠躬礼的情况。前些年山东曲阜祭孔，孔庙公祭用鞠躬礼，而家祭则用跪拜礼。这种做法或可追溯到民国初，当时政府虽然废止了跪拜礼，但到祭孔时，依然常用跪拜礼。1913 年 3 月 17 日，上海孔教会举行春季丁祀，会员均行三跪九叩礼。其后，孔教运动勃兴，各地纷纷祭孔，其间既有行跪拜礼者，亦有用鞠躬礼者。譬如，安徽孔教会庆祝圣诞时，"有谓孔子生于君主时代，今虽国体变更，然参见礼节似宜遵照古制行拜跪礼者。有谓孔子为时中之圣，现民国既以鞠躬为大礼，自应遵照者。……大多赞成今礼"。诸如此类议论，足见当时人们尚未形成共识。

此外，时人的婚礼也大多保留跪拜之仪。旧式婚礼均有跪拜天地、祖宗及父母的仪节，至于夫妻间的行礼，或用拜礼，或用揖礼。民国初年，大城市虽然已经流行新式婚礼，但在中、小城市及农村，依然多袭用旧礼。这种城乡间婚俗的差异，至今犹然。

在新旧礼俗的变革之际，为什么会出现这种情况呢？通常来说，相对于疾风骤雨似的政治变革，社会层面的变革通常比较缓慢，具有一定的滞后性，因此，新旧礼俗的长期共存是很正常的。不过，更深层次的原因在于，相见礼在古礼中属于"宾礼"，这种场合彼此相对平等，故废止跪拜较易施行。然而，跪拜作为一种基础礼仪，并不限于相见之时，至于婚嫁、丧祭等场合，无论是长幼之间，还是人神之间，由于存在着明显的尊卑差异，跪拜礼则不容易废除。其实，西方的礼俗也是这样，尤其自近代以来，不仅常人间不行跪拜礼，君臣之间也是如此，然而，当凡人面对神灵时，则无有不跪。这是因为西方人的平等观念仅仅施行于凡人之间，至于人神之间，依然是绝对的不平等。所以，凡人卑微地俯伏于神灵之前，实在是很正常的态度。不过，对于无神论者来说，自然是不需要跪拜礼的。

至于握手礼的普及，较鞠躬礼更晚。其中的原因大概有这样几点：其一，鞠躬尚有谦卑之意，而握手则绝无此意，因此，施行的范围本来就有局限性。譬如，家庭内部就不可能以握手为礼，更遑论祭祖和拜神。其二，出于"男女授受不亲"的文化心理，握手多有不便，至今犹然。因此，握手礼最初并未得到明文规定，只是声明社会愿行握手礼者则听之。其后，随着平等意识的增长，以及社交风气的日渐开通，较鞠躬礼更为方便的握手礼，随着部分人的率先倡导，逐渐得到了认可和流行。到了 20 世纪 30 年代，握手已经成为最为常见的相见礼。1943 年，戴季陶等举行了礼制讨论会，制订了《中华民国礼制》，其中不仅规定了握手礼，而且还增加了肃立、颔首、起立等新名目。

3. 相见礼的现状与未来

自民国初以来，鞠躬与握手礼并行于世，尤其是在彼此相见的场合，更是如此。至于丧葬、祭祀以及婚嫁等场合，城市和乡村却不同程度保留了跪拜礼的残余。新中国建立以后，建立于工农联盟基础上的新政权，对于各项制度的施设，大多崇尚质朴和实用，于相见诸礼，尤以握手为便；至于鞠躬礼，则几乎半废。其他各项礼仪，大都未及措意。我们回顾民国戴季陶主持修订的《中华民国礼制》，依然保存了"敬礼"的精神，故以鞠躬为大礼、常礼，而以握手仅限于亲近朋友之间。直到今日，在丧祭、婚嫁及认罪等场合，依然采用鞠躬礼，至于僻远地区，甚至还流行跪拜礼。

其实，握手与鞠躬所包含的礼意，并不相同。通常来说，握手之意，以交好为主；至于鞠躬，其脱帽稍有"首至地"的意思，而俯身则有"磬折"之象，基本上合乎古礼"自卑以尊人"的礼意。然而，今人只用握手以相见，不仅失去了古礼的精神，而且施行起来，多有不便。具体而言，其弊端至少有如下数项：

其一，无长幼上下之间的等差。自晚清以来，平等观念深入人心，然民国时的礼制于上下、长幼、师生之间，犹能深体人情之自然，对于长幼上下之间的礼仪多有规定。因为平辈之间相见，握手犹可，但是，长幼上下之间，无论晚辈见长辈、子女见尊亲、学生见老师，还是上下级相见，握手礼实属不便。

其二，废男女之礼。中国素重男女之大防，因此，男女相交接之际，古礼尤为谨严，授受尚且不可，遑论肌肤相亲？民国以来，男女之防虽日益松弛，然以数千年礼教观念积淀之深，绝无可能像西人那样，以握手、拥抱、贴面、接吻为相见礼。近二十年来，男女之间相互握手为礼的情形逐渐增多，但是，毕竟以女子主动示意才有可能，否则，不免有非礼之嫌。中西礼俗虽有不同，而同样以握手之意在于情好而已，但对于中国人来说，男女又常常以此为嫌，故进退失措，莫此为甚。

其三，失轻重之节。数千年来，中国素称礼仪之邦，相对于西方人，更接近儒家主张的"尚文"精神。因此，人际之间，不独上下之间有等差，至于平辈之间，也讲究保持一定的距离。古人讲"君子之交淡如水，小人之交甘若醴"，其中就有这个道理。男女之间如此，即便同性之间，莫不要求保持一定的距离感。故握手之礼，较诸古礼，亲近则有余，距离则不足，而于国人之心理，常常有不便之感。

其四，不便于见众宾。古人以一拜、再拜而答一宾，而以三拜答众宾。今人则不然，常不得不与众人单独握手，至于数百人的大会场，只能与前排宾客握手，而阙失后面数排答谢慰勉之礼。或有以鞠躬、挥手、鼓掌以答众宾的做法，似乎总有不够礼貌之嫌。我们看今天的武术比赛，常有抱拳之礼，可谓深得古礼遗意。

握手的礼意在于交好，故施于国与国之间，以及个人相见的特定场合，自有其合理性。至于尊长与卑幼、男女之间、事神拜祖，以及特定个人的相见场合，都显得不妥当，尤其丧失了必要的敬礼之意。并且，古礼又有大礼、常礼的分别，民国时通常以三鞠躬为大礼，一鞠躬为常礼。今天很少有行三鞠躬的现象，多以一鞠躬为大礼，而以握手为常礼。

　　清代曾有学者论及中西礼仪的差别，据成本璞《九经今义》中的说法，认为中西之礼可以相通，即以《周礼》所说的空首、振动、肃拜相当于西方人的鞠躬、拱手之礼，而跪拜唯施于礼敬天主。其说虽疏略，但后来我国相见礼的演变，大致如此。时至今日，祭孔、祀祖、丧吊等场合，犹存跪拜之礼，其余多用握手、鞠躬礼，可以说已与国际接轨。其中有不当者，则在滥用握手礼，而完全丧失了古礼谦退的精神。

二 民国时期的礼制改革

民国以来，中国处于由传统向现代社会转型的时期。孙中山极为重视礼俗的革故鼎新，曾经这样说道："社会之良否，系乎礼俗之隆污。故弊礼恶俗，亟须厘正，以固社会根基。"因此，孙中山主张"大集群儒，制礼作乐"。民国初期，随着数千年君主制的彻底废除，新政权顺应这种政治变革的需要，在改革旧礼制、树立新风尚方面采取了一些重要的举措，譬如，从废除叩拜、"大老爷"等称呼，公布新服制开始，颁布了一系列政令，从而使中国的礼仪面貌发生了根本性的变化，奠定了现代中国礼仪的基础。

民国元年八月，新政府公布了分为男子礼、女子礼的《礼制》两章；十月又公布《服制》，共三章。民国三年（1914），时袁世凯为大总统，设置礼制馆，由徐世昌任馆长，先后编订了《祀天通礼》《祭祀冠服制》《祭祀冠服图》《祀孔典礼》《关岳合祀典礼》《忠烈祠祭礼》《相见礼》等。不过，随着袁氏帝制的失败，礼制馆及其所编礼制，皆为新任国务总理段祺瑞所废止。

民国十六年，北洋政府的中华民国陆海军大元帅张作霖下令开设礼制馆，由国务总理潘复兼任总裁，内务总长沈瑞麟兼任副总裁，聘请江瀚、王式通为总纂。礼制馆所拟礼制分为吉、凶、军、宾、嘉诸篇，编成了《中华民国通礼草案》。民国十七年，北伐完成后，南京国民政府更是积极推动礼制编定的工作，内政部、教育部曾多次草拟、修订《礼制草案》《服制草案》。

早在三十年代的新生活运动时，就有人指出："吾国旧日一般习尚礼俗，奢侈靡丽之风特甚，即以婚丧之事而论，其义原在尽礼，而过去国人每多大事铺张，炫耀示阔，至其他各种坏习惯更勿论矣。其影响个人之事业与国家社会之前途实非浅焉！"这种说法自属实情，至今犹然。这足以表明，随着旧礼制的破坏，现代中国缺少一套符合我国国情的新时代礼制。

譬如，就婚礼而言，当时既有沿袭旧式婚礼的做法，也有采取新式婚礼的程序，而有些地方则是新旧参用。不仅如此，民国政府虽然倡导妇女的解放和婚姻的自主，然而，现实中还大量存在着包办婚姻的现象，这就需要政府制定合适的婚礼，对当时礼俗中的不合理现象加以规范和引导。

不只是民间礼仪大多新旧参用，即便是政府所行的一些礼制，也并非完全适宜。对此，戴季陶指出："十余年来，党国各种仪节，虽略而未备，其有行十余年，明知其中有不安者在，然未尝有人提及应如何改良。"譬如，当时举行祭孔仪式时，将孙中山遗像供于上而将孔子像供于下；而举行陈英士、朱执信、邓仲元等人的纪念仪式时，同样是将孙中山遗像供于上，而将所祭人物的遗像供于下。假如孙中山等人复生，肯定不会同意这种排位纪念的方式。可见，无论是民间的礼俗，还是政府举行的典礼，都缺乏适宜的礼节，从而使当时社会呈现出混乱无序的状态。

基于上述原因，国民政府逐渐认识到礼制的重要性，"制礼乃经国之大业，正俗之宏图"。1943 年 10 月，蒋介石指定戴季陶负责制礼的事宜，开始组织制礼问题的讨论。11 月，戴季陶召集有关人员在重庆北碚温泉（简称北泉）举行礼制讨论会，制定了《中华民国礼制》。会后，为了使《中华民国礼制》免遭散失，将其收入会议的记录即《北泉议礼录》中，拟出版发行。

1. 新生活运动

民国礼制的讨论和制订，可直接追溯到 20 世纪 30 年代开展的新生活运动。当时戴季陶就十分关注礼制问题，南京国民政府建立之初，戴氏就指出"余深感礼乐之制，为建国要务"，并指出礼制有着诸多重要作用，譬如，"节人类之性情，定社会之伦纪，立国家之体制。然后靡者使振，污者使隆，而乱者使归于治"。1934 年，戴氏在考试院明志楼前建"同礼亭"，并在其碑后题词"礼以节众，乐以和众，建国育民始于是，复兴文化在于是，愿与同志共勉之"。1936 年 5 月，戴季陶率领中国体育代表团赴德国参加第 11 届奥林匹克世界运动会，并顺便参观访问了法国、比利时、荷兰、瑞典、瑞士、捷克、奥地利、意大利等十几个国家，沿途经过的名都大邑，都有逗留考察，对于各个国家的政教风俗，有所了解。通过此次欧洲之行，戴氏深深感受到："欧洲诸国的祭与宴，礼乐悉备，而旧教与歌剧，其礼乐尤其隆重而且优美，深觉其形式虽不同于中国，而其义与家传礼经之义，没有多少相违。"可见，戴氏充分意识到了制礼的紧迫性，并多次向蒋介石申明礼制的重要性。

至于蒋介石本人，由于从小受到儒家理论的熏陶，推崇"四维""八德"，提倡恢复固有的民族道德，即"忠孝仁爱信义和平"这些德性，强调用"礼义廉耻"这四维来统摄其他德目。1934 年 2 月 19 日，蒋介石在南昌亲自主持召开了数万人规模的市民大会，宣布开始新生活运动，并发表题为"新生活运动之要义"的演讲，阐明新生活运动以"礼义廉耻"为中心准则，要求国民将此准则贯彻落实到日常生活中，根除国民生活中"污秽""浪漫""颓唐""懒惰"的毛病，养成整齐、清洁、简单、朴素、迅速、实在、守秩序的文明生活，实现国民生活的"艺术化""生产化"和"军事化"。

就"礼义廉耻"这四维而言，蒋介石曾经说道："我们再看这礼义廉耻之中，哪一件最重要呢？我们看这四个字排列的顺序，就可以知道第一要紧的，就是'礼'。"基于其对"礼"之重要性的认识，蒋介石在戎马倥偬之余，依然殷切关注礼仪，多次指示要制定礼仪，这才有了礼制讨论会的召开和《中华民国礼制》的制定。

2.《礼制草案》

1932 年 9 月，内政部、教育部共同制定了《礼制草案》，包括礼制原则、婚礼草案、丧礼草案、祭礼草案、相见礼草案等内容。此草案先后几次上呈行政院，并转呈国民政府进行审核，然而，由于草案中的问题较多，故未能施行。其后经过三、四次的修改，才写订成册。1937 年抗战全面开始后，蒋介石命令制礼的事情缓期议定，就这样被搁置下来了。

直到 1941 年冬第三次全国内政会议上，礼俗司认为"婚丧礼节，关系重要"，于是将《礼制草案》提出重新加以讨论。但是，与会代表众议纷纭，莫衷一是，最后一致决定将《礼制草案》按原定条例试行，然后根据实际情况再加以修改完善。

1942 年 2 月，蒋介石命令立即颁定礼制，指定内政部、教育部、考试院三机关共同协商决定，当时内政部将《礼制草案》重新加以增删，形成了《内政部拟礼制草案稿》，并于 8 月呈递行政院，请求先将草案试行。然而，行政院对此没有明确表示同意。

到了 1943 年 8 月 16 日的纪念周，蒋介石指示各种礼节应该从速拟订。内政部长周钟岳于 8 月 25 日向蒋介石递交了呈文，内写"本部早经拟订《礼制草案》呈院奉核定颁行，拟请指定人员审议以期实施"等语，并附送《礼制草案》及《服制条例草案》。蒋介石阅览两草案之后，认为《礼制草案》"大体似尚妥适"，并提出了两点修改意见，主张缩短丧期。此后的礼制谈话会和礼制讨论会，都是以《礼制草案》为基础，而加以进一步扩充和完善。

3. 礼制谈话会

自 1932 年制订《礼制草案》以来，由于内容不够完善，存在着较多问题，故搁置了十一年之久。蒋介石注意到"民国风俗以及礼制罔不紊乱，婚丧喜庆无所适从"，故命令有关院部必须在 1943 年内完成有关婚丧喜庆的礼仪，使民间得以参照遵行。1942 年，成立国立礼乐馆，由时任教育部政务次长的顾毓琇任馆长，下设礼制组、乐典组、总务组。

从 1943 年 8 月 27 日开始，教育部在国立礼乐馆举行了为期两天的礼制谈话会，主要是审议和修改《礼制草案》。经过此次讨论修改，《礼制草案》得以完善，而为后来礼制讨论会的召开，奠定了基础。不过，此次的讨论又增加了一些不合时宜的字词或条文。

1944 年，监察委员汪东接任馆长之职，继续搜集相关资料，并修订《中华民国礼制》。1945 年，礼乐馆再邀礼制谈话会成员与中央大学、复旦大学的学者，召开为期两日的礼制审议会。在汪东主持下，邀集李证刚、殷孟伦、高明等人，编成了《中华民国通礼草案》。不过，《草案》编成后，因为内战形势的迅速发展，始终未曾公布。

4. 礼制讨论会

1943 年 9 月，蒋介石指定考试院院长戴季陶负责制礼事宜，并限期完成。10 月 25 日，戴季陶约集内政部、教育部、铨叙部主管和考试院秘书，进行初步的意见交换，认为礼制不外吉、凶、军、宾、嘉五礼，而军礼、宾礼部分已有基础，因此，当务之急就是要制定政府、学校及一切公教人员、学生所奉行的各种公私生活礼仪。

11 月，戴季陶约集内政、外交、教育、宣传、礼俗司、文官处、铨叙部等各部门人员和各界名流专家，在重庆北碚温泉召开了礼制讨论会，与会人员有中央党部委员丁惟汾、副秘书长狄君武、内政部长周钟岳、教育部长陈立夫、教育部次长兼礼乐馆馆长顾毓琇、国立礼乐馆礼制组主任卢前等，以及专家柳诒徵、汪东、靳志、罗香林等。可以说，各界名流济济一堂，"一时耆彦多与其会"，正如卢前所说，"北泉之会，实开国盛事"。

此次会议采用分组讨论的方式，按照吉、嘉、军、宾、凶五礼进行分类讨论，其中，吉、凶二礼为第一组，陈立夫负责；嘉、宾二礼为第二组，贾景德负责；至于军礼，则依照军事委员会所颁布的陆军礼节，故无庸设组讨论。会后各组分别将讨论初稿整理成篇，最后由顾毓琇汇编为《北泉议礼录》，而《中华民国礼制》就包含在其中。1944 年 5 月，在国民党五届十二中全会上，教育部将印行的《北泉议礼录》呈请国民党中央审核颁定。（图 73）

图 73 《北泉议礼录》封面 [1]

---

1 北碚私立北泉图书馆铅印本。

三 《中华民国礼制》的基本内容

　　《中华民国礼制》改变了《礼制草案》中婚、丧、祭、相见四种礼仪的分类方法，并对其内容加以扩充，采用篇章节目的形式，按照吉、嘉、军、宾、凶五礼分为五篇。其《总纲》强调了礼的重要性，宣称《中华民国礼制》不仅"自有中华民国伟大历史为之根基"，而且，本着"因时制宜"的原则，主张"不当背现代世界文明国家之共同趋向"。

　　《总纲》进一步指出，《中华民国礼制》的内容不同于传统以国内政教为主的古礼，也不限于以君、卿、大夫作为楷模的轨范，故主张区分为国礼、民礼与国际礼。所谓国礼，指政、教人员的公共礼节，而以"维系三民主义国家之康宁统一"为目标；民礼则为全国人民的公共礼节，包括"尊卑长幼相与相会之序，食衣住行育乐以生以养之节，以至婚丧庆喜之礼"等诸多方面的内容，而以"厚风俗，和人民"为目标；至于国际礼，乃现代国家及国民之外交礼节，以"促进世界大同"为最高目标。

以下分吉礼、嘉礼、军礼、宾礼和凶礼五篇，分别讨论《中华民国礼制》的具体内容。

1. 吉礼篇

《中华民国礼制》认为，吉礼于"五礼"中最为重要，始于敬天、尊祖与崇德、报功的礼意，蕴涵了人们"不忘其本初"的精神。吉礼一篇，分为祭祀、纪念两章。

① 祭祀

就祭祀而言，又分为国祭、公祭、家祭三种礼仪。《中华民国礼制》认为，"凡列于国家祀典者为国祭，仅由地方举行者为公祭，人民祭其祖先为家祭"。

首先，国祭又细分为祭黄帝陵、祭国父陵、谒国父陵、祭至圣先师孔子、祭历代先圣、祭历代先贤及有功德于民者、谒历代圣贤陵墓祠庙、祭革命先烈、祭忠烈祠、祭国葬墓园等。这些国祭名目，除谒国父陵和谒历代圣贤陵墓祠庙没有确定的日期外，其余都有明确的日期规定，并且，每种祭祀都规定了具体的仪节。其中，国民政府主席亲祭黄帝陵、国父陵、至圣先师孔子；国民政府遣祭者，有历代先圣陵庙、历代先贤及有功德于民者祠墓、革命先烈国葬墓园；地方长官致祭者，有各地方至圣先师孔子庙、历代先贤及有功德于民者祠墓、革命先烈国葬墓园。

譬如，祭黄帝陵的具体仪节如下：一、典礼开始。二、全体肃立。三、主祭者就位。四、陪祭者、与祭者以次就位。五、奏乐。六、上香。七、行三鞠躬礼。八、行初献礼：主祭者献帛，行一鞠躬礼。九、行亚献礼：主祭者献花，行一鞠躬礼。十、行终献礼：主祭者献爵，行一鞠躬礼。十一、恭读祭告文。

十二、行三鞠躬礼。十三、奏乐。十四、礼成。

又，祭至圣先师孔子的具体仪节如下：一、平明行礼。与祭及陪祭者先集，国民政府主席备仪从，至庙门外先诣休息处盥洗。二、祭礼开始，乐作，主祭者诣行礼位，陪祭者以下各就位，奏迎神之曲，行三鞠躬礼。三、初献：赞引导主祭者诣香案前，陪祭者各诣分献处，献帛，献爵，读祝文，行一鞠躬礼。四、亚献：如初献礼，不献帛，不读祝。五、终献：如亚献礼。六、主祭者及陪祭者均复位，奏迎神之曲，行三鞠躬礼，礼成。

国民政府主席亲祭孔子时，五院院长、考试院副院长、教育部部长、至圣先师奉祀官、中央大学校长，陪祭分献，简任以上大学校长与祭。各地方政府祭，均以最高长官主祭，僚属及各校校长陪祭，地方团体代表与祭。祭孔仪式结束以后，再派员致祭于崇圣祠。

其次，公祭分为祭乡贤及有功德于地方的人士和祭公葬墓园这两类。祭乡贤及有功德于地方的人士，是在每年的秋分日，由其出生地或祠墓所在地的政府，召集当地机关学校及人民团体举行；祭公葬墓园，则在每年的植树节举行。举行公祭时，省、市、县政府的长官为主祭，机关、学校、人民团体各推代表一人陪祭，受祭者的家属或后代可参加与祭。

公祭的具体仪节如下：一、祭礼开始。二、全体肃立。三、主祭者就位，陪祭、与祭者以次就位。四、奏乐。五、上香。六、献花。七、读祭文。八、行三鞠躬礼。九、奏乐。十、礼成。

最后，家祭。中国古人基于"事死如事生"的观念，一直重视对祖先的祭祀，也就是家祭。并且，《中华民国礼制》中还提到了家祭的社会功能，即"敬宗收族，合家族以成民族，亦所以固人心、厚民德也"。家祭包括三种形式，即祠祭、家祭与扫墓。家属祭其祖先，在其诞辰、忌辰或岁时令节，皆可举行；若祭扫祖先的坟墓，则主要在每年清明日或其他时节；致祭宗祠，应推举年辈最长者主祭，与祭者男女分位，男左女右，各以行辈为序。

家祭设主以祭，祭品以荐时物为主，肉食亦可。具体仪节如下：一、祭礼开始。二、全体肃立。三、主祭者就位，与祭者皆就位。四、奏乐。五、上香。六、献爵。七、读祭文。八、行三鞠躬礼。九、奏乐。十、礼成。至于家祭、扫墓的具体仪节，也大略相近。

② 纪念

就纪念而言，《中华民国礼制》认为，其内涵"同于祭祀之报本反始不忘其初"。古代对先农、先医、先炊、先蚕等的祭祀，就是纪念人类某个行业最早的创始者，目的是重视发明创造的功劳。民国时期的纪念仪式，包括国父纪念周、革命先烈纪念日和其他纪念这三项内容。

首先，国父纪念周。定于每周星期日（或星期一）上午，各机关、学校、军校及人民团体都要举行。

其次，革命先烈纪念日。定于 3 月 29 日，由国民党各地高级党部，召集当地机关学校、人民团体代表举行，革命先烈家属或后裔应参加所在地的纪念大会，并且在纪念日展览先烈的传记、著作、遗物及事迹图画等。

最后，其他纪念。指地方公私集团或各业公会，为乡贤或事物创造发明者举行的纪念，通常是在被纪念者的诞辰日，或在其逝世十周年、五十周年、一百周年等时间举行。

2. 嘉礼篇

古代嘉礼的内容十分丰富，《周礼·春官·宗伯》说道："以嘉礼亲万民：

以饮食之礼，亲宗族兄弟；以昏冠之礼，亲成男女；以宾射之礼，亲故旧朋友；以飨燕之礼，亲四方之宾客；以脤膰之礼，亲兄弟之国；以贺庆之礼，亲异姓之国。"可见，《周礼》所说的嘉礼，包括饮食、昏冠、宾射、飨燕、脤膰、贺庆等内容。

随着时代的发展，有些内容已经废弃不用了。《中华民国礼制》根据实际情况，将嘉礼分成崇敬、庆祝、就职、觐谒、荣典、飨燕、抚幼、婚礼、学礼、考试、集会等十一章内容，各项礼仪的目的也各有不同，对此，《中华民国礼制》指出："崇敬以教忠，庆祝以笃爱，抚幼以教慈，学礼以重道，婚礼为人伦之始，集会以群育为归，就职以综名实，考试以慎选举，荣典以奖功勋，觐谒以致尊让，飨燕以著和宁，凡皆礼之用也。"以下分别加以讨论。

① 崇敬

礼以崇敬为本，对此，《中华民国礼制》指出，"国家至上，元首是尊，尤为国民应习之仪则"。其具体礼仪，包括升降国旗和迎送国民政府主席两项。

升降国旗，要求全国各级行政官署、军事机关、学校、社团应树立旗杆，悬挂国旗，升降旗的时间以日出、日入为准。参加人员应当整齐队伍，面向国旗排列。具体仪式比较简单：一、全体肃立。二、向国旗注视。三、唱国歌。四、升降旗敬礼。五、礼成。至于过往行人遇见升降旗仪式时，也应该止步，向旗注目致敬。而在室内者，听闻礼号，则在原位肃立致敬。

迎送国民政府主席，规定了主席莅临各机关单位时，所在人员必须迎送的基本礼仪。

② 庆祝

主要指重大节日的欢庆活动，如元旦、国庆、国父圣诞、岁时令节和其他国定庆祝等。

元旦，定于公历 1 月 1 日，全国各地休假三天，国民政府于当日上午八点集会纪念，并举行团拜礼，中央各部院、地方各级政府、各地军民机关团体都可集会庆贺。

国庆，定于 10 月 10 日，此为中华民国创立的纪念日，规定各地放假一天，政府和民间都应有庆祝活动。

国父圣诞，为了表达对国父孙中山的纪念，《中华民国礼制》规定了国民政府、地方政府、首都民众、国父出生所在地民众的纪念办法。

其他国定庆祝，则参照国庆纪念仪式。岁时令节，则从农村习惯，即以农历正月十五为上元，三月三日为禊辰，五月五日为重五，七月十五日为中元，八月十五为中秋，九月九日为重九，十二月八日为腊八。

③ 就职

《中华民国礼制》对国民政府主席、长官、有职人员的就职、文官或长官的莅任仪式作了规定，涉及出席人员及序列、就职人员服装、就职典礼仪式等内容。

④ 觐谒

包括觐见、召见、引见、燕见四项内容。

觐见，指中央各院部会文武长官新任或转任官职，地方军政长官新任或转任官职及到南京述职者，还包括边地重要政教人员到南京觐见。

召见，包括元首召见和长官召见。譬如，召见人员见元首行一鞠躬礼，元首答礼延坐则坐，谈话毕，告退时，行礼如前；见长官，行一鞠躬礼，长官答礼，谈话毕，告退时，行礼如前。

至于引见、燕见的内容，没有具体的规定，大致参照召见礼节，而酌情调整。

⑤ 荣典

包括册封、授勋、颁奖三项。

册封，指对边地重要政教人员册封名号。

授勋，分元首亲授、派员代授、机关转授。

颁奖，由主管机关颁给转致，或于机关纪念周时举行颁奖仪式，颁发奖状或奖章。

⑥ 飨燕

包括飨宴和公宴。飨宴乃元首宴请宾客之礼，席间有元首入座、奏乐、致词、退席等礼节。公宴则有元首莅临及其他机关团体举行的公宴，元首莅临的公宴仪式，大致与飨宴相同。至于其他机关团体的公宴，其具体仪节如下：一、发柬。二、来宾准时赴宴。三、宾主同时入席。四、主人致词，来宾答词。五、宴毕，来宾退，主人送至门。

⑦ 抚幼

包括周岁、入学、成童、成年四个阶段。

周岁，指幼儿出生一岁以后，申报出生，祭告祖先，告亲戚朋友和邻里，并为命名以申报户籍。

入学，儿童六岁入学，接受国民教育，并于孔子诞辰日举行入学典礼。

成童，十二岁成童，以生日于家中举行成童礼，又于所肄业学校举行成童礼。

成年，二十岁成年，每年一月七日集合全乡镇男女及龄者，乡镇长主持，家长亲戚朋友参加，举行成年礼。

⑧ 婚礼

婚姻乃人伦之首，《中华民国礼制》认为，"制礼，敬为大；敬之至，昏为大；弗爱不亲，弗敬不正，爱与敬，政之本也"。古代婚姻非常繁琐，其程序有"六礼"之多，目的则是"敬慎重正，成男女之别，立夫妇之义，盖慎其始也"。至了后世，婚礼大为简化，譬如朱子《家礼》将婚前礼仪简化为议婚、纳采、纳币、亲迎四道程序。《中华民国礼制》更是进一步简化了婚礼程序，只剩下订婚、请期、结婚这三项内容。

首先，订婚。男女双方达到法定订婚年龄时，选择日期订立婚约。《中华民国礼制》规定了婚约的基本格式，婚约中不仅载有订约男女的姓名，而且附上了双方父母的署名或盖章，以及男女双方的世系表，至少载有祖先三代的名氏，目的则是出于优生的考虑。（图74）

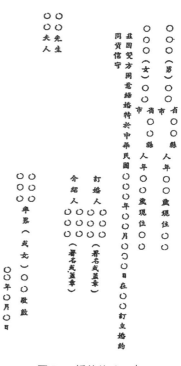

图74　婚约格式图[1]

---

1 《北泉议礼录》，北碚私立北泉图书馆印行。

其次，请期。婚约订立以后，如果一方打算结婚，应以书帖征求对方意见，对方若同意，应回书答复。《中华民国礼制》规定了双方书帖的基本格式。（图75）（图76）

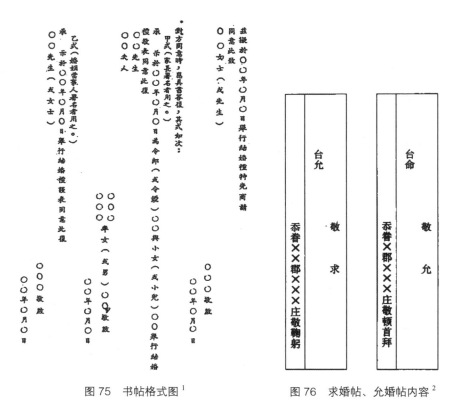

图75　书帖格式图[1]　　　　图76　求婚帖、允婚帖内容[2]

最后，结婚。婚期确定以后，应提前以请柬邀请证婚人、介绍人、司仪、傧相以及近亲、至友等参加婚礼。可遵从地方习惯，行亲迎之礼。

正式婚礼仪节，包括如下具体步骤：一、结婚礼开始。二、奏乐。三、证

---

1 《北泉议礼录》，北碚私立北泉图书馆印行。
2 储敖生：《华夏婚书婚俗》，天津：百花文艺出版社，2002年版，第3页。

婚人入席。四、介绍人入席。五、来宾及亲属入席。六、主婚人入席。七、傧相引新郎、新娘入席。八、全体肃立。九、向国旗、党旗及国父遗像行三鞠躬礼。十、证婚人宣读结婚证书。十一、新郎、新娘署名或盖章。十二、证婚人署名或盖章。十三、介绍人署名或盖章。十四、主婚人署名或盖章。十五、新郎、新娘交换饰物。十六、新郎、新娘相向行三鞠躬礼。十七、证婚人训词。十八、主婚人谢词。十九、新郎、新娘谢证婚人三鞠躬，证婚人答礼退。二十、新郎、新娘谢介绍人三鞠躬，介绍人答礼退。二十一、新郎、新娘谢来宾一鞠躬，来宾答礼。二十二、新郎、新娘向主婚人敬礼三鞠躬，主婚人答礼退。二十三、奏乐。二十四、傧相引新郎、新娘退席。二十五、礼成。（图 77 ）

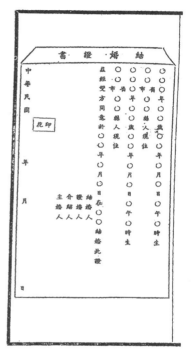

图 77　结婚证书格式图 [1]

⑨ 学礼

古代中国最为尊师重道，以为"风化所先"。《中华民国礼制》规定了学生在学校应遵守的礼节，包括一般礼节、开学典礼、毕业典礼、尊师礼、校庆礼等内容。

1《北泉议礼录》，北碚私立北泉图书馆印行。

第一，一般礼节。据《中华民国礼制》规定，平时学生对校长及任教或指导师长，均应行敬礼，而校长及师长则颔首答礼。学生进入校长、师长办公室，应先扣门，得到应许后入内，进至离师长三步处，报名行礼，而师长就席答礼；出室行礼亦同。学生至师长住宅，须事先约定或通报许可，不可擅入。校长进入礼堂，及老师进入教室，由先见者发"席正"口令，学生则在原位立正，受者应答礼；若在实验室、农场、工场、医院及运动场遇见校长或师长，可行注目礼；学生搬运物品，或乘自行车时，可向师长行注目礼；若在浴室、理发室及厕所，则可免行礼。与师长同席宴会，不得先师长就席或离席；若必须离席，应先报告事由。以上学生对师长的敬礼，除特别规定外，均行一鞠躬礼；若在室外，可行立正礼；若学生彼此相见，可行举手礼。学生在室外对师长报告事由时，应距六步前行礼，再进至适宜处报告毕，行礼退去。与师长同行，应在其左侧后；如有二人以上相随，应分行两侧后或后方。学生听训话或演讲，闻及国父或国民政府主席各种称谓时，第一次应自行立正，随即稍息；再有上述称谓时，不必再立正；如坐听时，则无须起立，只须肃坐。

第二，开学典礼。学年开始时，由校长或教务长亲自主持开学典礼，在校师生均应参加。然后，校长应邀请全体教职员参加宴会或茶会。学校开学典礼结束后，地方行政长官还应邀请当地公私学校校长参加宴会或茶会。

第三，毕业典礼。学校于学生毕业时，举行毕业典礼。学生一律穿制服，而受学位的大学毕业生，可穿礼服，其式样参照国际通用规定。博士学位，则由考试院长授予。

第四，尊师礼。各级学校应在孔子诞辰或其他适当时间举行尊师礼。其具体礼仪主要有如下数项：一、全体肃立。二、唱国歌。三、向国旗、党旗及国父遗像行三鞠躬礼。四、主席恭读国父遗嘱。五、全体师生向至圣先师孔子行三鞠躬礼。六、学生向师长行三鞠躬礼。七、校长报告一年来本校教师之荣誉和研究成就。八、教师代表致词。九、主席恭读党员守则。十、唱孔子纪念歌。十一、礼成。尊师礼后，学生应邀请校长及教职员宴会或茶会。

第五，校庆礼。各级学校于成立纪念日举行校庆礼，并将创办人肖像悬挂于礼堂，校长及教职员邀请回校毕业生聚餐或茶会。

⑩ 考试

中国素来重视通过考试选拔人才，《中华民国礼制》继承了这个传统，认为国父孙中山创立五权宪法，而继承中国固有的传统，设立考试权，以为"足以药欧美选举之流弊，激奔竞之风，慎俊造之选，因时而制其宜，用古而法其意"。基于对考试重要性的认识，《中华民国礼制》规定了考试之礼，主要内容分入闱、放榜、授证、筵宴、授予博士学位等。

第一，入闱。考试院院长恭送典试委员长、典试委员、襄试委员入闱，入闱后，由监察院院长或监察院代表封闱，其间不能会见宾客，不能直接与外界通讯。

第二，放榜。评卷评阅完毕后，由典试委员长、典试委员、襄试委员共同监视，开封试卷，誊录成绩，核定及格名榜，并择日公布名单。

第三，授证。由考试院院长亲自主持授证典礼。

第四，筵宴。放榜之日，由考试院院长宴请典试委员长、典试委员、襄试委员及全体及格人员，及格人员晋见考试院院长，行一鞠躬礼。酒初巡，考试院院长举杯致祝词；三巡，及格人员代表举杯致答词。

第五，授予博士学位。考试院提前公告候选人姓名、学历、论文题目及范围，公告一年后，候选人提交论文，由考试委员、襄试委员进行审查，合格者再加以口试，若对学术确实有研究贡献的候选人，则推荐给考试院院长。最后，由考试院院长主持博士学位授予典礼，博士礼服依国际规定。其后筵宴，依前节规定。

⑪ 集会

《中华民国礼制》认为人民有集会的自由，规定了国民月会、敬老会、运动会、娱乐、建业等具有积极建设意义的集会，不同于法律所限制的危害民国或有暴动行为的集会。

第一，国民月会。始于民国二十八年五月，出于抗战时期激励民气、齐一民志的目的。规定于每月一日上午举行，由主席讲解国民精神总动员纲领要义或最近新颁布的法令，并宣读国民公约，会上还要报告时事及本地风俗等。

第二，敬老会。源于古代的乡饮酒礼，其意在"导人民于孝弟，荣摄生，所以期民族之健康，意至深也"。敬老会以县为单位，直隶于行政院的市及县辖的区和乡镇都应举行。地点在当地学校，每三年一次，具有公民资格、六十岁以上的公民参会，并推举老人中德高望重者为大宾、介宾。早晨举行集会行礼，主席致敬老之辞，次推一人读宪法，次大宾致答词。到了正午，举行乡饮酒礼。其间也可举行运动会，目的则在尊老，并激发子弟的孝悌之心。

第三，运动会。《中华民国礼制》认为，近代中国运动会实可溯源于古代的射礼，并规定了运动会的一系列礼仪。

第四，娱乐。古人讲"一张一弛，文武之道"，因此，工作之余，应该辅之以娱乐。不过，《中华民国礼制》认为，娱乐的目的在于"同情之唤起，劳力之调节，而不怠荒于暇豫"，因此，娱乐应当安排在工作时间之外，且不能超过三个小时，并带有集体活动的性质。

第五，建业。包括两层内涵：其一，对重大发明创造者的纪念。其二，新兴项目的落成典礼。事业落成典礼，应在事业所在地举行，其他建业典礼则可在地方公共场所或学校举行。

3. 军礼篇

早在汉代古礼中，就提到"介胄之士不拜"，以为军礼不同于日常礼仪，但恭敬之意则没有分别。不过，当时的礼制讨论会并没有专门为军礼设组，而采用军政部颁定的陆军礼节条文，至于海、空军礼节及授旗、凯旋仪式等，尚在拟订中，容后补入。因此，《中华民国礼制》只把陆军礼节的纲要列举出来，没有具体的内容。

4. 宾礼篇

早在《周礼》中就说道："以宾礼亲邦国。"并且规定了各种国家之间的礼节，如"春见曰朝，夏见曰宗，秋见曰觐，冬见曰遇，时见曰会，殷见曰同，时聘曰问，殷覜曰视"。《中华民国礼制》对宾礼的规定有了很大的变化，主要包括国际仪节、官吏仪节、学校礼节、国民仪节这四章内容。

① 国际仪节

采用 1943 年 8 月按照行政院训令刊行的外交礼节，《中华民国礼制》没有转录其内容，只列举了接待、会晤、酬酢、庆吊此四节纲要。

② 官吏仪节

此为各级官员相见时的礼仪。《中华民国礼制》认为，"设官分职，所以理众人之事，为民服务者也。莅之以庄，临之以敬，然后政通人和，故曰：礼节为治事之本"。可见礼节对于政治的重要性。官吏仪节主要包括敬礼、见高级长官、见上级公务员、见同级公务员、文武相见、宴会等事项，兹稍作介绍如下：

第一，敬礼。依据职位等级的高低，规定了不同的敬礼：正式晋谒元首，三鞠躬；晋谒高级长官及上级公务员，一鞠躬；同级公务员相见，互相一鞠躬；长官入室，起立；第一次提及国父或国家元首时，肃立或肃坐；平时高级长官对属员或亲密之同事，脱帽或颔首。敬礼时，应先脱帽、立正、注目，俟受礼者答礼，方为礼毕。浴室、理发室、厕所，彼此相见皆免敬礼。

第二，见高级长官。公务员首次晋谒直属机关首长或直属长官，至离三步前行一鞠躬礼，首长答礼；退时也在三步远时行一鞠躬礼，首长答礼。长官入室，应在原位起立，等长官答礼后，仍坐原位工作；如有垂询，应起立答之。于交通工具上遇见长官，应行礼，并让座。与长官同行，应在其左或后；如有二人以上相随时，应分行两侧后或后方；若作为向导，则不在此限。正式晋见长官，应先约定时间，拜访时间应以十分钟至二十分钟为度，措辞宜简要。长官对所管属员，分别定期召见。

第三，见上级公务员。此指见无直接隶属关系的上级公务员，行一鞠躬礼，答礼同。上级公务员入室时，除有所垂询，应即起立应答外，可各在原位工作，不必起立。与上级公务员同行，不得超前。

第四，同级公务员相见。除极亲密的好友得行握手、脱帽、颔首礼外，同级公务员相见，应行一鞠躬礼。同事入室，如在工作时间，可各自在原位上继续工作，不必起立招呼。彼此接洽，互相拜访，应力求简捷；任务完毕，应即告退，主人不必相送。普通拜访，如未先约定相见时，应先询主人是否有暇，倘主人适将有事外出，或有公务待办，应稍坐即退，或改期约谈。

第五，文武相见。文武公务员相见，各依其原有仪节。

第六，宴会。正式宴会，应于一周前发出邀请，并注明请求答复；被邀请者应于二十四小时内答复。正式宴会应排定座次，或依主人指定之座次就席。非有特别事故，来宾不得迟到早退，但茶会不在此限。参加正式宴会，应着规定服装，主人于请柬事先说明。除规模过大的宴会外，主人应注意为来宾互相介绍。与长官同席宴客，不得先长官就席或离席；如需离席，应先报告理由；如遇长官迟到，可先就席，等长官到后，再起立致敬。

③ 学校礼节

《中华民国礼制》认为，"师尊则道尊"，而教师"处宾师之位，启迪来学，步趋亲炙之际，而敬爱之道存焉"，可见，学校礼节的主要目的，其实在于尊师，而尊师的目的则在于重道。可以说，这种对学校礼仪的理解，非常符合传统儒家的精神。《中华民国礼制》规定了相关的礼仪，包括教师与公务员相见、教职员相见、师生相见等内容。

首先，教师与公务员相见。教师见元首，依照公务员觐见元首的礼仪。教师见主管教育的行政长官，行一鞠躬礼，长官亦答以一鞠躬礼；告别时，其礼同前。地方学校教师见地方最高长官，与见主管教育的长官之礼同。教师见其他公务员，初见时相互行一鞠躬礼，别时亦然。教师与其他公务员在途中相遇，当让教师先行；列座则由教师居宾位。显然，这部分礼仪的规定，充分体现了当时尊师重道的精神。

其次，教职员相见。教职员见校长行一鞠躬礼，校长答以一鞠躬礼；相别时行礼如前。学校公座公宴，校长居首位，教师以序齿列于校长以下，职员列座于教师以下。职员初见教员，行一鞠躬礼，教员答以一鞠躬礼；若平时相见，颔首为礼。可见，这部分礼仪的规定，符合大学"去行政化"的要求。

最后，师生相见。学生初见师长应先自报姓名，向师长脱帽，行一鞠躬礼，师长颔首答礼；告退时行礼如前。学生平时向师长提问，或有所陈述，当尊称师长曰"老师"，而自称学生。学生路途中遇见师长，应肃立，脱帽，鞠躬；如在座中，应起立为礼。

④ 国民仪节

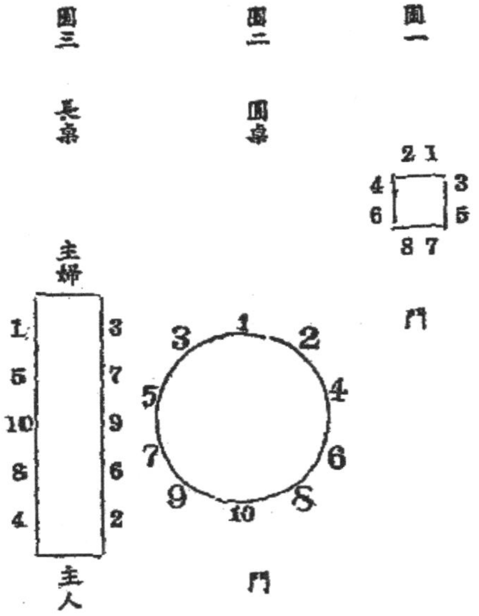

图78　宴会坐席图[1]

包括人民相见、人民见政府官吏两节，其礼节的精神同样以尊敬为主。

首先，人民相见。人民初次相见，互通姓名，各行一鞠躬礼；相别时，行礼如前。平时相见，以脱帽、颔首为礼。访客宜先约定时间，拜访时应先通名，或先叩门，经延请后方可入内。客人初次来访，应往回拜，只有长者对幼者可不回拜。除亲属或公务外，女子不应单独拜访男子；男子拜访初识女子，亦应先征同意。宴会赴会，均应守时，坐席序齿，或依主人指定就座。（图78）

1《北泉议礼录》，北碚私立北泉图书馆印行。

　　　　　||||||||||||| 古人的日常礼仪

凡遇喜庆、远出或久别时，卑幼见尊长行一鞠躬礼，尊长颔首答礼。平日家居，卑幼见尊长应按照行辈称呼，子女对父母则须昏定晨省。

其次，人民见政府官吏。人民因公往见政府官吏，应先通名，相见时互相行一鞠躬礼；告别时行礼如前。人民途遇元首，应脱帽肃立道旁致敬；遇省市县最高长官，应立正注目。

5. 凶礼篇

周礼中有丧礼，所以慎终锡类；又有荒礼，所以救患分灾吊恤。因此，《中华民国礼制》将凶礼一篇分为丧礼、恤荒这两章内容。

① 丧礼

包括通用丧礼、特典、追悼会等内容。

首先，通用丧礼一节，在古礼中最为复杂，也最为重要，《中华民国礼制》在古礼的基础上，重新斟酌变通，并进行了详细的规定。整个丧礼过程，包括始丧、入殓、讣告、家奠、吊奠、出殡、安葬、丧服及丧期等环节。兹具体介绍如下。

始丧。家属为死者沐浴、易服、安置尸床，行礼举哀，立丧主。家属马上脱去华服，并遣人向亲友报丧。

入殓。将殓，家属易服以后，家属及亲友依次瞻仰遗容，行告殓礼。然后抬尸入棺。自始丧至入殓，不得过三日。既殓，设帷置案，立死者灵位或遗像，家属依丧服及丧期之规定，分别成服。

讣告。《中华民国礼制》规定了讣告的基本格式，并认为，讣告的对象限于近亲和好友。（图 79）

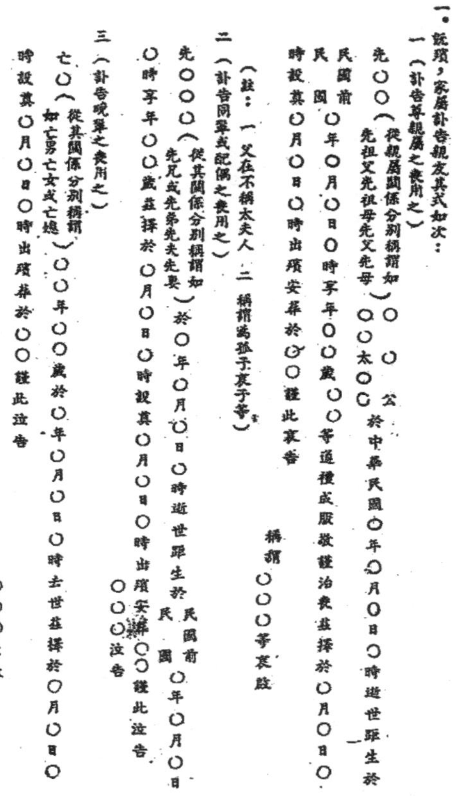

家奠。出殡前，家属举行家奠，其仪式如下：一、奠礼开始。二、丧主及有服者依次就位。三、上香。四、献奠品。五、读祭文。六、向灵位行礼。七、举哀。八、礼成。

吊奠。亲友前来吊奠，其仪式如下：一、奠礼开始。二、吊奠者就位。三、奏哀乐。四、上香。五、奠祭品。六、读祭文。七、向灵位行三鞠躬礼。八、默哀。九、家属谢礼。十、礼成。

出殡。举殡时，先立木主，家属就木主前行移灵礼，然后撤帷、抬棺、启行。执绋者全体肃敬，柩所过处，遇之者应脱帽致敬。

讣启，家属讣闻亲友式其次如：

一、（讣告等親屬之喪用之）
先〇〇（從祖屬關係令别稱謂如先祖父先祖母先父母）〇〇太〇〇公於中華民國〇年〇月〇日〇時遽世距生於民國前〇年〇月〇日時享年〇〇歲〇等遵禮成服敬謹治喪謹擇於〇月〇日〇時出殯安葬於〇〇謹此喪香

稱謂
〇〇〇等哀啟

（註：一父在不稱太夫人。二稱謂弟孤子哀子等）

二、（讣告同輩亡配偶之喪用之）
先〇〇〇（從其關係令别稱謂如先兄或先弟先夫等）於〇年〇月〇日〇時遊世距生於民國前〇年〇月〇日時享年〇〇歲益擇於〇月〇日〇時出殯安葬〇〇謹此泣告

稱謂
〇〇〇泣告

三、（讣告晚輩之喪用之）
七、〇〇（從其關係令别稱謂如亡男或亡女或亡媳）〇〇年〇月〇日〇時去世益亡擇於〇月〇日〇時出殯葬於〇〇謹此泣告
時設真〇月〇日〇時出殯葬於〇〇謹此泣告
〇〇〇泣敬

图79　讣告格式图[1]

脱帽致敬。

安葬。棺柩至葬所，家属及执绋者到柩前行安葬礼。然后移柩入圹，掩土封墓，家属再向墓行礼。凡死者应速安葬，如有特殊情形，得延至三个月内举行，但至迟不宜超过五个月。

丧服及丧期。《中华民国礼制》采用古礼中斩衰、齐衰、大功、小功、

1《北泉议礼录》，北碚私立北泉图书馆印行。

缌麻五等丧服的划分，而五服又各有正服、义服之分。不过，民国以来，中国社会发生了根本的变化，"时异事殊"，体现在丧服制度方面，主要受到这几方面因素的影响：其一，当时民法不再有嫡子、众子的分别，也没有承重的规定。其二，民国倡导男女平等，本宗、外家的分别也消失了。其三，法律虽然规定了一夫一妻之制，但由于习俗相仍和偏远地区的民情等因素，依然没有得到充分贯彻。诸如此类因素，必然会对礼制的变革产生重大影响。

具体来说，五服的丧期如下：

甲、父母之丧，斩衰三年（二十七月），正服；祖父母、伯叔父母、姑、兄弟、姊妹、子女之丧，齐衰期（十三月），正服；媳妇之丧，齐衰期，义服；曾祖父母之丧，齐衰五月，正服；高祖父母之丧，齐衰三月，正服；从兄弟姊妹、兄弟姊妹之子女、孙子女之丧，大功九月，正服；孙媳妇之丧，大功九月，义服；伯叔祖父、祖姑、从伯叔父、从姑、从兄弟子女、兄弟孙子女，小功五月，正服；伯叔祖母、从伯叔母、兄弟之妻之丧，小功五月，义服；女之子女、曾孙子女、玄孙子女，缌麻三月，义服。

乙、母之父母之丧，大功九月，正服；母之兄弟姊妹之丧，小功五月，义服；母之祖父母之丧，缌麻三月，正服；母之兄弟姊妹之子女、姑之子女之丧，缌麻三月，义服。

丙、夫妻之丧，齐衰三年（二十七月），义服。《中华民国礼制》关于夫妻丧服的规定，可以说完全不同于古礼，也最能体现新时代的男女平等精神。而且，《中华民国礼制》规定夫妻相互服齐衰，这样妻子只限于为自己的父母服斩衰，反而合乎"妇人不二斩"的古义。

丁、夫父母之丧，齐衰期（十三月），义服；若妻嫁于夫，而从夫居者，对于夫父母之丧期，与夫同；夫之祖父母、夫之伯叔父母、夫之姑之丧，大功九月，义服；夫兄弟及其妻、夫姊妹之丧，小功五月，义服；夫高祖父母、曾祖父母、夫伯叔祖父母、夫祖姑之丧，缌麻三月，义服。

戊、妻父母之丧，齐衰期（十三月），义服；若夫入赘于妻家，而从妻居者，对于妻父母之丧，与妻同。

此外，《中华民国礼制》还规定了一些补充条款：

甲、为人后者，为其本生父母，齐衰三年，降服；认领之子女，对于父母及生母，斩衰三年，正服；养子女对于养父母之丧，丧期与婚生子女同，义服。婚生子女，对于所认领子女之生母之丧，小功五月。

乙、前妻之子女，对于继母之丧，大功九月，义服。前夫之子女，对于同居继父之丧，大功九月，义服。

丙、以上未规定丧服丧期的亲属，曾受死者之抚养或监护者，服小功五服之丧，义服。

丁、对于未成年之死者丧服丧期，降一等；若已结婚，则不在此限。

戊、出殡后服丧期未满者，除行礼时外，改用素服，并于左肘以上缠黑布一条以表哀；服丧期满，应行礼释服。若因非常事故，服丧期已满，而后扶柩回籍安葬者，启殡及安葬时仍用丧服，葬毕乃除。

己、服斩衰三年之丧，其间停止婚嫁。

庚、公务员有父母之丧，可以辞职守制；如果未得批准，则另外给予假期以治丧；如果坚决辞职，则听其自便。

其次，特典。主要包括国民政府主席亲奠、国民政府派员致奠、国葬、公葬。其中，有特殊勋劳或功德者逝世，国民政府主席亲临致奠；国民有特殊勋劳或功德者逝世，国民政府派员致奠；国民有特殊勋劳于国家者逝世，奉国民